GREG BEHRENDT
AMIIRA RUOTOLA-BEHRENDT

»Schieß ihn einfach auf den Mond!«

W0180407

Aus und vorbei – das war's! Die Beziehung ist am Ende, so vielverspre-
chend sie vielleicht auch begonnen hat. Was immer der Grund gewesen
sein mag: Der Partner ist weg, und was bleibt, ist der Scherbenhaufen
der Partnerschaft.
Greg Behrendt, jahrelang Mitarbeiter im Drehbuchteam von »Sex and
the City«, und seine Frau Amiira wissen, wovon sie reden. Sie kennen
aus eigener Erfahrung die paradoxe Logik des Trennungsgeschehens.
Am schwersten ist es, sich zu der banalen Erkenntnis durchzuringen:
Wenn Schluss ist, muss auch Schluss sein! Wäre der Typ so toll gewesen, wie es uns im Nachhinein scheint, hätte er uns (oder wir ihn)
nicht verlassen. Zeit also für ein paar goldene Trennungsregeln. Und
die wichtigste lautet: »Schieß ihn auf den Mond!« Denn was nach
der Trennung wirklich angesagt ist, ist konsequentes Verhalten: Das
Vergangene hinter sich lassen und neues Selbstvertrauen aufbauen.
Und die Einsicht, dass die Liebe unseres Lebens eben nicht die Liebe
unseres Lebens war – die wartet noch irgendwo da draußen auf uns.
Ganz bestimmt. Greg und Amiira Behrendt haben einen frechen,
ungeheuer komischen und provozierend ehrlichen Ratgeber für alle
Trennungsopfer geschrieben. Gespickt mit Anekdoten, Leserbriefen
und vielen persönlichen Erfahrungen, soll dieses Buch Mut machen,
den entscheidenden Schritt aus einer verfahrenen Beziehung zu
wagen, und wieder offen für neue Begegnungen zu werden.

Autoren

Greg Behrendt arbeitete mit an den Drehbüchern für »Sex and the City«,
schrieb für David Letterman und hatte eine eigene erfolgreiche Stand-
Up-Comedy-Show. Er hat unzähligen Frauen die Augen über die
Männer geöffnet. Allein in Amerika wurden mehr als zwei Millionen
Exemplare von »Er steht einfach nicht auf dich!« verkauft und der
Film zum Buch kommt demnächst mit Starbesetzung in die Kinos.
Amiira Ruotola-Behrendt ist die Frau an seiner Seite. Gemeinsam mit
ihrem Mann führt sie eine eigene Produktionsfirma. Das Paar lebt in
Los Angeles.

Von Greg Behrendt (zusammen mit Liz Tuccillo)
bereits erschienen

»Er steht einfach nicht auf dich!« (geb. Ausgabe, 0234)

Greg Behrendt
Amiira Ruotola-Behrendt

»Schieß ihn einfach auf den Mond!«

Es heißt Schluss machen, weil dann Schluss ist

Aus dem Amerikanischen
von Andrea Brandl

blanvalet

Die Originalausgabe erschien 2005 unter dem Titel
»It's Called a Breakup Because It's Broken«
bei Broadway Books, an imprint of The Doubleday Broadway
Publishing Group Ltd, a division of Random House, Inc., New York.

Dieses Buch ist 2007 unter dem Titel
»Nein, ihr könnt nicht Freunde bleiben!« erschienen.

FSC
Mix
Produktgruppe aus vorbildlich
bewirtschafteten Wäldern und
anderen kontrollierten Herkünften

Zert.-Nr. SGS-COC-1940
www.fsc.org
© 1996 Forest Stewardship Council

Verlagsgruppe Random House FSC-DEU-0100
Das für dieses Buch verwendete FSC-zertifizierte Papier
Holmen Book Cream liefert Holmen Paper, Hallstavik, Schweden.

2. Auflage
Taschenbuchausgabe Februar 2009 bei Blanvalet,
einem Unternehmen der Verlagsgruppe
Random House GmbH, München.
Copyright © by Greg Behrendt und
Amiira Ruotola-Behrendt 2005
Copyright © der deutschsprachigen Ausgabe 2007 by
Verlagsgruppe Random House GmbH
Umschlaggestaltung: HildenDesign, München
Umschlagmotiv: Greg Paprocki; Photodisc/Getty Images
ES · Herstellung: RF
Satz: Uhl + Massopust, Aalen
Druck und Einband: GGP Media GmbH, Pößneck
Printed in Germany
ISBN 978-3-442-37293-5

www.blanvalet.de

Dieses Buch ist den
Treuen und Mächtigen gewidmet

Inhalt

Ein paar Worte vorab von Greg

Vor langer, langer Zeit, in einer traurigen, weit entfernten Galaxie war ich mit einer eiskalten Spitzenfrau zusammen. Und wenn ich sage »zusammen«, meine ich, dass ich bis über beide Ohren in sie verknallt war, während sie fand, ich sei ein »echt netter Typ«. Unnötig zu erwähnen, dass die Geschichte in die Brüche ging. Wir hatten eine dieser peinlichen Trennungen, bei denen man zwar noch offiziell Tisch und Bett teilt, aber längst nicht mehr gemeinsam ausgeht – nach dem Motto »Entschuldigung, ich weiß, dass du mit jemand anderem zusammen bist, aber könnte ich trotzdem ein Stück von dem Kissen da haben?« Aua. Wer tut so was? Ich, wie sich herausstellte. Ich war so hin und weg von dieser Frau (sprich: in etwas verliebt, das ich nicht kriegen konnte), dass ich sicher war, sie würde mich irgendwann wieder attraktiv finden und zurückhaben wollen, wenn ich nur lange genug in ihrer Nähe blieb, jeden Brotkrumen nahm, den sie mir hinwarf, und mich jeden Abend vollaufen ließ. Tja, wenig später beschloss sie, die Kurve zu kratzen. Und weg war sie – nach New York, um sich ihrer Karriere und, was noch viel wichtiger war, dem neuen Mann in ihrem Leben zu widmen.

Man sollte annehmen, dass man, wenn man wegen eines anderen Mannes verlassen wird und die ehemalige Partnerin ans andere Ende des Landes zieht, kapiert, dass es vorbei ist, weil es das nun mal ist. Ich nicht. Ich war in die romantische und unausgereifte Idee verliebt, ich könnte sie zurückgewinnen. Wie ich das angestellt habe? Mit spätabendlichen, tränenreichen Bettelanrufen im Vollrausch. Prima! Wie cool ist das? Sooooo was von uncool und dazu noch vollkommen wirkungslos. Ich zog damit nicht nur mein Herz in den Schmutz, sondern auch noch meine Würde. Ich hatte es geschafft, mich noch weiter zu degradieren – von jemandem, in den sie nicht mehr verliebt war, in jemanden, den sie bemitleidete und mied. Der Fairness halber sei gesagt, dass dieses Mädchen viel Geduld und Toleranz aufbrachte, während ich ihr das Leben schwer machte. Ich begann, mich dank meiner Besessenheit von meinen Freunden zu entfremden, vernachlässigte meine Arbeit und sah beschissen aus. Schlimmer noch – ich trank, als stünde die Prohibition unmittelbar bevor.

Eines Abends, nach einer stattlichen Menge Tequila, kam ich auf die glorreiche Idee, bei Miss New York City anzurufen und herauszufinden, ob sie ihre Meinung geändert hatte, nicht die Richtige für mich zu sein. (Jetzt wird es richtig gut.) Sie wohnte damals im New York Paramount Hotel, weil sie warten musste, bis ihr Apartment bezugsfertig war. In meinem Suff wählte ich die Nummer, die ich bereits auswendig kannte. »Paramount Hotel«, sagte der Telefonist am anderen Ende der Leitung. Nur zur Erinnerung: Es war etwa halb drei Uhr morgens in Los Angeles, sprich halb sechs Uhr früh in New York. An die genaue Zeit kann ich mich nicht mehr erinnern, weil mir Zahlen in meinem Zustand zu hoch waren. Guter Anfang. »Paramount Hotel, mit wem darf ich Sie verbinden?«, fragte der Telefonist also. Hey, ich war so hinüber, dass ich nicht einmal den Namen meiner Angebeteten herausbekam. Ernsthaft – es wäre verständlicher gewesen, wenn ich gebellt hätte. »Tut mir leid, Sir, aber könnten Sie das wiederholen?«, meinte der Typ am Telefon. Ich versuchte es noch einmal. Ohne Erfolg. »Sir, vielleicht könnten Sie den Namen buchstabieren.« (O Gott, Mann! Hab ein bisschen Respekt vor dir selbst und leg auf, Greg!) Aber das tat ich nicht, sondern versuchte zu buchstabieren. Endlich begriff er, wen ich sprechen wollte. Aber bevor er mich durchstellte, sagte er etwas wirklich Erstaunliches. »Sind Sie sicher, dass Sie dieses Gespräch führen möchten, Sir?«, wollte er wissen. Wie bitte? Soll das ein Witz sein? Mitten aus der trunkenen Finsternis sprach diese anonyme Stimme der Besorgnis zu mir. »*Sind Sie sicher, dass Sie dieses Gespräch führen möchten?*« Und ich dachte darüber nach. Nein, ich will dieses Gespräch nicht führen, dachte ich. Ich habe dieses Gespräch schon einmal geführt. Dieses Gespräch macht immer alles nur noch schlimmer. Es führt mich weiter und weiter von dem Punkt weg, an dem ich gern sein möchte – einem Punkt, wo Würde und Coolness vorherrschen. »Nein«, antwortete ich, »ich will dieses Gespräch nicht führen. Danke.« Ich legte auf und kippte um, voll bekleidet, aber wenigstens mit einem letzten unversehrten Fünkchen Würde.

Am nächsten Tag – ich war traurig und hatte einen Kater – rief ich mir die Stimme am anderen Ende der Leitung ins Gedächtnis. »*Sind Sie sicher, dass Sie dieses Gespräch führen möchten?*« Wäre es nicht toll, wenn man ständig eine solche Stimme im Kopf hätte? Den persönlichen Trennungsfreund, der dafür sorgt, dass man sich diesen Anruf, den unüberlegten Abstecher zum Haus der Geliebten oder die Entscheidung verkneift, ihre Klamotten anzuziehen und so zu tun, als wäre man sie, um sich in ihre Gedanken hineinzuversetzen? Das ist der Grund für dieses Buch. Dieses Buch ist diese Stimme. Wir sind die Freunde, die dafür sorgen wollen, dass eure Trennung halbwegs menschenwürdig über die Bühne geht. Trennungen tun verdammt weh, aber sie sind nicht das Ende der Welt. Der Schmerz geht vorüber, und wenn man richtig damit umgeht, kann eine Trennung sogar das Leben verändern. Unser Ziel ist es, euch zu helfen, eure Trennung zu einem Erlebnis werden zu lassen, das euer Leben zum Guten verändert. Schließlich seid ihr doch alle Spitzenfrauen, richtig? *Greg*

Ein paar Worte vorab von Amiira

Es ist nach zwei Uhr früh. Du bist beim dritten Glas Wein. Trägst sein Sweatshirt, weil es immer noch nach ihm riecht. (Ehrlich gesagt, hat er eigentlich nie soooo gut gerochen, aber ich schreibe es trotzdem, weil ich es auch getan habe.) Ich war das traurigste Mädchen auf der ganzen Welt, mit einem gebrochenen Herzen und der Gewissheit, niemals über ihn hinwegzukommen. Ich war so unsterblich in einen Mann verliebt, der mir nicht das geben konnte, was ich von einer Partnerschaft brauche, dass ich ihn nicht nur geheiratet, sondern auch noch meinen letzten Funken Selbstwertgefühl über Bord geworfen habe, um ihn zu halten. Ich bin die Frau, die nicht nur unter einer ungesunden, demoralisierenden Beziehung gelitten hat, sondern auch noch zu ihm zurückgekehrt ist, in der Hoffnung, die Auszeit hätte ihn dazu inspiriert, mich so sehr zu lieben, dass er sich für mich ändern würde ... oder es zumindest zu versuchen. Und soll ich euch etwas verraten? Es hat nicht funktioniert. Ich war außer mir vor Verzweiflung, Verwirrung und Wut – am Boden zerstört am Ende einer Beziehung, von der ich geglaubt hatte, sie würde für immer weitergehen. Ich habe meine Tränen in ein Glas Pinot Grigio nach dem anderen vergossen, habe schachtelweise Zigaretten geraucht, meinen Appetit eingebüßt, all meinen Schlaf und meine Energie. Ich habe mich gequält, habe Rückschläge eingesteckt, war genervt, habe professionelle Hilfe in Anspruch genommen, mich auf meine Freunde gestützt, bin ans andere Ende des Landes gezogen, habe mir Hunde zugelegt, neue Freunde kennen gelernt, exzessive Einkaufstouren veranstaltet. Ich hatte sogar neue Partner, die mich liebten, obwohl ich noch so tief in meiner Vergangenheit steckte, dass ich völlig unfähig war, *ihnen* zu geben, was sie sich von mir wünschten. Wenn ich ehrlich bin, habe ich dieses Pferd noch geritten, nachdem es längst tot war beziehungsweise jemand anderen geheiratet hatte. Rein äußerlich hielt ich an der Illusion fest, ich sei längst über alles hinweg und das Ende unserer Ehe sei für alle Beteiligten das Beste – alles nur Schall und Rauch und leere Worte. Ein gebrochenes Herz zu haben, ist wie ein Rippenbruch. Von außen sieht alles ganz normal aus, aber innerlich schmerzt jeder Atemzug. Sagen wir einfach, mein Bruch brauchte sehr, sehr lange, um zu heilen.

Nun mag es euch überraschen, dass ich in allen anderen Lebensbereichen erfolgreich und selbstbewusst war. Ehrlich. Ich hatte einen Spitzenjob, verdiente eine Menge Geld, hatte viele Freunde, eine schöne Wohnung, coole Klamotten, einen erstklassigen Musikgeschmack etc… aber aus irgendeinem Grund dauerte es eine Ewigkeit, über diesen Kerl hinwegzukommen. Er war mein Kryptonit. Und wie Superman war auch ich in seiner Gegenwart machtlos. Aber wenn ihr die Filme gesehen habt, wisst ihr, dass Superman immer Mittel und Wege findet, um sich dem Einfluss von Kryptonit zu entziehen. Und zum Glück ist mir das auch gelungen.

Na ja, Kryptonit zu bekämpfen und über ein gebrochenes Herz hinwegzukommen, sind unglaublich schwierige Aufgaben. Aber sie verleihen einem auch unglaublich viel Kraft. Doch der größte Erfolg ist die Tatsache, endlich wieder sein eigenes Leben führen zu können, ohne ständig Liebeskummer zu haben. Das ist das Ziel, und wir haben dieses Buch geschrieben, um euch dazu zu verhelfen. Ich war an dem Punkt, an dem ihr gerade seid – völlig am Ende und fassungslos, dass mein Leben nicht so verlief, wie ich es mir vorgestellt hatte. Aber wisst ihr was? Sobald ich die Trennung überwunden, mein Leben neu und anders angepackt, klügere Entscheidungen getroffen und mehr *für mich* und *von mir* verlangt hatte, brach das Glück förmlich über mich herein. Heute läuft mein Leben besser, als ich es mir je hätte erträumen oder vornehmen können. Ich habe einen Mann, der mich vergöttert und dessen Liebe und Hingabe mich immer wieder umhaut. Ich habe zwei wunderschöne Töchter, die witzigsten und wunderbarsten Menschen, die ich je kennen lernen durfte. Ich habe die besten Freunde und die tollste Familie auf der Welt, für die ich jeden Tag dankbar bin. All das wäre mir entgangen, hätte ich mein Leben damit zugebracht, meinem Ex nachzuweinen und mich in meinem Kummer zu vergraben. Es ist, wie meine Großmutter immer gesagt hat: »Selbst mit aller Mayonnaise auf dieser Welt kannst du aus Hühnerscheiße keinen Hühnchensalat machen.« Haltet euch diese klugen Worte vor Augen, wenn ihr das nächste Mal über eure unbefriedigende Beziehung nachdenkt.

Alles Liebe, Amiira

Was auf euch zukommt

Wie kommt es, dass ausgerechnet eine Spitzenfrau wie du den Hauptpreis in der Liebeskummerlotterie gezogen hat? Den scheinbaren Super-Jackpot des Schmerzes, den du mit niemandem zu teilen brauchst. Glaub bloß nicht, dass du allein damit bist. Tatsache ist – wie unsere Geschichten zeigen werden –, jeder hat so etwas schon einmal erlebt. Aber das Wichtigste ist Folgendes: DU WIRST ES ÜBERSTEHEN. Wie jeder Lotteriegewinner kannst du entweder den ganzen Batzen auf einmal einstreichen und dir überlegen, was du damit anfangen willst. Oder du lässt ihn dir in jährlichen Raten auszahlen, die du langfristig anlegst. Uns ist Ersteres lieber. Natürlich ist es weniger schmerzhaft, wenn man den Prozess über Jahre hinzieht, aber wenn du alles auf einmal nimmst, musst du dich entscheiden, was du damit anfangen willst – investieren, ausgeben, dich darin wälzen oder dich davon befreien.

Trennungen gehören zu den schlimmsten Dingen, die einem Menschen passieren können. Das ist uns klar, deshalb möchten wir deinen Liebeskummer keinesfalls verharmlosen.

Aber wir haben den Tonfall dieses Buches absichtlich humorvoll gehalten, um euch ein wenig von den überaus realen und überwältigenden Gefühlen abzulenken, die über euch hereinbrechen. Wir wollen euch ernst gemeinte Tipps und praktische Vorschläge mit auf den Weg geben, wie ihr mit dieser unerträglichen Situation umgeht, aber auch euer Wohnzimmer neu gestalten könnt. »Wie bitte?«, werdet ihr jetzt sagen. Ob ihr es glaubt oder nicht – all das ist Teil des Prozesses.

Wahrscheinlich lest ihr dieses Buch, weil ihr gerade verlassen worden seid, Liebeskummer habt, noch immer an eurem Expartner hängt oder alles zusammen. Vielleicht wart ihr auch diejenige, die Schluss gemacht hat, und habt nun Zweifel an der Richtigkeit der Entscheidung – auch darauf kommen wir zu sprechen, obwohl wir ziemlich sicher sind, dass es richtig war. Ob ihr »Es liegt nicht an dir, sondern an mir« zu hören bekommen oder es selbst gesagt habt, spielt keine Rolle, denn so schwer die Erkenntnis auch sein mag, eure Beziehung war offenbar nicht das Richtige. Wir wissen, dass ihr das Gegenteil hören wollt und hofft, dass wir euch sagen, es sei alles nicht wahr. Ihr wollt hören, dass er oder sie morgen an eure Tür klopft und bettelt, zurückkommen zu dürfen, so dass all der Kummer und Schmerz ein Ende hat. Oder dass es eine einfache Möglichkeit gibt, all die Probleme zu lösen, und dass ihr, wenn ihr euch nur noch etwas mehr Mühe gebt, trotzdem das glückliche Happyend bekommen könnt, das ihr euch immer gewünscht habt. Wir sollen euch sagen, dass Menschen sich ändern können – doch die Wahrheit ist: *Es heißt Schluss machen, weil dann Schluss ist.*

Selbst wenn ihr das jetzt noch nicht sehen könnt und am Boden zerstört seid, weiß es zumindest ein Mensch in eurer Beziehung tief in seinem Innern. Und wenn derjenige sie beendet hat, bedeutet das, dass er nicht versuchen will, sie wieder zu kitten.

Die Wahrheit ist, dass beim Thema Trennungen das Prinzip »Schwimm oder ertrink« gilt. Manche verbringen ihr ganzes Leben in einem tödlichen Strudel, weil sie nicht über eine verlorene Liebe hinwegkommen. Andere, allen voran ihr, liebe Leser, benutzt dieses Ereignis als Wendepunkt, um zu überdenken, neu aufzubauen und wahrscheinlich neu zu gestalten (das mit dem Wohnzimmer war kein Witz). Kurz gesagt: Trennung oder Chance auf einen Neubeginn – es ist eure eigene Entscheidung.

»Was berechtigt euch, mir Ratschläge zu erteilen?«, ruft ihr jetzt wahrscheinlich und erschreckt die anderen Kunden in der Buchhandlung. »Wieso sollte ich ausgerechnet auf euch hören?« Hey, ganz ruhig, alle schauen schon her. Wer wir sind? Zwei Menschen, die beide selbstbewusstseinszerschmetternde, beinahetodbringende, innereienzerfressende Trennungen durchlebt haben. Sagen wir einfach, sie waren von der wirklich üblen Sorte und haben uns wünschen lassen, wir könnten uns für den Rest unseres Lebens im Bett verkriechen. Zum Glück haben wir uns anders entschieden. (Denkt nur an all die wund gelegenen Stellen und die langen, klauenartigen Fingernägel, die wir inzwischen hätten.) Diese Trennungen haben uns am Ende zu unserer glücklichen Ehe verholfen. (Keine Sorge – wir werden euch nicht pausenlos Lobhudeleien über unsere tolle Ehe aufs Auge drücken. Es gibt nichts Schlimmeres als selbstzufriedene Ehepaare, die ständig schwärmen, wie super alles ist. Unserer Meinung nach ist es nur ein ganz wesentlicher Punkt, dass unser schlimmstes Erlebnis am Ende zu dem geführt hat, was wir beide als das Wunderbarste empfinden. Okay?)

Dieses Buch ist anders als *Er steht einfach nicht auf dich*, das darauf ausgerichtet war, euch zu helfen, wenn eure Beziehung nicht gut läuft oder euer Freund, na ja, eben nicht auf euch steht. Aber uns ist klar, dass es, obwohl man weiß, dass er nicht wirklich auf einen steht, trotzdem das Schwierigste sein kann, den Mut aufzubringen, die Beziehung zu beenden. Eine Trennung ist beängstigend, schmerzhaft, qualvoll und traumatisch – selbst wenn man in gewisser Weise weiß, dass man das Richtige tut – deshalb soll *Schieß ihn einfach auf den Mond! Es heißt Schluss machen, weil dann Schluss ist* dabei helfen, sich nicht nur aus einer unbefriedigenden Beziehung zu lösen, sondern sie auch zu verarbeiten, um bereit für die – besseren – Dinge zu sein, die das Leben für einen bereithält. Letzten Endes geht es darum, ob *du* dich selbst genug liebst, um der Tatsache ins Auge zu blicken, dass diese Beziehung nicht funktionieren kann. Es geht darum, sich vor Augen zu halten, dass sie einem nicht das gegeben hat, was man braucht und verdient, dass man Ballast abwirft und die Gelegenheiten nützt, die sich einem bieten. Denn so chaotisch die Situation im Moment auch scheinen mag, könnte sie sich als das Beste erweisen, was dir je passiert ist.

Ganz recht: besser als der Tag, an dem du in deine erste eigene Wohnung gezogen bist, diese Gucci-Stilettos im Ausverkauf aufgestöbert oder den Oscar als beste Hauptdarstellerin gewonnen hast oder was auch immer das Highlight deines Lebens ist. Sieh es doch mal so: Als du und dein Ex diese Beziehung eingegangen seid, wart ihr zwei brandneue Sportwagen, die Seite an Seite fuhren. Ihr wart beide cool, attraktiv, sexy und selbstbewusst, und die Fahrt war absolut irre. Nach einer Weile bist du nach rechts ausgeschert, er nach links, ihr hattet nicht mehr dasselbe Tempo, einer von euch hat ständig versucht, den anderen einzuholen, und am Ende hattet ihr die Wagen in den Graben und zu Schrott gefahren. Als die Versicherung zahlte, hat einer von euch beschlossen, sich einen neuen Wagen zuzulegen, statt den alten in die Werkstatt zu bringen und den Totalschaden reparieren zu lassen. Für diejenigen unter euch, die keinen Wagen besitzen, übersetzt sich diese Metapher so: Ihr und euer Ex (oder Demnächst-Ex) glaubt nicht länger daran, dass die Beziehung es wert ist, gekittet zu werden. Einer von euch will einen Neuwagen. Und wer will schon eine Beziehung, die trotz aller Reparaturversuche immer wieder streikt, wenn man gerade Gas geben will? Du jedenfalls nicht.

Es heißt Schluss machen, weil dann Schluss ist, und mithilfe dieses Buches wird dir klar werden, dass das sogar gut ist. Also, weiterlesen, Trennungsheldin! In der Not zeigt sich die wahre Größe! Die größten Herausforderungen bescheren einem die größten Erfolge im Leben oder so ähnlich. Viele von uns haben im Zuge des schmerzhaftesten Liebeskummers zu einem neuen Lebensweg und der wahren Liebe gefunden. Manche greifen sogar zu Stift und Papier und geben kluge Sprüche von sich, die euch in schweren Zeiten inspirieren oder auf die Nerven gehen. Also, legen wir los, denn es gibt nichts Schlimmeres als einen mit vermeintlich klugen Sprüchen gespickten Ratgeber. Und wir haben uns große Mühe gegeben, viel, viel mehr aus diesem Buch zu machen.

Dieses Buch umfasst einen Frage-Antwort-Teil, Arbeitsübungen, Geschichten aus erster Hand über Trennungen und den so genannten Psycho-Beichtstuhl, an den ihr euch wenden könnt, wenn ihr einen »Wenigstens halte ich mich halbwegs gut«-Kick fürs Selbstwertgefühl braucht. Die Fragen und Antworten in diesem Buch sind nicht nur das Resultat unserer eigenen Erfahrungen, sondern auch der von Freunden und das Ergebnis einer intensiven Recherche, in der wir über 500 Leute gebeten haben, uns die glorreichen Details ihrer traurigen, aber leider wahren Trennung zu schildern. Ihr, liebe Leserinnen, werdet froh sein, dass sie es getan haben. Und jetzt blättert um und läutet den Prozess ein, zu einem begehrenswerteren Selbst zurückzufinden.

Was, wenn ihr noch zusammen seid?

Das Wissen, dass eine Beziehung schlecht läuft, macht es nicht einfacher, sie zu beenden. Selbst wenn man zu der Erkenntnis gelangt ist, dass er nicht auf einen steht oder umgekehrt oder beide nicht aufeinander stehen, bedeutet das noch lange nicht, dass man der Beziehung den Gnadenschuss geben kann. Wir wissen das und bekennen uns schuldig, schon einmal in der Sackgasse gelandet zu sein, weil es zu schwer war, einen Schlussstrich zu ziehen. Es ist schwer, den Mut aufzubringen, die Behaglichkeit einer, wenn auch unbefriedigenden, Beziehung hinter sich zu lassen und zu riskieren, eine unbestimmte Zeit allein zu sein. Und es gibt jede Menge Argumente, es nicht zu tun. *Ich will mir keine neue Wohnung suchen müssen. Ich habe nicht das Geld, um auf eigenen Füßen zu stehen. Ich möchte nicht ohne Begleitung auf der Hochzeit meiner Cousine auftauchen. Ich kann den Gedanken nicht ertragen, dass er mit einer anderen zusammen ist.*

Aber eines darf man nicht vergessen: Seine Zeit mit einer Beziehung zu verschwenden, die nichts bringt, ist, wie der Name schon sagt, Zeitverschwendung. Zeit, die man damit zubringen sollte, denjenigen zu finden, der sich als der perfekte Partner erweisen könnte. Letztlich bringt es nichts, an einer Beziehung festzuhalten – man zögert das Unvermeidliche nur unnötig heraus. Sich an eine Beziehung zu klammern, die bereits an der Herz-Lungen-Maschine hängt, lässt sie nicht wiederauferstehen. »Aber wie soll ich jemals darüber hinwegkommen?«, fragt ihr euch jetzt. Wir helfen euch dabei. Darum geht es in diesem Buch. Also, tut *euch beiden* einen Gefallen und macht dem Ganzen ein Ende. Greift zum Hörer und sagt ihm, dass ihr mit ihm reden müsst. Zieht den Stecker und geht mit uns den ersten Schritt in Richtung einer besseren, strahlenderen Zukunft.

Teil 1
Die Trennung

(Oder: Wie verdammt noch mal kann eine Spitzenfrau wie ich in einem derart lähmenden Albtraum stecken?)

Ort des Geschehens:
Sein Apartment, abends

Ein attraktives Paar, Ende zwanzig, sitzt auf der Couch vor dem knisternden Kaminfeuer. Romantik pur. Er steht auf, geht nervös auf und ab und nimmt einen großen Schluck aus seiner Bierflasche.

ER: Es gibt da etwas, worüber ich mit dir reden muss.
  (Sie stellt erwartungsvoll ihr Weinglas ab und checkt, ob der Lippenstift für den großen Augenblick sitzt.)

SIE: Wir können über alles reden. Das ist der Grund, weshalb wir so gut zueinander passen.
  (Er geht noch immer vor ihr auf und ab, sucht nach den richtigen Worten.)

ER: Es ist nur... wir sind schon eine ganze Weile zusammen. Und ich fand die Zeit mit dir immer sehr schön...

SIE: Ich weiß. Es ist, als wären wir füreinander geschaffen.

ER: Du bist ein ganz besonderer Mensch und wirst eines Tages eine wunderbare Ehefrau werden...

SIE: (erwartungsvoll) Ja?

(Er geht vor ihr in die Hocke und nimmt ihre Hände. Sie kann kaum fassen, dass der große Moment gekommen sein soll...)

ER: Nur eben nicht für mich. Ich finde, wir sollten auch mit anderen ausgehen...

(Sie hat eindeutig nicht richtig zugehört, denn sie unterbricht ihn.)

SIE: Wahnsinnig gern! (Es dämmert ihr.) Moment mal, was hast du gerade gesagt?

ER: (erleichtert) Wirklich? Das ist toll! Ich dachte, du würdest ausflippen. Ich überlege schon seit Wochen, wie ich es dir sagen soll.

(Sie steht auf, geht in die Küche und reißt sämtliche Schubladen auf.)

ER: Was suchst du?

SIE: Etwas, womit ich dich schlagen kann.

1
Es heißt Schluss machen, weil dann Schluss ist

AAAAAAAAAAAAAAAAAAAAAAAAAAAAAAAAAAAAAAAA AAAAAAAAAAAAAAAAAAAAAAAAAAHHHHHHHHH! Es tut so weh, verdammt noch mal! Bis ins Mark. Du hast es nicht kommen sehen. Du hast gewusst, dass es passieren wird. Du wolltest schneller sein als er. Du hast dich nur von ihm getrennt, bevor er sich von dir trennen konnte. Ihr wolltet doch für immer zusammenbleiben. Eigentlich konntest du ihn sowieso nie richtig leiden. Er konnte wahnsinnig gut küssen. Der Sex war nie besonders toll. Du mochtest seine Familie wirklich gern. Er hat deine Freunde gehasst. Du fandest seine Schuhe fürchterlich. Er fehlt dir sooooo sehr. Kein Zweifel – Trennungen sind eine üble Sache. Und jetzt hast du einen dämlichen »Trennungsratgeber« in der Hand, weil du, ganz ehrlich, alles tun würdest, um dich nicht länger so fühlen zu müssen. Vielleicht wirft dieses Buch Licht auf das, was du gerade durchmachst. Vielleicht findest du heute Nacht ja etwas Schlaf. Oder es sorgt dafür, dass du nicht mehr die ganze Zeit nur schläfst.

In den ersten Tagen und Wochen nach einer Trennung muss man sich über eines klar werden: Manche Dinge können und sollten nicht rückgängig gemacht werden – besonders nicht die Entscheidung dieses Penners, dich sitzen zu lassen, oder die Tatsache, dass er dich gezwungen hat, ihn sitzen zu lassen. Es ist aus einem ganz bestimmten Grund vorbei, und selbst wenn du es leugnest, weißt du tief in deinem Innern, warum es dazu gekommen ist. Selbst wenn du sprachlos vor Verblüffung über seine Entscheidung bist, Schluss zu machen, reduziert sich das Ganze jedes Mal auf dieselbe Tatsache: Eure Beziehung ist trotz aller Versprechen nicht länger das Richtige für einen von euch oder beide. Sie ist zerbrochen. Am Ende. Das macht es nicht leichter, mit der Trennung und der überwältigenden Traurigkeit umzugehen, aber diese Traurigkeit ändert nichts daran, dass es vorbei ist. Wenn ihr an den Punkt gelangt seid, an dem einer oder beide es für besser halten, getrennte Wege zu gehen, lassen sich die Risse in einer Beziehung nicht leugnen. Und ab sofort bist du nicht die Frau, die sich mit etwas Kaputtem zufriedengibt oder sich an Angeschlagenes klammert – egal ob es sich um ein Radio, ein Paar Schuhe oder eine Beziehung handelt. Dein Leben ist kein Flohmarkt. Es ist Zeit, sich von all dem Angeschlagenen zu trennen, das dich seit Tagen, Monaten oder gar Jahren belastet, und die Entscheidung zu treffen, sich nach etwas umzusehen, das funktioniert und zwar auf diese entspannte, unaufgeregte, so-reibungslos-dass-ich-nicht-mal-darüber-nachzudenken-brauche Art. Man gewinnt keinen Preis dafür, weil man der Erste ist, dem klar wird, dass man nicht zueinander passt. Stattdessen hat man lediglich ein schlechtes Gewissen, weil man seinem Partner wehgetan hat. Deshalb ist es trotz der noch so tiefen Verletztheit das Beste, diese zerbrochene Beziehung hinter sich zu lassen, selbst wenn man erst jetzt mitbekommt, dass sie zerbrochen ist.

»Aber manche Dinge lassen sich doch reparieren«, sagst du vielleicht. Das stimmt, aber kann deine Beziehung repariert werden? Alles ist möglich, wir halten es jedoch für eher unwahrscheinlich. Normalerweise hat derjenige, der eine Trennung für den richtigen Schritt hält, eher Recht, auch wenn es sich im ersten Moment falsch anfühlt. Denn eine Beziehung lässt sich nicht kitten, es sei denn, *zwei* Menschen ziehen sich einen Overall an und machen sich mit Klebeband, Superkleber und einer ordentlichen Portion Entschlossenheit an die Arbeit. Noch mehr Argumente gefällig? Wie wär's damit: Der Mensch, den du liebst, hat dich, dieses wunderbare Geschöpf, und eure Beziehung genau angesehen und »Nein, danke, ich versuche mein Glück anderswo« gesagt. Oder du hast es zu ihm gesagt. Wie auch immer – das allein sollte dir vor Augen führen, dass ihr nicht das perfekte Paar wart und eure Beziehung es nicht wert ist, dafür in einen Overall zu schlüpfen. Jeder, der dich und eure Beziehung als entledigungswürdig betrachtet, ist deine Zeit und deine Tränen nicht wert.

Im Moment versucht dein Gehirn fieberhaft, Gründe zu finden, weshalb ihr noch zusammen sein solltet. Dein Herz tut weh, und dein Verstand sucht nach Möglichkeiten, wie du den Schmerz vertreiben kannst. Aber vergiss nicht – jede Begründung, die du anführst, ist in Wahrheit irrelevant. Die Realität ist, dass ihr trotz aller Gemeinsamkeiten eines nicht gemeinsam habt – den Glauben daran, dass diese Beziehung funktionieren kann. Das, Schatz, übertrumpft eure gemeinsame Liebe für Hundebabys, für die Dave Matthews Band und für die mexikanische Küche.

Es ist nicht schwer, sich das Hirn zu zermartern und nach Gründen zu suchen, weshalb ihr beide es nicht geschafft habt, aber manchmal lautet die einfachste Antwort: Die Menschen begegnen einander und trennen sich wieder. Es ist das ewige Wechselspiel, das seit Menschengedenken existiert. Manche Reisen dauern kürzer an, manche über ein ganzes Leben. Dasselbe gilt für Freundschaften. Wir binden uns an das Vertraute und klammern uns manchmal an Sicheres und Vorhersehbares, auch wenn es nicht gut für uns ist. Ein Großteil des

Schmerzes, den du im Moment spürst, ist in Wahrheit Angst. Angst vor Veränderungen, Angst vor dem Alleinsein, keinen anderen Menschen zu finden, den man lieben kann, Angst davor, sich mit anderen Dingen beschäftigen zu müssen. Wir haben Angst vor dem Unbekannten. Die Antwort auf all die Fragen, die dir im Kopf herumgehen – Was soll ich an den Wochenenden machen? Werde ich jemand anderen kennen lernen? – lautet: »Du wirst es erst wissen, wenn es soweit ist.« Das ist hart und beängstigend. Für den Moment solltest du dich auf das konzentrieren, was du weißt: dass du und er nicht länger an eine Zukunft eurer Beziehung glauben. Sie ist zerbrochen, und je länger ihr in dieser Sackgasse bleibt oder eure Tage damit zubringt, ihr nachzutrauern, umso weniger Zeit habt ihr, eine wirklich tolle Partnerschaft einzugehen.

Also, hol tief Luft, wappne dich und sei dir darüber im Klaren, dass es noch eine ganze Weile wehtun wird. Es gibt kein schnelles Heilmittel für den tiefen Schmerz des Liebeskummers, obwohl wir versuchen, ihn dir mit diesem Buch einfacher zu machen. Du wirst dich hundsmiserabel fühlen und die gesamte Gefühlsskala durchleben. Zickig, launisch, wütend, deprimiert, übel vor Kummer – alles. Offen gestanden ist die Zeit, die man braucht, bis man sich wieder gut fühlt, proportional zum Ausmaß des Kummers, den du jetzt empfindest, besonders wenn du diejenige bist, mit der Schluss gemacht wurde. Denn letztendlich hat dich jemand, den du geliebt und geschätzt und dem du vertraut hast, zurückgewiesen, und das ist wirklich übel. Es ist schwer, so etwas nicht persönlich zu nehmen. Aber – und das ist wirklich wichtig – Tatsache ist: Dein Ex hat sich im Hinblick auf dich geirrt. Denn nur weil eure Beziehung gescheitert ist, bedeutet das nicht, dass du mies bist. Was auch zwischen euch vorgefallen sein und was du oder er falsch gemacht haben mag – du bist immer noch eine tolle Frau. Obwohl du es jetzt vielleicht nicht glaubst, ist diese Trennung der erste Schritt in die Richtung, jemanden zu finden, der dich und deinen tollen Charakter auch verdient.

Aber, Greg, ich hab da eine Frage...

Wie kann eine Beziehung ohne jede Vorwarnung in die Brüche gehen?

Lieber Greg,

mein Freund und ich sind seit drei Jahren zusammen und hatten immer eine perfekte Beziehung. Letztes Jahr sind wir zusammengezogen und haben sogar über Heiraten, Kinderkriegen und all das geredet. Vor Weihnachten ist er mit mir losgezogen, um Verlobungsringe anzuschauen, deshalb dachte ich natürlich, ich wüsste, was in diesem Jahr für mich unterm Baum liegt. Da ich dachte, er schenkt mir einen Verlobungsring, habe ich mein Konto geplündert und ihm einen Plasmafernseher gekauft. Er war völlig schockiert, als er am Weihnachtsmorgen sein Paket aufmachte und den Fernseher sah. Aber das war nichts im Vergleich zu meinem Schock, als ich sein Päckchen ausgepackt habe – ein Kaschmirpulli und eine Halskette! Wie bitte? Am nächsten Tag sagt er zu mir, er sei sich nicht sicher, ob ich »die Richtige« bin, und wir sollten uns eine kleine Auszeit nehmen, um in Ruhe über alles nachzudenken!! Jetzt hat er das Apartment und den Fernseher, dessen Raten ich den Rest meines Lebens abzahlen muss! Ich habe versucht, ihm vor Augen zu führen, wie gut wir uns immer verstanden haben und dass die Hochzeit seine Idee gewesen sei, aber er entschuldigt sich ständig nur und meint, er brauche Zeit für sich. Wie kann einen jemand am einen Tag heiraten und am nächsten völlig grundlos nicht mehr mit einem reden wollen? Was kann ich tun, damit ihm klar wird, dass wir zusammengehören?

Bitte antworte mir. Marla

Liebe Plasmatikerin,

erstens: Schenk einem Mann nie einen Plasmafernseher, bevor du mit ihm verheiratet bist. (Das hat schon meine Großmutter gesagt.) Viele Männer glauben, sie bräuchten keine Freundin mehr, wenn sie erst mal einen Plasmafernseher haben. Klingt, als würde dein Freund auch dazu gehören. Tatsache ist, wenn er zu dem Schluss gelangt ist, dass ihr beide zusammen sein solltet, wird er von allein zu dir kommen. Du kannst nichts tun, um ihn dazu zu bringen, dass er mit dir zusammen sein und, was noch viel wichtiger ist, dich heiraten will. Eines der frustrierendsten und fiesesten Phänomene auf der Welt ist, dass eine Beziehung einfach zu Ende gehen kann, oft sogar ohne jeden

Grund. Ich bin fest davon überzeugt, dass bei manchen Menschen die Liebe einfach aufhören kann, obwohl sie zu Beginn so groß war. Noch schlimmer ist, dass du nicht die leiseste Ahnung davon hattest. Obwohl die Beziehung zerbrochen war, hat er dich im Glauben gelassen, ihr stündet emotional auf derselben Stufe. Es ist eine verdammt beschissene neue Tatsache, der du jetzt ins Auge sehen musst. Aber je schneller es dir gelingt, umso schneller gelangst du zu dieser Erkenntnis: HEY, SUPERGIRL, DU BIST AUF DEM WEG ZU ETWAS GANZ TOLLEM, UND VOR DIR TUN SICH WAHNSINNSMÖGLICHKEITEN AUF. Du solltest ihn wissen lassen, dass es sich für eine Frau gehört, den Ring zurückzugeben, wenn sie die Verlobung löst. Macht ein Mann Schluss, sollte er also den Fernseher herausrücken.

Aber wieso hat er mit mir Schluss gemacht, statt es mich tun zu lassen?

Lieber Greg,

ich bin seit etwa acht Monaten mit meinem Freund zusammen. Anfangs haben wir uns ganz unverbindlich getroffen, aber nach einer Weile waren wir fest zusammen. Wir haben praktisch zusammengewohnt und kaum einen Abend getrennt voneinander verbracht. Er hat mir sogar eine Schublade in seinem Schrank überlassen und eine eigene Zahnbürste geschenkt! Aber vor ein paar Wochen fing er plötzlich an, sich seltsam zu benehmen, deshalb habe ich ihn gefragt, ob etwas nicht stimmt. Er meinte, es gehe alles schneller, als er gedacht hätte, obwohl es ihm Angst einjagen würde, sei er glücklich mit der Art, wie alles laufe, und ich würde ihm mehr bedeuten, als er angenommen hätte. Toll!, dachte ich. Aber dann war er auf einmal zu müde, um vorbeizukommen, oder musste am nächsten Tag früh raus, deshalb sollte ich lieber nicht bei ihm übernachten. Also kehrten wir zu dem Zustand zurück, uns nur noch an ein paar Abenden pro Woche zu sehen. Nicht gut. Als er endgültig auf Distanz ging, war mir klar, dass etwas im Busch ist, also habe ich seine E-Mails gecheckt, als er gerade im Bad war. Die Korrespondenz zwischen ihm und TamiLynn78 ließ keinen Zweifel daran, dass er eine andere hat. Also habe ich ihn darauf angesprochen, und er hat es nicht abgestritten. Ich habe zu ihm gesagt, es sei SCHLUSS, und bin aus der Wohnung gestürmt. Tja, eigentlich hatte ich erwartet, dass er mir nachläuft – aber das hat er nicht getan! Er hat mich gehen lassen, und seither habe ich nichts mehr von ihm gehört. Was soll das? Ich will, dass er mich zurückhaben möchte und ein schlechtes Gewissen hat, weil er mir wehgetan hat. Ist das zu viel verlangt?   Linda

Liebe Miss Ja, das ist zu viel verlangt,

erstens finde ich es toll, dass du seine Mails gecheckt hast, statt mit ihm zu reden. Klingt nach einer wunderbaren, offenen Beziehung auf einer Vertrauensbasis, in der es an der Tagesordnung ist, in seinen Privatangelegenheiten zu schnüffeln, während er dich betrügt. Wieso musste diese Beziehung enden? Ich werde es dir sagen, und es wird mächtig wehtun. Er hat schon vor Monaten mit dir Schluss gemacht, hat aber dir die Drecksarbeit überlassen. Dieser miese, passiv-aggressive Trick funktioniert schon seit Jahrhunderten. Höchstwahrscheinlich wollte er dir nicht wehtun, deshalb hat er ein Verhalten an den Tag gelegt, das dich irgendwann dazu bringen würde, mit ihm Schluss zu machen. Ich nenne das die »Hintertürchen-Trennung«, die Männer (und auch Frauen) seit Urzeiten praktizieren. Und nicht nur das. Er hatte sich auch bereits einen Fluchtplan zurechtgelegt – inklusive dem nächsten Bett, in das er springen kann. Was für ein Drecksack! Ich bin sicher, er bekommt genau dort die Gewissensbisse, auf die du hoffst. Das einzig Richtige von ihm war, nichts von sich hören zu lassen. Du solltest für die Funkstille dankbar sein, weil deine Beziehung ohnehin schon beendet war, und zusehen, dass du deinen Kummer überwindest, um für etwas Neues bereit zu sein.

Aber woher weiß ich, ob wir nicht wieder zueinander finden?

Lieber Greg,

mein Freund, mit dem ich seit drei Jahren zusammen bin, und ich haben vor etwa einem Monat beschlossen, zusammenzuziehen. Eigentlich war es seine Idee. Da er die größere Wohnung hat, haben wir uns darauf geeinigt, dass ich mein Apartment kündige und zu ihm ziehe. Alles war perfekt – wir haben die Wände mit Farben gestrichen, die uns beiden gefallen, und beschlossen, welche Möbelstücke wir behalten wollen. Dann, am Tag vor dem Umzug – natürlich hatte ich meine eigene Wohnung gekündigt, und sie war neu vermietet worden –, meint er auf einmal, er hätte nachgedacht und sei zu dem Schluss gekommen, dass ich doch nicht »die Richtige« bin. Er halte es für einen Fehler, zusammenzuziehen, und für Zeitverschwendung für uns beide, da es uns nur daran hindere, »unserem Schicksal zu folgen«. Er ist ein wunderbarer Mensch, ohne den ich mir ein Leben nicht vorstellen kann, und wenn er etwas mehr Zeit für sich hat, wird er ganz bestimmt merken, dass das Schicksal uns füreinander bestimmt hat. Und er empfindet offensichtlich sehr viel für mich, schließlich wollte er vor einer Woche noch mit mir zusammenziehen! Glaubst du nicht auch, ich sollte Geduld mit ihm haben, wenn ich der festen Überzeugung bin, dass wir füreinander bestimmt sind?   Clarissa

Liebe Miss Macht des Schicksals,

vielleicht hast du zu viele Dämpfe aus dem Farbkübel eingeatmet, denn er hat laut und deutlich gesagt, dass du »nicht die Richtige« bist. Das klingt ziemlich endgültig, und trotz des wirklich üblen Timings muss man diesen Kerl in Wahrheit für seine Aufrichtigkeit bewundern. Er hat mit dir Schluss gemacht, um euch beiden weitere Zeit und Schmerzen zu ersparen. Was ich gleich sage, wird dir nicht gefallen, und das braucht es auch nicht, aber du musst es dir trotzdem anhören. Es tut verdammt weh, aber es wird noch viel länger wehtun, wenn du nicht akzeptierst, dass es vorbei ist. Außerdem hat er das Wort »Schicksal« benutzt. Was soll denn dieser New-Age-Mist? Menschen wollen gern glauben, sie könnten das Schicksal kontrollieren – ich hingegen glaube, Schicksal ist, genau hinzuhören und hinzusehen, was passiert, und dann die kluge, wenn auch vielleicht schmerzhafte Entscheidung zu treffen, sich lieber jemand anderen zu suchen. Wenn ihr beide füreinander bestimmt seid, wird ihn sein drittes Auge das unter Garantie wissen lassen, und dann wird er Berge überwinden, um zu dir zurückzukommen. Aber eines kann ich mit Gewissheit sagen – auf jemanden zu warten, der vielleicht niemals kommt, und traurig zu sein, ist ganz bestimmt nicht dein Schicksal. Also, sei dir darüber im Klaren, dass es Schluss machen heißt, weil dann Schluss ist. Und leb dein Leben weiter.

Aber was ist, wenn unsere Beziehung ganz toll war?

Lieber Greg,

was hältst du hiervon? Ich war zwei Jahre mit einem Mann zusammen. Er hat mich nie betrogen oder belogen, sondern hat mir immer das Gefühl gegeben, etwas ganz Besonderes zu sein, und mich wie eine Königin behandelt. Dann, vor zwei Monaten, meinte er auf einmal, er empfände nichts mehr für mich. Er sehe keine Zukunft für unsere Beziehung, hoffe aber, wir könnten Freunde bleiben. Ich weiß ganz sicher, dass es keine andere Frau gibt, deshalb kann ich ihn nur beim Wort nehmen, weil er mir gegenüber immer aufrichtig war. Was ist passiert? Jennifer

Liebe Aufrichtigkeitsfreundin,

manche Männer (und auch Frauen) sind nun mal ganz toll. Sogar viele von ihnen. Das ist der Grund, weshalb wir sie so mögen, uns in sie verlieben und dann enttäuscht sind, wenn es am Ende doch nicht funktioniert. Trauigerweise ist das manchmal eben so. Zwei Partner wachsen im Lauf der Zeit zusammen oder entwickeln sich auseinander. Manchmal auch beides, was umso verblüffender ist. Trotzdem kann es erstaunlicherweise passieren, dass die Gefühle eines Menschen ohne ersichtlichen Grund enden. Du kannst für seine Ehrlichkeit, die ungetrübte Erinnerung

an eine gesunde Beziehung und die Erkenntnis, dass es wunderbare Menschen wirklich gibt,
dankbar sein. Und dafür, dass du hoffentlich irgendwann denjenigen findest, mit dem du deinen
Weg gehen kannst. Es ist dir einmal gelungen,
also schaffst du es auch ein zweites Mal. Versprochen.

Wieso tut es immer noch weh?

Lieber Greg,

mein Freund und ich haben uns vor fast einem
Jahr getrennt, und es tut immer noch weh! Wir
waren nur anderthalb Jahre zusammen, sollte ich
also nicht längst darüber hinweg sein? Es heißt,
man brauche die Hälfte der Zeit, die eine Beziehung gedauert hat, um sie zu überwinden, aber
diese Rechnung gilt für mich nicht. Ich schwöre,
es tut immer noch genauso weh wie vor einem
Jahr. Ich denke nach wie vor jeden Tag an ihn, an
die tollen Erinnerungen, und es macht mich wahnsinnig wütend, dass er all das einfach weggeworfen hat. Wie lange wird es noch so bleiben, und wie
soll ich jemals damit fertig werden?   Lauren

Liebe Miss Stillstand,

ich glaube tatsächlich, dass irgendjemand
diese Regel aufgestellt hat, man brauche die
Hälfte der Beziehungsdauer, um über sie hin-

wegzukommen. Aber hier ist eine andere Formel, die es vielleicht besser trifft: Wenn dein Hamster stirbt, nimmst du die Anzahl seiner Lebensjahre, dividierst sie durch die Zahl seiner Pfoten und ziehst dann die Wurzel daraus. Oder vielleicht funktionieren mathematische Gleichungen in Herzensangelegenheiten auch einfach nicht. Meiner Ansicht nach, Herzblatt, steht die Zeit, die man braucht, um sich nach einer Trennung besser zu fühlen, in direkter Relation zu dem Verhältnis, das man zu sich selbst hat. Wenn man mit sich nicht im Reinen ist, fahren die Gedanken pausenlos Achterbahn. Man spult wieder und wieder tolle Augenblicke mit dem Expartner ab, nur um sich vorwerfen zu können, man hätte es »nach Strich und Faden vermasselt«. Man geht alle Fehler durch, die man begangen hat. »Wäre ich doch dünner, attraktiver, was auch immer, dann…« oder »Wie war das, als ich damals seinen Wagen angezündet habe…?« (Okay, manche Dinge mögen tatsächlich ein Trennungsgrund sein). Also sitzt man herum und macht sich selbst madig. Man denkt darüber nach, was man hätte sagen oder tun müssen, oder was man sagen würde, wenn er wieder angekrochen käme, statt sich auf die Gegenwart zu konzentrieren und auf eine neue, bessere Zukunft hinzuarbeiten. Es heißt Schluss machen, weil dann Schluss ist. Man kann es nicht rückgängig machen, deshalb muss man sich davon lösen, nur so kann der Schmerz langsam nachlassen. Das Schwierige an der Zeit ist, dass es Zeit braucht, so leid es mir tut.

Das Gute an all dem Übel …

Das Gute an all dem Übel ist, dass du von ihm getrennt bist. Du steckst mitten in der Trennungsmisere, brauchst keine Angst mehr davor zu haben, wann oder ob etwas passieren wird oder wie schlecht du dich dann fühlen wirst. Es ist passiert, und wie immer im Leben ist die Realität nicht so schlimm, wie man sie sich vorgestellt hat. Du bist nicht tot, die Welt dreht sich weiter, das Essen schmeckt immer noch. Endlich hast du Zeit, dich um deine Freunde zu kümmern, alles zu lesen, was sich angesammelt hat, und kannst dich im Bett ungestört breitmachen.

Der wirklich superharte Teil daran ist nur, sich an die veränderten Tatsachen zu gewöhnen, und, logischerweise, eine anständige Runde Liebeskummer hinter sich zu bringen. Das Problem an Trennungen und dem damit einhergehenden Kummer ist, dass man beides nicht ungeschehen machen oder irgendwie lindern kann. Selbst bei der einvernehmlichsten Trennung leidet ein Beteiligter meist mehr als der andere, und das Ende der Beziehung kann eine Gefühlslawine auslösen, die den Betroffenen einiges an Zeit kostet, um sie zu bewältigen. Doch der Vorteil an einer Trennung ist – und das ist die gute Nachricht –, dass man sich von einer Beziehung *befreit* hat, die nicht funktioniert. Freiheit bedeutet: kein mühsames Ringen mehr, keine Dramen und keine Zeit, die auf jemanden vergeudet wird, der nicht zu schätzen weiß, wen er an seiner Seite hat. Freiheit bedeutet, sein Leben wieder selbst in die Hand nehmen zu können. Alles ist möglich. Du kannst alles, was du dir von einer Beziehung erhoffst, all deine Träume, wie die Liebe aussehen und sich anfühlen sollte, zusammennehmen und den Mann finden, der sie mit dir wahr werden lässt. In dieser Phase, wenn du dich minderwertig und ohnmächtig fühlst, solltest du etwas nicht vergessen: Zumindest über eines hast du die Kontrolle – über dich selbst. Auch wenn du jemanden nicht dazu bewegen kannst, eine Trennung rückgängig zu machen, kannst du bestimmen, wie es weitergehen soll. Es ist deine Entscheidung, ob du die Situation als Wendepunkt betrachtest und in Würde deinen Kummer überwindest, oder ob du dich davon überwältigen und blockieren lässt. Also, los geht's. Heute noch. Sei kein Opfer deines Herzschmerzes, sondern ein Superstar, der keine Herausforderung scheut. (Ja, okay, das klingt echt dämlich, aber du weißt schon, wie es gemeint ist.)

Was ich falsch gemacht habe
von Greg

Es passierte langsam und tat verdammt weh. Sie war mit diesem Kerl aus dem Büro ausgegangen – nennen wir ihn der Einfachheit halber Kumpel. Ihr wisst schon, sich auf ein Bier treffen und so. Nur sie und der Kumpel, der richtig gut aussieht. Viele Leute sehen gut aus. Sind witzig. Viele Leute sind witzig und gut aussehend. Total cool. Dann erwischte ich sie dabei, wie sie in der Einfahrt herumgeknutscht haben, und dachte: »Das ist verdächtig.« Aber wahrscheinlich hat sie ihm nur geholfen, mit ihrer Zunge irgendetwas aus seinem Mund zu bekommen. So ein Mensch war sie. Kurz darauf verlor sie das Interesse, mit mir zu schlafen, und zog sogar für eine Weile in ein Hotel. Trotzdem bestand sie darauf, dass ich ihr Freund sei, und ich dachte: »Super.« Eines Tages rief sie mich an und meinte, sie würde sich eine Wohnung in New York kaufen. »New York? Aber du lebst doch hier in Los Angeles.« – »Ich weiß, aber ich hasse diese Stadt.« – »Aber ich bin doch hier.« – »Du könntest doch mitkommen.« – »Und was dort tun?« Stille. Ich legte auf. Wenn die eigene Freundin in eine andere Stadt zieht, stimmt etwas mit dem Fundament der Beziehung nicht. Mir dämmerte, dass ich sie verlieren könnte. Ich musste mir einen Plan einfallen lassen, irgendetwas, was sie von diesem Umzug abbrachte. Etwas Dramatisches. Tun sie das nicht auch immer im Film? Ein Drama? Ihr wisst schon, sich mit einem Ghettoblaster in den Vorgarten stellen oder so was. Ernsthaft, hätte ich die Möglichkeit gehabt, in einem Piratenkostüm und mit einem Ghettoblaster auf der Schulter an einem goldenen Seil durch das Fenster ihres Hotelzimmers zu krachen, hätte ich es getan. Das Problem des Mannes mit dem Ghettoblaster ist nur, dass er im Film zwar der Held ist, im wahren Leben aber von der Polizei festgenommen wird. Damit ist das Piratenoutfit gestrichen. Also beschloss ich, mit ihr Schluss zu machen, um sie auf diese Weise zurückzugewinnen. Wieso sollte das nicht funktionieren? Ich mache Schluss mit ihr, sie merkt, dass sie einen riesigen Fehler begangen hat, und verzichtet auf ihren Umzug nach New York. Ich meine, was ist so besonders an New York? Es ist eine Ansammlung von Hochhäusern und … dem Kumpel … scheiße!

Aber es kommt noch schlimmer: Selbst alles zusammengenommen – der Vorfall in der Einfahrt, das Hotel, New York, der Kumpel – hinderte mich nicht daran, immer noch Hoffnung zu haben! Und wieso auch nicht? Sie machte mit dem Kumpel herum, wohnte im Hotel und plante ihren Umzug nach New York. Warum sollte ich da keine Hoffnungen mehr haben? Wer kommt auf so was? Ein vernünftiger Mensch sieht sich das Ganze an, schätzt die Lage ein und entscheidet sich dann für den Weg, der am wenigsten schmerzhaft zu sein verspricht. Aber wenn man leidet, ist man nicht vernünftig, sondern lechzt – aus welchem Grund auch immer – nach noch größerem Schmerz. Also machte ich mit ihr Schluss. Worauf sie meinte: »Toll.« Also bettelte ich sie an, mich wieder zurückzunehmen. Wow! Damit gab ich ihr eine weitere Gelegenheit, mich zurückzuweisen, und ratet mal … ich ließ immer noch nicht locker. Ich denke ziemlich häufig daran zurück und kann mich nur fragen, wieso ich nicht »Hey, es ist echt übel, aber ich habe das Gefühl, du stehst nicht auf mich, und da du nicht mit mir Schluss machen willst, tue ich es eben« zu ihr gesagt habe und dann mit Würde gegangen bin, statt ein Verhalten an den Tag zu legen, auf das ich auf den folgenden Seiten noch näher eingehen werde. Wenn ihr an dem Punkt steht, an dem ich damals war, haltet euch vor Augen, dass ihr jederzeit in aller Würde zum Rückzug blasen könnt. Glaubt mir, bitte. Eines Tages werdet ihr euch wünschen, ihr hättet es getan.

Wie ich es überstanden habe
von Amiira

An irgendeinem Punkt wird einem klar, dass man nicht an gebrochenem Herzen sterben wird – obwohl diese Vorstellung zeitweise durchaus ihren Reiz hat. Glaubt mir, zu dieser Erkenntnis gelangt man von ganz allein, und zwar lieber früher als später. Ich habe jahrelang in einer On-Off-Beziehung gelebt, bis ich endlich begriffen habe, dass er einfach nicht auf mich steht – Jahre voll großer Versprechungen, denen jedoch keine Taten folgten. Jahre, in denen er sich mir entzogen, mich aber immer wieder zurückgeholt hat, wenn ich schon an der Tür stand. Rückblickend betrachtet, ist es mir peinlich, wie wenig Aufwand von seiner Seite aus notwendig war, um mich dazu zu bewegen, zurückzukommen oder bei ihm zu bleiben. Ich habe mich so verzweifelt danach gesehnt, dass er mich liebt, mich will und um mich kämpft, dass ich buchstäblich jede noch so kleine Regung seinerseits dankbar angenommen habe. Ich habe mir so viele Ausreden für seine Unfähigkeit, mich anständig zu behandeln, einfallen lassen, dass ich selbst der winzigsten Geste noch eine Bedeutung zugemessen habe. Nach Jahren ist es mir endlich gelungen, die Augen aufzumachen und zu erkennen, dass wir grundsätzlich verschiedene Erwartungen ans Leben hatten – abgesehen von meiner ständigen Unsicherheit über den Zustand unserer Beziehung. (Selbst die klügsten Frauen schrecken nicht davor zurück, um der Hoffnung willen die Scheuklappen aufzusetzen.) Ein solcher Moment der Klarheit ist unendlich viel wert. Das Gefühl der Befreiung, wenn man erkennt, dass man sich jederzeit auf die Hinterbeine stellen und vom anderen etwas verlangen darf, ist unbeschreiblich. Und genau das habe ich getan. Ich habe ihn konfrontiert und zu ihm gesagt, dass er meine Zeit verschwendet. Indem er keine Bereitschaft zeigte, etwas wegen der Probleme zu unternehmen, beziehungsweise seiner Art, ganz einfach NICHTS zu tun, hielt er mich in einer Art Beziehungsfegefeuer, und das wollte ich nicht mehr. Also habe ich ihn vor die Wahl gestellt – entweder du tust etwas dagegen, oder du tust es nicht. Ohne jeden Vorwurf. Ich habe ihm einen neutralen Vorschlag unterbreitet, weil ich an diesem Punkt nicht mehr wütend war, sondern einfach eine Antwort haben wollte. Ich brauchte diese Antwort, um die nächsten Jahre meines Lebens nicht mit leeren Versprechungen vergeuden zu müssen. Er meinte, er könnte spontan keine Entscheidung treffen, und bat um etwas Bedenkzeit. Ich gab ihm vier Wochen (reichlich großzügig, wenn man bedenkt, dass er mir die Antwort bereits gegeben hatte – aber ich wollte mich nicht lumpen lassen). Vier Wochen später fragte ich ihn also wieder, und er meinte, er wisse es immer noch nicht. (Er hatte für die Klärung dieser Frage eindeutig ebenso wenig Hirnschmalz verwendet wie für jedes andere Problem in unserer Beziehung.) Tja, das war die Antwort, oder nicht? Sich nicht die Mühe zu machen, darüber nachzudenken, ist doch eine klare Antwort, oder? Wenn du gern mit mir zusammen sein möchtest, sollte es dir doch in den Sinn kommen, einmal darüber nachzudenken. Wenn du mit mir zusammen sein möchtest, solltest du Himmel und Hölle in Bewegung setzen, damit es funktioniert. Wenn du mit mir zusammen sein möchtest, wüsstest du es. *Du wüsstest es.* Jahrelang hatte ich gedacht »Ich weiß es nicht« und »Ich weiß nicht, ob ich das kann« seien Worte, die genau das bedeuteten, was sie aussagten. Aber von diesem Moment an war mir klar, dass »Ich weiß es nicht« in Wahrheit NEIN! bedeutet. »Ich weiß es nicht« sagt nichts anderes, als dass ich zu feige bin, dir die Wahrheit zu sagen, weil ich mit der Konfrontation nicht umgehen kann. »Ich weiß es nicht« bedeutet, bitte erledige du die Drecksarbeit für mich, weil ich deine Gefühle nicht noch mehr verletzen will, als ich es ohnehin schon getan habe. Natürlich war ich traurig. Ich hatte diesen Mann geheiratet. Hatte vorgehabt, den Rest meines Lebens mit ihm zu verbringen. In diesem Moment hatte ich das Gefühl, als würde sämtliche Luft aus meinen Lungen gepresst, und mein Kopf dröhnte. Dennoch war es der Moment, in dem ich wusste, dass ich mich um mich selbst kümmern musste. Wir beschlossen, uns zu trennen, und rückblickend betrachtet, glaube ich, dass er diesen Moment schon lange herbeigesehnt hatte. Ich glaube, er hat immer versucht, mich durch sein Verhalten dazu zu bringen, mit ihm Schluss zu machen – doch meine Hoffnung hatte mich blind gemacht.

Nun hatte ich das unglaublich große Glück, mir den nächsten Schritt leisten zu können. Ich rief meine beste Freundin in Los Angeles an, erzählte ihr, was passiert war, und reservierte einen Platz in der nächsten Maschine. Ich verbrachte eine Woche dort – weg von meinem alten Leben, weg von ihm, weg von all den Problemen. Ich trank, ich rauchte, ich weinte, ich sah mir traurige Filme an, ich schlief, flirtete mit anderen Männern und lenkte mich ab. Nach einer Woche ging ich zurück – zurück zur Realität und der Traurigkeit in meinem Herzen. Wenn eine Ehe oder eine feste Beziehung zerbricht, können die Traurigkeit und der Schmerz überwältigend sein. Inmitten all des Kummers und Leids muss man den Gedanken erfassen und verarbeiten, dass die ganze Welt aus den Angeln gehoben worden ist, auch wenn einem klar ist, dass der Schritt richtig war. Eine Trennung zu durchleben, ist die Hölle. Es ist eine Erfahrung, die vor nichts Halt macht. Man nimmt sie wahr, mit jedem Nervenende, mit jeder Synapse, und jede einzelne Sekunde fühlt sich wie eine Ewigkeit an.

Wie habe ich all das hinter mich gebracht? Tja, am Abend seines Auszugs kamen zwei meiner besten Freundinnen zum Essen vorbei, damit ich nicht allein war. Ich aß kaum etwas, dafür leerten wir eine ganze Flasche Wein. Später rief noch eine Freundin an, um zu fragen, wie es mir gehe, und als ich in Tränen ausbrach, sprang sie ins nächste Taxi und verbrachte die Nacht bei mir, damit das Bett nicht so groß war und ich nicht allein sein musste. Sie sorgte dafür, dass ich am nächsten Tag zur Arbeit ging, und bot mir an, so lange zu bleiben, wie ich sie brauchte. Ich habe es mir gestattet, Halt bei meinen Freunden zu suchen, die sich sofort um mich geschart haben. Ihre Stärke und Liebe hat mir die Kraft gegeben, diese wirklich beschissene Zeit zu überstehen.

Wow, was für ein cooler Gedanke!

All das, womit dir dein Ex auf den Geist gegangen ist, wird dich nie wieder ärgern.

Hausaufgabenbuch für Traurige

Kreuzworträtsel

Senkrecht:
1 Dein Ex ist ein… (9 Buchstaben)
2 Was er getan hat, war total… (10 Buchstaben)
4 Was einen nicht umbringt, macht einen… (7 Buchstaben)
5 Du verdienst etwas… (8 Buchstaben)
7 Trotz allem wirst du das Ganze… (11 Buchstaben)

Waagerecht:
3 Du bist eine absolute… (11 Buchstaben)
6 Das Ende einer Beziehung nennt man… (7 Buchstaben)
8 Was man sich unter keinen Umständen bei einer Trennung nehmen lässt (6 Buchstaben)

Lösungen:

1 Arschloch, 2 Beschissen, 3 Spitzenfrau, 4 Haerter,
5 Besseres, 6 Schluss, 7 Ueberstehen, 8 Wuerde

Psycho-Beichtstuhl

Nachdem er mit mir Schluss gemacht hatte, habe ich zu ihm gesagt, wir müssten eine Runde mit dem Auto drehen, um über alles zu reden. Dabei habe ich mit dem üblichen idiotischen Trennungsgefasel angefangen, irgendwelche Vorwürfe, von wegen, er hätte meine Zeit verschwendet und so. Ich habe gesagt, ich wünschte, wir könnten Freunde bleiben und sehen, ob wir das, was in unserer Beziehung falsch läuft, nicht wieder beheben könnten. Er meinte, er halte das für keine gute Idee, sondern fände es besser, wenn wir vollkommen getrennte Wege gingen. Ich glaube, er hat es so ausgedrückt: »Es liegt nicht an dir, sondern an mir. Ich kann an der Tatsache nichts ändern, dass ich nicht mehr so für dich empfinde wie früher.« Wie originell. Ich fuhr weiter, etwa zehn Meilen aus der Stadt hinaus (Farmen, abgeerntete Felder und all das). Jedenfalls wurde er argwöhnisch und meinte, ich solle umkehren und zurückfahren. Ich sagte Nein und fuhr weiter. Nachdem ich fünf Minuten schweigend weitergefahren war, fuhr ich an den Straßenrand. »Hier ist deine Haltestelle«, sagte ich zu ihm. Er stieg aus, ich schleuderte ihm die Dose mit den Keksen entgegen, die ich ihm kurz vorher gebacken hatte, und warf ihm ein paar Schimpfworte an den Kopf. »So, jetzt sind wir endgültig getrennt, und ich kann nichts an der Tatsache ändern, dass ich keine Lust mehr habe, dich nach Hause zu fahren«, sagte ich. Ich sollte noch erwähnen, dass es fünf Minuten danach anfing, wie aus Eimern zu schütten, und die Tornadosirenen losgingen. Kein Wunder, dass er leichenblass wurde und vor Verlegenheit den Blickkontakt vermied, als ich ihm ein Jahr später über den Weg lief.

Anonym

Raleigh, North Carolina

Ort des Geschehens:
Chicago Street, abends

Estella, eine attraktive 40-jährige Geschäftsfrau, geht mit dem Handy am Ohr eine belebte Straße entlang und redet aufgebracht mit einem Mitarbeiter ihres Mobilfunkanbieters.

SERVICEMITARBEITER: Fool Proof Wireless. Wie kann ich Ihnen helfen?

ESTELLA: Wie es aussieht, habe ich ein Problem mit meinem Mobiltelefon.

SERVICEMITARBEITER: Welche Art Problem?

ESTELLA: Na ja, meine Voicemail scheint nicht zu funktionieren. Ich habe seit einer Woche keine einzige Nachricht bekommen.

SERVICEMITARBEITER: Können Sie ausgehende Gespräche führen?

ESTELLA: Na ja... Ja... aber ich bin ziemlich sicher, dass meine SMS nicht funktioniert, denn als ich eine geschickt habe...

SERVICEMITARBEITER: Haben Sie keine Antwort bekommen?

ESTELLA (erleichtert): Ja. Und Anrufe gehen auch nicht auf dem Telefon ein.

SERVICEMITARBEITER: Sekunde, ich überprüfe kurz Ihre Leitung.

ESTELLA: Vielen Dank. (Kurze Pause.) Wissen Sie, meine Eltern sind schon älter und müssen mich in Notfällen vielleicht dringend erreichen oder so...

SERVICEMITARBEITER: Moment. Ich glaube, ich sehe jetzt das Problem... Er kommt nicht zurück.

2
Sie haben keine neuen Nachrichten

Was haben Menschen mit Liebeskummer nur vor der Erfindung des Telefons getan? Sind sie nach Hause gekommen und haben in den Briefkasten gestarrt? Haben sie in der Auffahrt gestanden und auf die Postkutsche gewartet? Sind sie zum Bahnhof gelaufen, um zu sehen, ob ihnen jemand ein Morsetelegramm geschickt hat? Haben sie in den Himmel gestarrt, in der Hoffnung, eine Brieftaube käme vorbei? Das Telefon ist eindeutig eine der großartigsten Erfindungen aller Zeiten, aber auch die tödlichste Waffe während einer Trennung. Es verhöhnt einen durch sein Schweigen, es winkt einem, wenn man betrunken ist, und macht sich einen Heidenspaß daraus, einem »Sie haben keine neuen Nachrichten« zu verkünden. Müssten wir nicht in dieser modernen Welt leben, würde ich jedem in der Trennungsphase raten, sich auf der Stelle davon zu befreien. Denn am allerwichtigsten ist jetzt eine gewisse Distanz zu dem Menschen, der einem all diesen Schmerz zufügt. Selbst wenn es das Letzte ist, was man gern tun will, ist es doch das, was man am nötigsten braucht. Eine selbst auferlegte Distanz wird die Genesung schneller vorantreiben als alles andere. Nicht in dem Sinne, dass man sich in einer Höhle vergraben und von Moos ernähren soll – sondern eben eine gesunde Distanz.

Die erste Trennungsregel für kluge Girls lautet: KEINE ANRUFE! Später, im zweiten Teil dieses Buches, werden wir noch näher darauf eingehen. Man muss kein Sherlock Holmes sein, um sich denken zu können, warum das so ist, trotzdem wollen wir den Hauptgrund nennen, den die meisten Menschen übersehen: Er will nicht, dass du ihn anrufst. (Schreib es dir auf und leg den Zettel neben das Telefon.) Er hat aus einem bestimmten Grund mit dir Schluss gemacht und, egal ob er gut war oder nicht, will jetzt nichts von dir hören. Selbst wenn er beim letzten Gespräch »Ruf mich an« gesagt hat. Wahrscheinlich hat er es nur getan, um sein schlechtes Gewissen zu beruhigen. Und wenn du mit ihm Schluss gemacht hast, solltest du ihn ohnedies zufriedenlassen. Das ist verdammt hart, das wissen wir, aber hämmere es dir trotzdem in den Schädel, bevor du zum Hörer greifst – selbst wenn ihr die Absicht habt, gute Freunde zu bleiben. Dasselbe gilt für SMS, Blackberry-, Blueberry- und sonstige Textnachrichten und jede andere Form der Kommunikation. Taten sagen mehr als Worte, und ein Anruf bedeutet nicht »Hey, ich komme gut mit dieser Trennungsgeschichte klar und wollte nur sehen, was läuft, weil ich reif und erwachsen bin«, sondern »Ich brauche immer noch deinen Zuspruch und fühle mich ohne dich verloren«. Und wir wissen, dass das nicht die Botschaft ist, die du vermitteln möchtest.

Wo wir gerade beim Thema Botschaften sind: Hier ist Regel Nummer 2. Checke niemals seine Mails oder was er sonst bekommt. NIEMALS. Erstens ist es verboten, zweitens treibt es dich in den Wahnsinn, und drittens macht es alles, was du findest, nur schlimmer oder bestätigt deine schlimmsten Befürchtungen. Es ist, als gebe man auf den Schmerz noch ein Extraschäufelchen Schmerz. Also, erspar dir die Würdelosigkeit, zu den Frauen zu gehören, die seine Voicemail, E-Mail, Snailmail oder was auch immer knackt, und geh einfach vom Schlimmsten aus: Er trifft sich mit einer anderen Frau, und diese andere Frau ist Heidi Klum. Und dann fang an, damit abzuschließen.

Versteh uns nicht falsch: Wir können das Bedürfnis nach Kontakt, Kommunikation und Information in dieser beschissenen Zeit durchaus nachvollziehen. Wir alle leiden unter Entzugserscheinungen, wenn wir einen Menschen verlieren, der uns sehr am Herzen lag, und selbst der kleinste Schimmer von ihm kann der Lichtstrahl in dem finsteren Tal sein, das wir gerade durchschreiten. Aber noch mal – es ist so, als versuche man, nüchtern zu werden, und wolle sich nur ein winziges Schlückchen genehmigen, um den Tag zu überstehen. Dem Bedürfnis nachzugeben, statt stark genug zu sein, um dagegen anzukämpfen, bedeutet, dass erstens die Sucht nach deinem Ex niemals aufhören wird und du zweitens zur Bewegungslosigkeit verdammt bist, für immer gefangen in deiner Trennungsangst. Einer der Schlüssel, diese Phase zu überstehen, besteht darin, immer in Bewegung zu bleiben und sich nicht zu gestatten, herumzusitzen und zu grübeln. Es macht wirklich keinen Spaß, sich wie ein Highschool-Trainer anzuhören, aber du musst dem Schmerz davonlaufen. Wenn du dich mit dem Telefon quälst – weil du Angst hast, du könntest einen Anruf verpasst haben, oder jedes Mal hoffnungsvoll aufspringst, wenn es klingelt –, ist das nicht die Schuld deines Exfreunds, sondern etwas, was du dir selbst antust, das muss dir klar sein. Nimm dir einen Moment Zeit und werde dir darüber klar, warum du tust, was du tust. Fühlst du dich wirklich besser, wenn du ihn auf dem Handy anrufst und dich fragst, was er wohl gerade macht, weil er nicht abhebt? Hast du ein gutes Gefühl, wenn du seine Mails liest und mitbekommst, dass sein Leben auch ohne dich weitergeht? Wohl kaum. Wenn du ehrlich mit dir selbst bist, wirst du uns zustimmen. Abgesehen von dem legitimen Schmerz, den du empfindest, weil du zurückgewiesen, verletzt und enttäuscht wurdest, zupfst du auch ständig weiter an der Wunde. (Iiiih!) Nichts von all dem passt zu der starken, sexy, selbstbestimmten Spitzenfrau, die du gern sein möchtest.

In fast der Hälfte aller Trennungsschilderungen, die wir gesammelt haben, gehörten zwanghafte oder wahllose Trunkenheitsanrufe, obsessives Überprüfen von Mails und Knacken der Voicemail des Expartners zu den Dingen, die die Betreffenden am meisten bereuten. Interessanterweise gaben die meisten von ihnen an, sich danach noch schlechter gefühlt zu haben, dennoch hätten sie es nicht geschafft, den Impuls oder das Bedürfnis danach zu unterdrücken.

Das sagt eine Menge darüber aus, welchen Einfluss Liebeskummer auf uns haben kann und dass wir in schlimmen Zeiten selbst unser schlimmster Feind sein können. Eine wesentliche Lektion in diesem Zusammenhang ist, dass jedes Bedürfnis nach Kontakt zum Expartner eher schadet als nützt und dass dieser Drang so weit wie möglich bekämpft werden muss.

Eine Hand voll tapfere Seelen haben uns mit ihren Erfahrungsberichten inspiriert, und wir hoffen, dass sie diese Wirkung auch bei euch erzielen. Eine Frau hat uns beispielsweise geschrieben, sie habe die SIM-Karte ihres Handys weggeworfen, um ihre Nachrichten nicht abrufen zu können, weil es sie in den Wahnsinn getrieben hätte. Ein weiterer Befragter meinte, er hätte einem Freund 300 Dollar bezahlt, damit dieser ständig mit ihm verreiste, um sich so daran zu hindern, seine Ex anzurufen. Eine Dame bat ihren Nachbarn, jeden Abend ihr Telefon mitzunehmen und es ihr erst am nächsten Morgen zurückzugeben, damit sie nicht in Versuchung kam. All das könnte man als Extremmaßnahmen bezeichnen, aber wenn man es sich recht überlegt, sind sie ziemlich clever.

Diese Leute haben erkannt, dass sie dem Telefon und ihrer Besessenheit machtlos gegenüberstehen, und haben Konsequenzen gezogen. Sich eine neue Handy-Karte zu besorgen, einen Babysitter zu engagieren oder das Telefon aus dem Haus zu verbannen, sind Selbsterhaltungsmethoden in Reinkultur. Mehr noch – sie verleihen Macht! Diese Leute sind ohne Telefon nicht gestorben oder waren in ihrer Handlungsfreiheit beschnitten – vielmehr gestattete ihnen das Fehlen des Telefons, ihre Würde in einer Phase zu bewahren, in der sie ihnen zu entgleiten drohte. Sie sind Vorbilder für alle, die an Liebeskummer leiden.

Überlege dir, bevor du seine Nummer wieder wählst, wie toll du dich in einem Jahr fühlen wirst, wenn du zurückblickst und nicht vor Scham am liebsten im Boden versinken würdest oder dir wie ein Waschlappen vorkommst. Denn du weißt selbst, dass der Schmerz in einem Jahr zu einer Erinnerung verblasst sein und sich nicht mehr wie eine offene Wunde anfühlen wird. »Will ich wirklich anrufen?«, das ist die Frage, die du dir stellen musst, denn das gibt dir die Gelegenheit, mehr Größe zu zeigen, als du im Moment empfindest. Hab keine Angst, um Hilfe zu bitten. Deine Freunde und Familie lieben dich und wollen, dass du gestärkt aus dieser Krise hervorgehst und nicht daran zerbrichst. Schreib eine Liste mit Telefonnummern, die du statt seiner Nummer anrufen kannst. Sag ihnen einfach: »Ich rufe dich stattdessen an.« Deine Freunde werden es verstehen und dir helfen, denn aller Wahrscheinlichkeit nach haben sie irgendwann dasselbe durchgemacht.

Das Wichtigste ist: Vergiss nicht, dass jeder Schritt dieses Prozesses eine Gelegenheit darstellt, dir zu zeigen, dass du dir selbst wichtig bist und Respekt vor dir hast. Jeder Moment des Schmerzes, der Schwäche und des Unbehagens bringt dich in eine Position, in der du entscheiden kannst, wie du reagieren und was du tun willst, um deinen Schmerz zu lindern. Ihn anzurufen, macht es nicht besser – es zieht dich nur in den Teufelskreis zurück. Er ist die Vergangenheit. Du bist die Zukunft.

Schreib dir folgende Tatsachen auf und trage sie immer bei dir:

Alkohol und Telefon = Gefahr.
Alkohol und SMS = Gefahr.
Alkohol und Handy-Kamera = Überall im Internet!

Aber, Greg,
ich hab da eine Frage…

Was ist, wenn er gar nicht weiß, dass ich es bin, die anruft?

Lieber Greg,

meine Nummer taucht nur als »Privat« auf seiner Anrufkennung auf. Deshalb kann er nie im Leben beweisen, dass ich es war, selbst wenn ich tausendmal anrufe. Manchmal muss ich einfach wissen, dass er zu Hause und nicht mit einem anderen Mädchen auf der Piste ist. Außerdem habe ich die Rufnummerunterdrückung aktiviert, so dass er den Anruf nicht nachverfolgen kann. Ist das denn so schlimm? Jamie

Liebe Anrufkennerin,

du glaubst doch wohl nicht eine Nanosekunde lang, er wüsste nicht, dass du ihn pausenlos anrufst. Belüg dich nicht selbst! Und deine Aktivitäten beweisen ihm nur, dass ihr tatsächlich nicht zusammen sein solltet. Ob das so schlimm ist, willst du wissen? Frag dich doch mal selber: Wie fühlt es sich an, Stunden, Tage, Wochen oder gar Monate dein Leben an dir vorbeiziehen zu lassen, nur weil du Telemarketing spielst? Hey,

Schätzchen, indem du den Hörer auf der Gabel liegen lässt, gehst du einen ersten Schritt in Richtung deines neuen Lebens.

Aber er hat doch gesagt, ich soll mich melden!

Lieber Greg,

bei der Trennung hat er gesagt: »Wir bleiben in Verbindung, und melde dich, damit ich weiß, wie es dir geht.« Ich weiß also, dass er besorgt um mich ist und ich ihm noch immer am Herzen liege, obwohl wir Schluss gemacht haben. Glaubst du nicht auch, dass er, wenn ich den Kommunikationsfaden nicht abreißen lasse, früher merkt, dass er mich vermisst, als wenn Funkstille herrscht?

Lindsay

Liebe Kommunikationsfädlerin,

das hat er gesagt, weil der Satz »Ich will dich nie wieder sehen« ziemlich unangenehm gewesen wäre. Mit etwas wie »Hey, lass uns nie wieder miteinander reden« oder »Es interessiert mich nicht, wie es dir geht« hätte er das Trennungsgespräch nicht so einfach hinter sich bringen können. Lass ihn doch einfach wissen, wie es dir geht, indem du ihn NICHT anrufst. Ganz ehrlich, die Tatsache, dass er nichts hört, wird seine Neugier eher schüren als ein Anruf von dir. Den

Kommunikationsfaden abreißen zu lassen, sagt eine Menge über einen Menschen. Es sagt, dass er sich weiterentwickelt hat und nicht länger Interesse daran hat, seine wertvolle Zeit mit jemandem zu verbringen, der nicht mit einem zusammen sein möchte. Die Wahrheit sieht folgendermaßen aus: »Lass uns in Verbindung bleiben, damit ich weiß, wie es dir geht« bedeutet nicht das, was es sagt. Im Klartext heißt es: »Ich habe ein schlechtes Gewissen und hoffe, dass es dir gut geht, aber ich bin weg.« Und genau das solltest du auch sein.

Aber was ist, wenn ich einen plausiblen Grund für meinen Anruf habe?

Lieber Greg,

ich kann nicht aufhören, meinen Exfreund anzurufen. Ich habe auch einen guten Grund dafür, denn ein Teil seiner Sachen ist noch bei mir. Nicht dass sie besonders wertvoll wären, aber eines seiner Lieblingsjacketts hängt noch hier, deshalb scheint ihm doch noch etwas an dem Kontakt zu mir zu liegen. Am Anfang ist er auch immer sehr nett, und wir unterhalten uns ganz toll am Telefon. Er hat sogar zugegeben, dass er manchmal an mich denkt, aber treffen will er sich nicht mit mir, damit ich ihm seine Sachen geben kann. Stattdessen sagt er, ich soll sie mit der Post schicken oder in einer Schachtel vor die

Tür stellen, aber ich möchte nicht, dass sie gestohlen werden oder verloren gehen. Wenn er nicht wollte, dass ich ihn anrufe, würde er es mir nicht sagen? Was meinst du?   Joanna

Liebe Jackettanhängerin,

vielleicht will er damit auch sagen, du sollst *dich selbst* in eine Schachtel packen und an ihn schicken? Wenn du schon die Worte so hindrehst, wie du sie haben willst, dann richtig. Hör auf, deinen Exfreund anzurufen. Dass du seine Sachen hast, ist kein plausibler Grund für einen Anruf, sondern eine Ausrede. Wann immer du sie benutzt, lässt er dich wissen, dass er seine Sachen zurückhaben, sich aber nicht mit dir treffen will. Natürlich kannst du dir auch Ausreden einfallen lassen, warum das so ist. Vielleicht hat er Angst, dass eine Begegnung mit dir eine Lawine an Gefühlen auslöst, mit der er nicht umgehen kann. Dass er sich dir in die Arme wirft... aber mal ehrlich, wir wissen beide, dass das nicht so ist. Im Klartext: Er will dich nicht sehen! Das tut weh. Und mit jedem Anruf lädst du ihn herzlich ein, dich aufs Neue zurückzuweisen. Nimm seine Sachen, pack sie in eine Schachtel und stell sie ihm auf die Veranda – oder noch besser, stell sie auf deine eigene Veranda wo sie der Müllmann abholen kann, damit er und sein Jackett endgültig Geschichte sind.

Aber was ist, wenn er mich anruft?

Lieber Greg,

ich habe mich wirklich wacker gehalten und meinen Ex nicht angerufen. Das Problem ist, dass er mich jedes Mal anruft, wenn er getrunken hat, und mit mir reden will. Ich bin immer noch wahnsinnig verliebt in ihn und will ihn nicht abwürgen, aber selbst wenn ich sage, dass ich nicht mit ihm reden kann, akzeptiert er mein Nein nicht. Er taucht einfach vor meiner Tür auf, beteuert, wir sehr er mich vermisst und dass er einen großen Fehler gemacht hat. Dann führt eines zum anderen, wir landen im Bett, und am nächsten Tag ist er wieder weg. Ich weiß, dass er mich nur benutzt, um mich im Suff ins Bett zu kriegen, aber ich kann einfach nicht anders. Was soll ich nur tun? Ich will keine neue Nummer beantragen – was, wenn er mich im Notfall erreichen muss?

Dawn

Liebe Miss Notfall,

in Wahrheit sagt er: »Ich liebe dich am Freitag von 2 bis 3 Uhr früh. Sehr sogar. Im Ernst.« Willst du meine Meinung hören? Ich finde, du verdienst jemanden, der immer mit dir zusammen sein möchte, nicht nur, wenn er betrunken ist und ihn der Hafer sticht. Für den ersten Teil deines Briefes, in dem du sagst, du würdest ihn nicht anrufen, gebührt dir mein Applaus. Das ist sehr schwer, und ich möchte es keinesfalls herunterspielen, indem ich sage, dass es einen Schritt vorwärts und 16 zurück sind, wenn du seine nächtlichen Trunkenheitsanrufe entgegennimmst und dich von ihm zum Sex überreden lässt. Ich bin sicher, diese Anrufe sind nicht repräsentativ für die liebevolle Beziehung, die ihr einmal hattet, deshalb lässt du dich im Moment mit den armseligen Krümeln von jemandem abspeisen, der sich von jeglicher emotionaler Bindung und Verantwortung dir gegenüber befreit hat. Sperre seine Nummer oder lass dir eine andere geben. Und sag ihm, er soll dich von seiner »Im Notfall zu benachrichtigen«-Liste streichen. Und noch etwas: Sex ist kein Notfall.

Was ist, wenn ich nicht aufhören kann, in seinen IM-Account zu gehen?

Lieber Greg,

ich kenne das Passwort meines Freundes für seinen Instant-Messenger-Account. Irgendwann hatte ich den Verdacht, dass er eine neue Freundin hat, deshalb habe ich mich unter seinem Namen (The PantyMan) eingeloggt und mit dem Mädchen gechattet, das ich im Verdacht habe (Sarah8476). Ich habe sie gefragt, ob sie den Abend zuvor genossen hätte und wohin unsere (sprich, ihre) Beziehung ihrer Meinung nach steuern würde. Als sie meinte, sie wäre gern ernsthaft mit ihm zusammen, habe ich geantwortet: »Das geht nicht. Ich liebe meine Exfreundin immer noch. Zwischen dir und mir geht es nur um Sex. Zu mehr bist du nicht zu gebrauchen.« Sie hat sich sofort ausgeloggt. Es hat sich so gut angefühlt, dieser Geschichte ein Ende bereitet zu haben! Aber jetzt kann ich nicht mehr damit aufhören. Ich logge mich ständig ein und chatte mit Mädchen, nur um sicher zu sein, dass sie nicht mit ihm zusammen sind, und wenn ich das Gefühl habe, sie fangen an zu flirten, schreibe ich irgendetwas völlig Idiotisches, damit sie nie wieder etwas mit ihm zu tun haben wollen.   Zoë

Lieber IM-Freak,

ich habe ein wunderbares Spiel für dich – wie wär's, wenn du so tust, als hättest du nicht vollkommen den Verstand verloren? Ehrlich, was ist nur in dich gefahren? Der PantyMan hat die Kurve gekratzt, zumindest versucht er es, und wird irgendwann jemanden kennen lernen, der trotz seines albernen Nicknames und deiner Indiskretionen bleiben wird. Ich denke, es ist an der Zeit, dass du dir ansiehst, was aus dir geworden ist, und dir bewusst machst, dass du tiefer nicht sinken kannst. Das Liebesleben deines Exfreunds zu sabotieren, wird nichts an der Tatsache ändern, dass er nicht mehr mit dir zusammen sein will. Es reduziert dich lediglich auf eine Art Verhalten, das für dein Selbstwertgefühl nicht gut sein kann, weil es absolut erbärmlich ist. Ich gehe jede Wette ein, dass Erbärmlichkeit keine Charaktereigenschaft ist, die du dir schon immer erträumt hast. Sperr deinen Computer in den Schrank, geh aus und sieh zu, dass du Sauerstoff in deinen kranken, verwirrten Kopf bringst.

Aber ich bin daran gewöhnt, ständig mit ihm zu reden!

Lieber Greg,

ich war nur wenige Monate mit meinem Freund zusammen, aber in dieser kurzen Zeit waren wir unsterblich ineinander verliebt und unzertrennlich. Jetzt, nachdem wir uns getrennt haben, kann ich nicht aufhören, an ihn zu denken. Alles erinnert mich an ihn. Wann immer etwas passiert, das mich an ihn denken lässt (also ununterbrochen), habe ich das Bedürfnis, ihn anzurufen, eine Mail oder eine IM-Nachricht zu schicken. Er ist immer sehr nett, aber wenn er meint, er müsse jetzt Schluss machen, fühle ich mich von ihm abgewiesen. Wie kann ich mich von dieser Sucht befreien? Mir ist klar, dass ich eigentlich gar nicht mit ihm reden sollte, aber ich kann mich einfach nicht überwinden, auf kalten Entzug zu gehen. Diese Geschichte bringt mich noch um.

Scarlett

Liebe Miss Suchtbolzen,

so ist das nun mal bei einer Trennung. Ich möchte nicht besserwisserisch klingen, aber wüsste ich nicht vieles besser, hätten wir dieses Buch nicht schreiben müssen. Du kannst auf kalten Entzug gehen und solltest es auch, denn je früher du das tust, umso schneller wird der Schmerz nachlassen. Schließlich verlangt keiner von dir, eine Atombombe zu entschärfen. Außerdem – selbst wenn er höflich zu dir ist, will er trotzdem nichts von dir hören. Ganz einfach: Ruf stattdessen eine Freundin an. Teil dein Leben mit jemandem, dem du wirklich am Herzen liegst. Nimm dir vor, einen Tag nach dem anderen zu überstehen, und wann immer du es schaffst, belohne dich mit etwas Schönem.

Aber was, wenn wir dickste Freunde waren?

Lieber Greg,

eines Abends, nach zu vielen Tequilas, hat mir mein bester Freund Brian gestanden, dass er in mich verliebt ist. Wir reden hier von meinem *besten Freund* – nicht nur mein bester männlicher Kumpel –, den ich seit sieben Jahren habe. Am Anfang war ich mir nicht sicher, ob ich unsere Freundschaft auf eine andere Ebene bringen möchte, aber dann habe ich beschlossen, dass es niemanden gibt, mit dem ich lieber zusammen bin, also haben wir uns kopfüber in diese Beziehung gestürzt. Die ersten Monate lief es prima, und ich dachte: »Wow! Am Ende heirate ich noch meinen besten Freund!« Na ja, nach ein paar Monaten kam er zu dem Entschluss, wir sollten doch lieber nur beste Freunde sein und zum ursprünglichen Zustand zurückkehren. Ich war am Boden zerstört! Ich habe mich ernsthaft in ihn verliebt und kann nicht einfach wieder nur seine beste Freundin sein. Ich würde sterben, ehrlich, wenn er mir erzählen würde, dass er sich mit anderen Mädchen trifft, so wie er es früher immer getan hat. Ich habe ihm gesagt, ich könnte nicht seine beste Freundin sein, zumindest in absehbarer Zeit nicht, aber jetzt stecke ich in der schlimmsten Trennung, die ich jemals erlebt habe, weil ich meinen Partner und, was noch viel heftiger ist, meinen engsten Vertrauten verloren habe. Den Menschen, mit dem ich über alles reden konnte! Es fällt mir so schwer, mich von ihm fernzuhalten. Wie soll man so etwas ohne den besten Freund überstehen?   Jackie

Liebe beste Freundin,

darf ich dir deine neue beste Freundin vorstellen? Du selbst. Und deine neue beste Freundin will, dass du weißt, dass die Leute nach einer Trennung immer gute Freunde bleiben wollen, obwohl das schlicht und einfach unmöglich ist. Ich kann mich irren, aber ein bester Freund ist keiner, bei dessen Anblick es dir schlecht geht und du traurig bist. Also, Finger weg. Es ist, als würde man versuchen, einen Alkoholiker trocken zu bekommen, während er an einer Bar sitzt. Es ist hart, es ist unfair, aber du wirst deinen Schmerz nur noch länger hinauszögern, wenn du keine Distanz wahrst. Vergiss nicht, das Leben ist lang, und wenn das Schicksal wirklich will, dass ihr Freunde seid, werdet ihr es auch irgendwann wieder sein, nur eben nicht heute. Das Wichtigste ist: Je früher du aufhörst, ihn anzurufen oder Zeit mit ihm zu verbringen, und dafür sorgst, dass du wieder auf die Beine kommst, umso schneller ist der Zeitpunkt gekommen, an dem du wieder seine Freundin sein kannst (obwohl du es dann vielleicht gar nicht mehr willst). Dafür hast du deine anderen Freunde und deine Familie. Gebrochenes Herz hin oder her: Das Mitgefühl von Freunden desselben Geschlechts, die wissen, wovon man redet, hat eindeutig etwas für sich. Das liegt daran, dass Männer und Frauen diese Dinge anders empfinden und ihre Unterstützung daher unterschiedlich geartet ist. Da dein bester Freund nicht mehr im Boot ist, scheint es an der Zeit zu sein, dass deine Freundinnen das Ruder übernehmen.

Das Gute an all dem Übel…

Das Gute an all dem Übel ist, dass er gar nicht von dir angerufen werden *will*, was deinen Drang, es zu tun, mindern sollte. Ein kalter Entzug ist eine üble Sache, aber der kürzeste Weg zum Erfolg. Das gilt für jede menschliche Sucht, von der Spielsucht bis zur Abhängigkeit von Schokoladenostereiern und allem, was dazwischen liegt – einschließlich Mails, SMS und Anrufe beim Ex.

Aber wieso kann ich ihn nicht anrufen?, fragst du jetzt. Wieso darf ich nicht zum Hörer greifen und mit ihm reden, wenn ich mich dadurch ein bisschen besser fühle? Schließlich liegt noch dieser Pulli bei ihm, den ich zwar noch nie leiden konnte, trotzdem sollte ich dringend anrufen, damit ich ihn zurückbekomme. All diese Fragen gehen dir in dieser Phase durch den Kopf, und die Antwort darauf lautet – wir wiederholen – **Er will nicht mit dir reden.** Selbst wenn du glaubst, er will es, irrst du dich wahrscheinlich. Würde er mit dir reden und wissen wollen, wie es dir geht, oder den Wunsch haben, sich mit dir zu versöhnen, würde er es tun. Wenn er den Mut aufgebracht hat, mit dir Schluss zu machen, ist er auch in der Lage, zum Hörer zu greifen und deine Nummer zu wählen, die er sowieso auswendig weiß. Alle gebrochenen Finger dieser Welt können jemanden nicht von einem Anruf abhalten, wenn er fest dazu entschlossen ist. Deshalb ist jede Ausrede, die man sich ausdenkt, nicht mehr und nicht weniger als eben eine Ausrede. Und ehrlich gesagt, selbst wenn du es nicht hören möchtest, ist es SOGAR GUT SO, dass er nicht mit dir reden will, denn diese Art Schlag ins Gesicht sollte es dir einfacher machen, über dieses Stadium des Trennungsschmerzes hinwegzukommen.

Wir gehen sogar noch einen Schritt weiter: Die Botschaft, die du mit der Tatsache übermittelst, dass du NICHT ANRUFST, könnte nicht deutlicher sein. Sie spricht Bände und sagt: »Trotz des Kummers und des Verlusts ist der Grund, weshalb du nichts von mir hörst, der, dass ich viel zu sehr damit beschäftigt bin, mich um mich selbst und mein tolles neues Leben zu kümmern.« Ist das nicht das Image des Menschen, das man projizieren will, und, was noch viel wichtiger ist, des Menschen, der man gern wäre? Das Image eines Menschen, der nicht in der Vergangenheit festhängt, sondern sich stattdessen weiterentwickelt? (Selbst wenn du den ganzen Tag im Schlafanzug im Bett liegst und dir traurige Schnulzen anhörst?)

Vergiss nicht, dass das Telefon in diesem Stadium dein Feind ist – insbesondere in Verbindung mit Alkohol. Lass dein Handy zu Hause, wenn du eine Sause machst, und sorg dafür, dass deine Saufkumpane wissen, dass sie dich unter allen Umständen vom Telefon fernhalten müssen. Es gibt nichts Schlimmeres, als die Früchte deiner harten Arbeit und deiner erfolgreichen Selbstbeherrschung durch den Schornstein zu jagen, indem du dem Impuls eines trunkenen Bettelanrufs nachgibst. Gibt es eine bessere Möglichkeit, jemandem zu zeigen, dass er noch mit einem zusammen sein sollte, als ihn im elendsten Zustand anzurufen? Viel wichtiger ist die Frage, wie du dich fühlst, wenn du mit ihm geredet hast, und die Frage, ob es wirklich das ist, was du willst.

Was ich falsch gemacht habe
von Greg

Sie hat es mir ziemlich einfach gemacht, mich nicht zu einem wenig schmeichelhaften und jämmerlichen Benehmen hinreißen zu lassen, indem sie in einen anderen Bundesstaat gezogen ist, um mit ihrem KUMPEL zusammen zu sein. So schmerzhaft es auch sein mochte, hatte sie doch zumindest den Anstand, es in einem anderen Postleitzahlenbezirk zu tun. Was bedeutete, dass ich nicht das Risiko einging, ihr bei einer Party in die Arme zu laufen und eine Szene aus dem beliebten Stück *Wie konntest du mir das antun, ich sterbe fast vor Kummer, verdammt noch mal!* zu machen. Es gab kein Haus, vor dem ich patrouillieren, und keinen Arbeitsplatz, an dem ich mich an ihre Fersen heften konnte. Ich brauchte nur eines zu tun – sie nicht anzurufen. Während des Tages schlug ich mich wacker. Aber sowie die Dämmerung hereinbrach, fand ich mich mit meinem neuen Busenfreund Tequila in irgendeiner Bar, auf einer Party oder einer trunkenen Selbstgesprächswanderung durch meine Küche, und schon bald hatten wir unsere Informationen in der Hand. Das Problem mit Tequila ist, dass er einem Informationen gibt. Informationen, die man vor dem Öffnen der Flasche nicht hatte. Informationen, die unbedingt jenem Menschen mitgeteilt werden müssen, der einem das Herz gebrochen hat. Informationen, die nicht bis zum nächsten Morgen warten können, egal wie spät es ist. Außerdem besitzt Tequila transformatorische Wirkung. Er kann ein gewöhnliches Telefon in eine riesige Fehlermaschine verwandeln, die ganz laut »Benutz mich!« schreit. Die Gespräche liefen immer nach demselben Schema ab. Ich rief an, um »zu hören, wie es so geht«. Und zwar um halb drei Uhr früh. »Gut, gut, es ist ziemlich kalt hier in New York, aber gut«, antwortete sie, bevor das Gespräch den Bach runterging, weil die übliche Tirade à la »Wieso liebst du mich nicht?«, »Glaubst du, wir kommen irgendwann wieder zusammen?« oder die uralte Nummer »Was stimmt mit mir nicht?« meinerseits folgte. Alles Fragen, die im Grunde längst beantwortet worden waren, die sich nicht beantworten ließen oder deren Antwort auf der Hand lag. Fairerweise muss ich sagen, dass sie unglaublich geduldig mit mir war, während ich im Suff manchmal wie ein trauriger Morrissey-Song fast zwei Stunden auf sie einlaberte. Ich an ihrer Stelle hätte das nicht mit mir machen lassen. Selbst wenn ich heute darüber schreibe, würde ich mich am liebsten abwürgen, indem ich den Hörer auflege. Allein beim Gedanken daran, wie tief ich damals gesunken bin und diese Frau drangsaliert habe, weil sie nicht in mich verliebt war, wird mir ganz übel. Es ist mir unendlich peinlich, dass es auch in jenen Momenten, wenn ich mich absolut toll fühle, diesen einen Menschen gibt, der sagen kann: »Na ja, ich war mal mit einem Typen zusammen …«

Wie ich es überstanden habe
von Amiira

Nach etwa anderthalb Ehejahren trennten mein erster Mann und ich uns (seine Idee), setzten aber die Paartherapie fort (meine Idee). Recht schnell war klar, dass wir eher auf eine Scheidung als auf eine Versöhnung zusteuern, deshalb war ich am Boden zerstört. Also schlug unsere Therapeutin vor, wir sollten dreißig Tage ohne jeden Kontakt zueinander verbringen, um zu sehen, wie es ist, nicht Teil des Lebens des Partners zu sein. Keine Unterhaltung am Telefon oder persönlich. Soll das ein Witz sein? Sehe ich aus, als wäre ich aus Holz?, dachte ich. Das ist, als würde man von mir verlangen, den Mount Everest in Riemchensandalen zu erklimmen. Für solche Aktivitäten bin ich nicht geschaffen. Sollte mich diese Frau nicht behutsam heranführen? Mich innerhalb von ein paar Monaten von diesem Mann entwöhnen? Für mich klang es nach einer unlösbaren Aufgabe. Obwohl wir getrennt waren, hatten wir jeden Tag telefoniert, waren gemeinsam mit der U-Bahn zur Arbeit gefahren und hatten eine beträchtliche Zeit zusammen verbracht. Abendessen, Rockkonzerte, alles. Ganz klar, ich musste unsere Therapeutin daran erinnern, dass er mein bester Freund war und dass wir, selbst wenn wir es als Paar nicht schafften, entschlossen waren, Freunde zu bleiben. Deshalb war diese »Kein Kontakt«-Idee für uns nicht geeignet. Als ich es ihr erklärte, starrte sie mich nur ausdruckslos an und schlug vor, gleich am nächsten Morgen anzufangen.

Hat sie den Verstand verloren?, dachte ich. Ich überstehe keine dreißig Tage, ohne mit ihm zu reden. An diesem Tag telefonierten wir bis Mitternacht, ehe wir uns für einen Monat voneinander verabschiedeten. Um 00:01 Uhr hatte ich das Gefühl, ihn anrufen und sagen zu müssen, dass ich es nicht konnte, stattdessen schaltete ich den Fernseher an und legte mich ins Bett. Die Nacht würde ich schon überstehen, schließlich schlief ich ja. Der nächste Morgen war schon schlimmer. Aber ich zwang mich, den Tag hinter mich zu bringen, und wann immer mich das Bedürfnis überkam, mit ihm zu reden, rief ich meine Freundin Janet an. Ich kann gar nicht sagen, wie oft ich in diesen dreißig Tagen daran gedacht habe, ihn anzurufen. Ihr könnt euch bestimmt vorstellen, wie oft ich stattdessen mit Janet gesprochen habe. Es war eine echte Belastungsprobe. Aber ich war entschlossen, diese dreißig

Tage zu überstehen. Mir wurde klar, dass ich, wenn dies der Anfang vom Ende unserer Ehe war und ich für den Rest meines Lebens nicht mehr mit ihm reden könnte, mich lieber gleich daran gewöhnen sollte.

Also dachte ich in den ersten zwei Wochen praktisch an nichts anderes. Doch dann passierte etwas wirklich Erstaunliches. Ich stellte fest, dass ich ZWEI WOCHEN überstanden hatte. 14 GANZE TAGE, ohne mit ihm zu reden, und mit einem Mal war ich zutiefst beeindruckt von mir selbst. Ich war eine Superfrau. Ich verbrachte mehr Zeit damit, mich zu meiner Coolness zu beglückwünschen, als mit dem Gedanken, ihn anzurufen. Die Belohnung für meine Stärke in einer Zeit der unbeschreiblichen Schwäche und der Stolz, den ich empfand, weil ich jeden Tag hinter mich brachte, ohne schwach zu werden, verlieh mir einen unglaublichen Energieschub. Es war, als nähre sich meine Stärke von sich selbst, nachdem ich diese Hürde erst einmal genommen hatte. Und es war wirklich schwer. Jede Sekunde dachte ich daran, ihn anzurufen, bis ich es irgendwann nicht mehr tat. Und wisst ihr was? Am 27. Tag rief er mich an. Er hat die dreißig Tage nicht geschafft. Es sei eines der schwierigsten Dinge gewesen, die er je habe tun müssen, meinte er. Und genau das war es auch. Aber das Gefühl, das ich aus der Erkenntnis gewonnen habe, meine Schwäche besiegt zu haben, überwog bei Weitem. Ein ausgeprägtes Selbstwertgefühl lässt einen glauben, man sei unbesiegbar, und genauso fühlte ich mich in diesem Moment. Was weit von meinem Zustand am Tag 1 entfernt war. Obwohl ich die Therapeutin dafür gehasst hatte, dass sie mich zu so etwas verdonnerte, hätte ich dieses Gefühl niemals kennen gelernt, wenn ich weiterhin Sklavin des Telefons geblieben wäre.

Wow, was für ein cooler Gedanke!

Man kann das Telefon auch benutzen, um seine Mutter oder sonst jemanden anzurufen, der einen liebt... außer Babys und Hunde. Sie können nicht abheben.

Hausaufgabenbuch für Traurige

▶ Lade dir »Männer sind Schweine« von *Die Ärzte* als Klingelton auf dein Handy und ordne den Ton deinem Exfreund zu.

▶ Leite auf Mailbox um, sowie du den Klingelton hörst (was nicht weiter schwierig sein sollte, weil der Song unerträglich ist).

▶ Drück auf »Löschen«, und zwar ohne die Nachricht abzuhören, falls dein Ex tatsächlich etwas hinterlässt.

Psycho-Beichtstuhl

Eine Zeit lang hat er meine Anrufe noch angenommen, die jedes Mal damit endeten, dass ich heulte, schrie, bettelte und flehte, aber nach ein paar Monaten ging er einfach nicht mehr an den Apparat. Stattdessen sprang die Mailbox an, und er rief nie zurück, wahrscheinlich weil ich irgendwelche Schimpftiraden darauf hinterlassen habe. Ich habe versucht, ihm E-Mails zu schicken, mit demselben Ergebnis. Er reagierte nicht, auch dann nicht, als ich »Ich bin schwanger von dir« als Betreff schrieb. Ich verfolgte ihn, indem ich ihm über Instant Messenger Nachrichten schickte, bis er seinen Benutzernamen änderte und nicht länger auf meiner Freundesliste stand. Dann, als ich schon dachte, mir würden die Ideen ausgehen, fiel mir ein, dass wir beide Handykameras haben und per Mail Fotos verschicken können. Also habe ich ihm ein Nacktfoto von mir geschickt, das jetzt im Internet steht. Nächstes Mal überlege ich mir gut, ob ich ihn noch mal kontaktiere.

Anonym
Eugene, Oregon

Zehn Dinge, die man außer anrufen tun kann.

1. Sieh dir einen Film an, in den er NIE IM LEBEN mit dir gegangen wäre.
2. Ruf eine alte Freundin an, mit der du schon lange wieder einmal plaudern wolltest.
3. Mach einen Schaufensterbummel.
4. Triff dich mit einer Freundin zum Kaffee.
5. Geh mit dem Hund Gassi oder fahr ins Tierheim und rette ein armes Kerlchen aus der Todeszelle, wenn du nicht schon ein Haustier hast.
6. Ruf deine Großmutter an. Okay, es ist schon eine ganze Weile her, aber jetzt ist genau der richtige Zeitpunkt, um sich einen Platz ganz oben in ihrem Testament zu sichern.
7. Leg deine Lieblings-CD ein und tanz in Unterwäsche durch die Wohnung. (Gregs Idee)
8. Geh deinen Kleiderschrank durch und wirf alles weg, worin du nicht gesehen werden willst, wenn du deinem Ex das nächste Mal über den Weg läufst.
9. Mach eine Radtour oder einen Spaziergang, genieße die Zeit an der frischen Luft oder sieh dir eine Angelsendung im Fernsehen an, was im Grunde dasselbe ist, wie draußen zu sein.
10. Geh zum Lebensmittelhändler und kauf alle Zutaten für dein Lieblingsessen ein.
11. Hey, Supergirl, wir haben dir zehn Vorschläge gemacht. Jetzt bist du mit deiner eigenen Liste dran.

Zehn Dinge, die man außer anrufen tun kann.

1.

2.

3.

4.

5.

6.

7.

8.

9.

10.

Ort des Geschehens:
24-Stunden-Supermarkt, nachts

Bridgette, eine 22-Jährige in hippen Hüftjeans, Lagentop und Flip-Flops, steht mit ihren Einkäufen an der Kasse – ein Kasten Bier, zwei Becher Ben&Jerry-Eiscreme, eine Tüte Chips, ein paar Schokoriegel und ein Klatschblatt, dessen Titelblatt News über die jüngsten Promi-Trennungen verspricht.

KASSIERER: Kann ich mal Ihren Ausweis sehen?
   (Bridget zieht ihn aus der Tasche, worauf der Mann an der Kasse das Geburtsdatum überprüft.)

BRIDGETTE: Kann ich auch noch zwei Schachtel Marlboro lights und ein Päckchen Streichhölzer haben?
   (Die Kassierer greift hinter sich, nimmt die Zigaretten und die Streichhölzer aus dem Regal und legt sie zu den Einkäufen. Dann zieht er alles über den Scanner.)

KASSIERER: Sie feiern wohl eine Party.

BRIDGETTE: Oh, nein... das ist für mich allein.

KASSIERER: Ah... wie lange wart ihr denn zusammen?

BRIDGETTE: Sechs Monate.

KASSIERER: Wenn das so ist... wieso nehmen Sie nicht gleich den 1-Liter-Becher Eiscreme statt der 500 Milliliter, die filterlosen Marlboro, legen sich draußen auf den Parkplatz, und ich überfahre Sie rückwärts mit meinem Lieferwagen.

BRIDGETTE: Wer sind Sie, mein Dad?
(Sie starrt den Kassierer an, stellt die Einkäufe zurück und tritt mit einer Ausgabe der Runner's World und zwei Literflaschen Wasser wieder an den Tresen.) Klugscheißer.

3
Er versteckt sich nicht auf dem Boden dieses Bechers Eiscreme

Wir wissen, dass der Versuch, in der Trennungsphase den Schmerz zu lindern, indem man nach Dingen greift, von denen man glaubt, durch sie fühle man sich besser, vollkommen natürlich ist. Martinis. Pommes frites. Crunchie-Schokoriegel. Es ist völlig natürlich, nach einer Art kurzfristiger Linderung und Ablenkung von deinem Schmerz zu suchen. Betäubung mag ja eine nette Bewältigungsstrategie sein, effektiv ist sie jedoch nicht. Die Gefühle, die mit einer traumatischen Trennung einhergehen, können leicht eine Lawine schlechten Benehmens auslösen. Harmlose Laster, denen du früher nur zeitweise gefrönt hast – Zigaretten, Doughnuts, einen ganzen Wochenlohn für ein einziges Paar Schuhe ausgeben –, sind schlagartig an der Tagesordnung. Aber dass du dich in diese Abwärtsspirale stürzt, tut ihm nicht weh, sondern nur dir selbst, und das willst du doch nicht, oder?

Deinen Kummer in irgendwelchen tröstlichen Exzessen zu ertränken, bringt deinen Ex auch nicht wieder zurück, sondern macht dich bestenfalls fetter, betrunkener und noch trauriger. Nicht, dass es etwas daran auszusetzen gäbe, fetter, betrunkener und noch trauriger zu sein – schließlich hat diese Strategie bei Ernest Hemingway hervorragend funktioniert. Trennungen stellen eine erstklassige Gelegenheit für selbstzerstörerisches Verhalten dar, das häufig gerechtfertigt zu sein scheint, sich am Ende jedoch meist als bedenklich erweist.

Ob du in einem fremden Bett aufwachst, auf dem Boden liegend oder mit dem Gesicht in einer leeren Pizzaschachtel – dieses Verhalten ist nur ein kurzfristiges Ausblenden deines tödlichen Schmerzes. Wenn du aufwachst, bist du wieder genau dort, wo du am Vorabend aufgehört hast, nämlich noch immer am Boden zerstört, aber zusätzlich mit einem fiesen Kater oder einem Gefühl schrecklicher Reue und keinen Schritt weiter auf dem Weg der Besserung. Nicht, dass wir etwas gegen ein hübsches Nümmerchen, ein anständiges Saufgelage oder einen Kübel Chunky-Monkey-Bananeneis einzuwenden hätten – sei dir nur darüber im Klaren, dass es ist, als würde man ein gebrochenes Bein mit einem Pflaster verarzten. Heilen tut es so jedenfalls nicht.

»Ach wirklich?«, sagst du jetzt bestimmt. »Was soll ich dann machen? Zu Hause bleiben und lesen? Vielleicht erledige ich meine Steuererklärung oder werfe ein Gymnastikvideo ein.« Wir wollen es ja nicht übertreiben. Wir würden nie so etwas Abstoßendes von dir verlangen, wie ein Gymnastikvideo einzulegen (es sei denn, du kennst ein wirklich gutes), sondern wollen lediglich, dass du dich mit der Idee anfreundest, dich für gesündere Alternativen zu entscheiden. Spaß muss nicht immer auf Kosten des Taillenumfangs oder der grauen Zellen gehen. Du willst doch *jetzt* sicher sein, dass du das Richtige tust – nicht erst morgen früh, wenn du einen Kater hast und Schadensbegrenzung betreibst oder versuchst, mit Gott einen Deal darüber auszuhandeln, was du bereit bist zu tun, wenn er nur diese Kopfschmerzen verschwinden lässt.

Wir begrüßen es ja, dass du aus dem Haus gehst. Ausgehen ist sogar eines der besten Dinge, die du tun kannst. Geh mit deinen Freundinnen aus. Setz dich hinters Steuer und schlag den Weg zu deinem neuen Leben ein. Versuch nur, es mit Köpfchen zu tun. Der Versuch, den Schmerz in schlimmen Zeiten mit irgendetwas zu lindern, ist völlig normal, dazu raten wir sogar. Doch als Linderung getarntes, selbstzerstörerisches Verhalten ist genau das, wovon wir dich abbringen wollen. Ich meine, wir sind keine Heiligen. Wir haben selbst die eine oder andere falsche Abzweigung auf dem qualvollen Weg der Trennung genommen (deshalb haben wir das Gefühl, über genug Erfahrungshintergrund für dieses Buch zu verfügen), aber wir haben gelernt, dass das vorübergehende Nachlassen des Schmerzes, wenn man seine Sinne mit ein paar Cosmopolitans oder einer wilden Knutscherei mit einem dann-doch-nicht-so-attraktiven Fremden in einer Bar betäubt hat, eben… VORÜBERGEHEND ist. Es ist flüchtig und bewirkt, dass man am Ende noch länger in dieser Schmerzschleife hängen bleibt. An jedem Morgen danach wird das entsetzliche Gefühl, getrennt zu sein, wieder zurückkehren und dich in einen neuerlichen Abgrund der Verzweiflung reißen. Mit dem Unterschied, dass sich jetzt noch die Reue dazugesellt: Reue wegen all der Kohlehydrat- oder Fettkalorien, die du dir einverleibt hast, Reue, weil du mit dem Freund deiner besten Freundin geschlafen hast, Reue wegen der Schachtel Zigaretten und all der Wodka-Tonics, die das Erklimmen der Treppe zur unüberwindlichen Aufgabe machen.

Trinken, essen, einkaufen, Rache, Trostpflastersex, Drogen oder mit welchem Gift du den Schmerz auch abzutöten versuchst – es betäubt ihn, mehr aber auch nicht. Angst vor Schmerz liegt in der Natur des Menschen. Aber oft ist allein die Vorstellung davon schlimmer als der Schmerz selbst. Er ist nie so schlimm, wie du ihn dir ausgemalt hast. Und du wirst deinen Liebeskummer niemals überwinden können, wenn du dir nicht gestattest, ihn zu empfinden. Tut mir leid, aber so sieht's nun mal aus. Es ist wie mit jedem Trauerprozess – wenn du den Schmerz tief in deinem Innern vergräbst, wird er für immer dort bleiben, aber wenn du dich ihm stellst, ihn durchlebst und offen mit ihm umgehst, wirst du feststellen, dass er nach einer gewissen Zeit nachlässt. Ihn in diesem Riesenbecher Eiscreme zu versenken, mag sich zwar richtig ANFÜHLEN, aber wenn du zuerst dein Verhalten änderst, wird dein Gefühl irgendwann folgen. Das hat uns mal ein sehr kluger Arzt gesagt. Manchmal muss das Verhalten vor den Gefühlen kommen, statt also etwas zu tun, das zwar Befriedigung verspricht, dir am Ende aber nur Reue beschert, wieso nicht versuchen, etwas zu tun, das dir auf den ersten Blick hassenswert erscheint (wie eine tiefenwirksame Haarkur, die über Nacht einwirken muss), dich am Ende aber mit Stolz erfüllt?

Aber, Greg, ich habe da eine Frage…

Was ist denn so falsch an ein paar Cocktails?

Lieber Greg,

meine Freunde haben sich wirklich toll verhalten, als ich frisch getrennt war. Sie haben sich mit mir zur Happy Hour getroffen oder sind mit mir essen gegangen, um mich auf andere Gedanken zu bringen. Und eines kann ich dir versichern – dazu gingen auch viele, viele Cocktails und eine Menge Lästereien über diesen Loser von meinem Ex einher, der es sich mit der besten Frau vermasselt hat, die ihm je über den Weg gelaufen ist. Freunde zu haben, mit denen man sich betrinken kann, ist ein Trost, wenn man traurig und verletzlich ist, und macht eine Trennung um so vieles erträglicher. Glaubst du nicht auch, dass das Teil des Heilungsprozesses ist?   Patsy

Liebe Miss Happy Hour,

dass du deinem Exfreund die Ehre erweist, dir ständig das Maul über ihn zu zerreißen, ist wirklich ganz toll. Gibt es eine bessere Methode, über jemanden hinwegzukommen, als ständig über ihn zu reden? Versteh mich nicht falsch – es mag heilsam sein, deiner Wut Luft zu machen und sie dir bei deinen Freunden von der Seele zu reden, die vielleicht ähnlich empfinden. Jeder verarbeitet so etwas auf seine eigene Weise. Allerdings weiß ich, dass ich mich, wenn ich mich in Cocktails, Trauer und Verletzlichkeit gesuhlt habe, danach nie besser gefühlt habe, sondern nur noch jämmerlicher, bemitleidenswerter und auch etwas aufgedunsener. Der springende Punkt ist, dass du es hinter dich bringst. Zögere den Trennungsschmerz nicht unnötig hinaus, es sei denn, das ist genau deine Absicht. Es mag sich zwar für den Augenblick besser anfühlen, ihn in Grund und Boden zu reden, trotzdem solltest du dir folgende Frage stellen: Ist es wirklich heilsam für dich, mit so viel Wut im Bauch durch die Gegend zu laufen?

Was gibt es gegen eine Runde Trostsex einzuwenden?

Lieber Greg,

die einzige Möglichkeit, über einen tollen Mann hinwegzukommen, ist ein anderer Mann – deshalb existiert ja der Begriff »Trostpflastersex« im Partnersuchevokabular. Ich habe monatelang unter der Trennung von meinem Ex gelitten, habe ihn ständig angerufen, bin vor seinem Haus aufgetaucht – all die Dinge, die man nicht tun soll.

Ich war einfach traurig und unglücklich. Also hat mir eine Freundin ans Herz gelegt, ich solle doch zusehen, dass ich jemand anderen kennen lerne. Also bin ich zu dem Entschluss gelangt, sein Mitbewohner könnte dieser Jemand sein. Du hättest das Gesicht meines Exfreundes sehen sollen, als ich das erste Mal nur mit einem Männerpyjamaoberteil bekleidet aus dem Zimmer seines Mitbewohners kam. Ihm fiel die Kinnlade runter, und ich habe gesehen, dass es ihn wahnsinnig macht. Ich habe mich gleich viel besser gefühlt. Wie findest du das?   Lexi

Liebe Wahnsinnige,

wow! Das hört sich ja nach einer sehr gesunden Trennungsgeschichte an! Ich denke, dein Exfreund muss stolz auf dich sein. Wieso schläfst du nicht gleich mit seinem Lieblingsfußballverein? Dann könntest du es ihm mal richtig zeigen! Erstens: Mit einem anderen Mann ins Bett zu gehen, um einen anderen wütend zu machen, ist gemein. Wieso ziehst du einen Unschuldigen in deine kaputte Beziehung hinein? So etwas ist weder fair noch ratsam. Zweitens wette ich, es hat sich nur in diesem Moment gut angefühlt. Im Hinblick auf deinen Trennungsschmerz hat es dich aber nicht weitergebracht, sondern wahrscheinlich alles nur noch schlimmer gemacht. Drittens: Wenn du glaubst, dein Ex hält dich für etwas anderes als eine miese Du-weißt-schon-Was, hast du dich geschnitten. Das Beste, was du tun kannst, ist, dir jemanden außerhalb des Dunstkreises deines Exfreunds zu suchen, den du aufrichtig lieben kannst. Jede Beziehung, die lediglich darauf ausgerichtet ist, eine Reaktion von jemand anderem zu provozieren, ist nicht nur unaufrichtig, sondern auch eine massive Herabwürdigung desjenigen, der Teil davon ist. Wenn du die Trennung wirklich überwindest, wird es dir egal sein, was dein Ex denkt. Und fürs Protokoll: Die beste Rache ist nicht, Unruhe in seinem Leben zu stiften, sondern sich um sein eigenes zu kümmern und es in vollen Zügen zu genießen.

Aber Essen ist die einzige Möglichkeit, mich besser zu fühlen

Lieber Greg,

mein Verlobter hat mit mir Schluss gemacht, und jetzt kann ich nicht mehr aufhören zu essen. Es ist die einzige Möglichkeit, mich besser zu fühlen. Er hat bereits wieder eine neue Freundin, dabei hat er vor gerade einmal einem Monat den Ring von mir zurückverlangt. Noch nie in meinem Leben war ich so verzweifelt. Wir sehen uns gezwungenermaßen nach wie vor, weil wir zusammen ein Haus gekauft haben, er bringt jedes Mal seine Freundin mit, wenn wir uns wegen etwas treffen müssen. Es ist so schmerzlich und demütigend, dass ich danach jedes Mal eine Stunde lang heulend mit einer Tüte Chips auf dem Sofa sitze, mit dem Ergebnis, dass ich nicht nur Liebeskummer habe, sondern mich auch noch wie der letzte Waschlappen fühle. Hilfe!   Jenna

Liebe Hungerleiderin,

leg die Chips weg und wisch dir die Tränen ab (und die Finger). Ich verstehe voll und ganz, was du meinst. Ich liebe Chips, besonders die mit Salz und Essig! Ich weiß auch, dass das vorübergehend gute Gefühl, das sie einem bescheren, den Schmerz vergessen lassen kann – zumindest kurzfristig –, aber der Langzeiteffekt, den sie auf dein Selbstwertgefühl haben, ist es nicht wert. Sehen wir den Tatsachen ins Auge: Es gibt nichts Schlimmeres, als sich wegen einer gescheiterten Beziehung beschissen zu fühlen und darüber hinaus nicht einmal mehr die Hose zuzubekommen. Ich weiß, dass ich, wenn ich mit einer Schnur um den Hosenbund durch die Stadt laufe, mich nicht besonders gut fühle. Sich durch eine Trennung zu futtern, bewirkt nicht, dass du dich danach besser fühlst, sondern nur fetter und trauriger, wie du selbst bereits festgestellt hast. Die Begegnungen mit deinem Ex und seiner neuen Freundin dienen als Auslöser für jedes negative Gefühl, das du für dich selbst hast. Genau diese Unsicherheiten, verstärkt durch den Schmerz, mit der Frau konfrontiert zu sein, die er dir vorzieht, löst diese Panik in dir aus, die du dringend unter Kontrolle bekommen musst. Fang damit an, dass du dich nicht mehr mit den beiden triffst. Schick einen Freund, einen Anwalt, einen Makler oder einen Profi-Killer, der sich um deine Angelegenheiten kümmert, statt dich dieser Situation selbst auszusetzen. Als Nächstes besorgst du dir ein paar Stangen Sellerie und machst einen Spaziergang. Er ist nicht besonders lecker, aber du wirst es bald sein, wenn du dich wieder um dich selbst kümmerst.

Aber die Dinger heißen doch nicht ohne Grund Schmerzmittel

Lieber Greg,

ich hatte noch eine Hand voll Vicodin von meiner Weisheitszahnbehandlung übrig. Nach einem besonders schlimmen Abend mit einem peinlichen Heulanruf bei meinem Exfreund habe ich eine genommen, damit ich mich besser fühle. Es hat geholfen, das kannst du mir glauben. So gut, dass ich mittlerweile die ganze Flasche und auch den Vorrat meiner Freunde aufgebraucht habe. Ich weiß, dass ich sie nicht nehmen sollte, aber es ist das Einzige, was mir hilft, mich halbwegs gut zu fühlen, oder zumindest so, dass es mir egal ist. Glaubst du, ich habe da ein Problem?

Courtney

Liebe Miss Vico-Tu's-Nicht,

HÖR SOFORT DAMIT AUF! Ich glaube *allerdings*, dass du ein Problem hast oder auf dem besten Weg bist, eines zu bekommen. Willst du so den Rest deiner Tage zubringen? Glaub mir, einem Drogenkonsumenten in der Genesungsphase, dass es dir damit nicht besser gehen wird, sondern du nur den Prozess hinauszögerst, dich durch den Trennungsschmerz zu arbeiten. Nebenbei züchtest du dir ein handfestes Drogenproblem heran. Die Tatsache, dass du weißt, dass du sie nicht nehmen solltest, es aber trotzdem tust, sollte dir eine Warnung sein. Vergiss nicht: In Eigenregie Medikamente zu nehmen, ist nur eine Übergangslösung, die destruktiv ist und nur noch mehr Leid nach sich zieht. Such dir professionelle Hilfe oder geh so schnell wie möglich zu einer Sitzung der Anonymen Alkoholiker oder einer Drogenberatung. Die Nummern stehen im Telefonbuch und sind einfach zu finden. Keine Trennung ist es wert, sich selbst kaputtzumachen, doch genau darauf steuerst du im Moment zu. Bitte nimm diesen Rat von jemandem an, der sich damit auskennt.

Wie viele Affären sind zu viel?

Lieber Greg,

seit mein Freund und ich Schluss gemacht haben, denke ich nur dann nicht an ihn, wenn ich mit einem anderen zusammen bin. Nach der Trennung haben mich meine Mitbewohnerinnen animiert, »wieder aufs Pferd zu steigen« und mich auf ihre Touren durch die Bars mitgenommen, damit ich neue Männer kennen lerne. Jetzt machen sie sich offenbar Sorgen um mich, weil diese Kerle zu allen möglichen Tages- und Nachtzeiten anrufen oder hier auftauchen. Am Anfang fand ich ihre Besorgnis ein bisschen übertrieben, aber dann habe ich gemerkt, dass ich mich an manche Typen nicht einmal mehr erinnern kann, weil ich viel zu betrunken war. Ich habe nur versucht, die Erinnerung an meinen Ex zu verdrängen, und jetzt komme ich mir ziemlich mies vor. Es ist das Einzige, das mir geholfen hat, mich besser zu fühlen, aber mittlerweile bin ich noch einsamer und deprimierter. Was soll ich tun?   Leanne

Liebes Cowgirl,

wieder aufs Pferd zu steigen und mit einem gesamten Regiment ins Bett zu gehen, sind zwei grundlegend verschiedene Dinge. Ich bin sicher, deine Freundinnen wollten nicht, dass du ausgehst und Dinge tust, die dich zerstören. Es ist eine Sache, in eine Bar zu gehen und mit einem Mann zu flirten, vielleicht sogar, mit einem etwas anzufangen, nur um zu wissen, dass man noch begehrenswert ist, aber du kannst deinen Exfreund nicht mit Bettgeschichten aus deinem Gedächtnis verdrängen. Natürlich ist es eine tolle Idee, neue Leute kennen zu lernen, aber versuch es bitte damit, dich mit einem Mann zu

VERABREDEN – ich meine so etwas wie essen gehen und ein Kinobesuch, gewürzt mit einer netten Unterhaltung. Du machst eine schlimme Zeit durch, die du nun mal hinter dich bringen musst. Und das solltest du tun, indem du als Erstes all diese Zufallsbekanntschaften loswirst – sag ihnen, du wärst nicht interessiert, oder leg dir notfalls eine neue Nummer zu – und dir dann gestattest, deine Empfindungen wahrzunehmen. Nach einer Weile wird der Schmerz nachlassen. Und vergiss nicht – Sex ist eine feine Sache, aber Sex zu benutzen, um ein unangenehmes Gefühl beiseite zu schieben, ist extrem ungesund. Das willst du doch nicht, oder, Cowgirl?

Ein paar kurze Worte zum Thema Trostpflastersex
von Amiira

Wenn man traurig und einsam ist, gibt es nichts Besseres als ein wenig Bestätigung vom anderen Geschlecht, um einen aus dem Tief zu reißen. Ein kleines Techtelmechtel, wildes Geknutsche oder sogar eine hübsche kleine Nummer. Manchmal ist Aufmerksamkeit genau die richtige Medizin und unter Garantie eines der ersten Dinge, wonach ein gebrochenes Herz lechzt. Das Problem an Trostsex ist, dass er in beide Richtungen gehen kann: Er kann bewirken, dass man sich toll fühlt. Oder grauenhaft. Es kann sein, dass man jemand wirklich Interessantes kennen lernt und eine hübsche Affäre hat, die einen über den Liebeskummer hinwegtröstet. Aber das ist nicht immer der Fall.

Wenn man verletzlich ist und sich nach Bestätigung durch einen Fremden sehnt, ist die Zahl der Möglichkeiten, zur Sache zu kommen, schier endlos. Man kann mit dem Entschluss auf die Piste gehen, jemanden zu finden, mit dem man in die Kiste steigt, und sich dann noch lausiger fühlen, wenn sich niemand zum Flirten findet. Oder man kann mit jemandem nach Hause gehen, den man sonst nie im Leben anschauen würde, und es am nächsten Morgen bitter bereuen, während man beschämt seine Klamotten einsammelt. Man kann einen One-Night-Stand haben und denken, es sei alles cool, sich aber dann, wenn der Typ sich nicht wie versprochen meldet, erneut zurückgewiesen fühlen. Es besteht die Gefahr, dass zum bereits bestehenden Schmerz noch mehr Schmerz hinzukommt.

In Trostsex-Gewässern zu navigieren, kann eine heikle Sache sein, und ich hatte das Glück, meine Ausflüge in diese Gefilde mit relativ überschaubaren Schäden zu überstehen. Ich habe mich immer eher mit Exfreunden statt neuen Errungenschaften getröstet, da mit ihnen ein gewisses Maß an Sicherheit einhergeht (obwohl es auch durchaus schwierig werden kann, diese alten Türen wieder zu öffnen). Aber da Trostsex ohnehin eine höchst riskante Bewältigungsstrategie mit dem Potenzial ist, das Selbstbewusstsein eines Menschen in Liebesdingen noch mehr zu schädigen, solltest du ein paar Grundregeln für dich aufstellen. Meine waren ziemlich einfach, aber klar:

1. Kein Trostsex mit jemandem, der dir im Job schaden oder die Arbeit im Büro sonst irgendwie unangenehm werden lassen könnte.

2. Such dir jemanden, zu dem du dich auch unter normalen Umständen hingezogen fühlen würdest.

3. Je attraktiver, desto besser!

4. Kein Grund, gleich einen Mehrjahresvertrag zu unterschreiben, wenn ein einfaches Torspiel genügt, um dein Ego zu befriedigen.

5. Wenn du zu betrunken bist, um noch zu fahren, bist du auch zu betrunken für kluge Entscheidungen. Mission sofort abbrechen!

6. Halt dich von den Freunden deines Ex fern. Dasselbe gilt für deine eigenen Freunde und die Exfreunde deiner besten Freundin.

7. Kauf dir einen Vibrator. Der ruft nicht an, wenn du es nicht willst.

8. Egal, wie cool oder abgestumpft du bist: Sex ist eine intime Angelegenheit, selbst wenn Handschellen daran beteiligt sind.

9. Derjenige, mit dem du Sex hast, ist ebenfalls ein menschliches Wesen.

10. Bevor du nach Bestätigung durch andere suchst, versuch lieber, sie in dir selbst zu finden.

Das Gute an all dem Übel...

Das Gute an all dem Übel ist, dass du es *weißt*, wenn du ein selbstzerstörerisches Verhalten an den Tag legst, um den Liebeskummer zu betäuben, der dich im Moment beutelt. Ebenso *weißt* du, wenn du im Begriff stehst, einen Fehler zu begehen. Es ist eine Art Bewusstsein, das wir alle in uns tragen (im Gegensatz zur Stubenfliege, die so lange Eiscreme frisst, bis sie platzt). Es gibt einen entscheidenden Moment, in dem wir bewusst beschließen, ob wir es wagen und unserem Impuls folgen sollen oder nicht. Die Gewissheit, dass dieser Moment existiert, bedeutet, dass du eine Wahl hast, dein Handeln kontrollieren kannst – hoffentlich wirst du dich auf diese Fähigkeit besinnen und die klügere Entscheidung fällen, wenn du an der Bar sitzt und in deinen fünften Drink starrst oder bevor du ins Bett dieses Fremden steigst.

Trennungen können sich oft wie eine Krise anfühlen. Und der Charakter eines Menschen lässt sich am Verhalten in einer Krisensituation ablesen. Entweder man zerbricht daran oder wächst mit der Herausforderung, sich aus dieser beschissenen Lage zu befreien. Als zwei Menschen, die mit beiden Alternativen vertraut sind, sagen wir dir: Sich aufzugeben und auf Alkohol, Essen, One-Night-Stands und irgendwelche bewusstseinserweiternden Substanzen zu stürzen, ist NO BUENO, während die Heldenrolle in der Verfilmung von »Mein Herz ist in tausend Stücke zerrissen!« eine lebensverändernde, lebensbejahende und verdammt tolle Sache ist. Du hast die Wahl! Es liegt in deiner Hand. Das ist die gute Nachricht. Du hast sogar Gelegenheit, zu beweisen, dass du ein Mensch bist, der eine emotionale Katastrophe in den Griff bekommt. Hey, allein die Tatsache, dass du nicht über Bord gehst, wird nicht nur deine Freunde beeindrucken, sondern dir auch zu einer anständigen Portion dringend benötigten Selbstrespekts verhelfen. Also, sieh zu, dass du wieder auf die Beine kommst und nicht in einer Tequila-Pfütze ertrinkst.

Es ist ein etwas seltsamer Gedanke, aber versuch dir einmal vorzustellen, deine Trennung sei eine Krankheit. Wenn man dir sagen würde, du leidest unter einer schweren, aber heilbaren Krankheit, würdest du dir dann auch ständig die Birne vollhauen? Zwei Schachteln Kekse auf einmal verputzen? Eine Zigarette nach der anderen rauchen, Pillen einwerfen, dich zudröhnen oder durch die Gegend vögeln? WÜRDEST DU NICHT! Stattdessen würdest du auf dich achten und all die ungesunden Dinge aus deinem Leben streichen. Denn du liebst dich. Und selbst wenn du es im Moment noch nicht tust, WIR SCHON! Also, hör auf mit _____ (hier bitte dein Laster eintragen) und beweg dich.

Was ich falsch gemacht habe
von Greg

12. August 1996, 11:32 Uhr. »Ich bin fett.« Ich kann meinen Bauch nicht mehr einziehen. Von hier oben, wo mein verschwitzter Kopf auf dem Kissen liegt, sehe ich, wie sich mein Bauch unter meiner Brust wölbt und auf meinem Einzelfuton ruht. (Schon jetzt ist klar, dass das ein mieser Tag wird.) Mein Gehirn schwimmt in einer Kopfschmerzlache, und der Gestank vom Abend zuvor hängt mir in der Nase. Ich drehe mich zu meiner Bettgenossin um. »Hallo, Fremde.« Aber es

ist keine Fremde. Es ist nicht einmal ein menschliches Wesen. Es sind ein Verkehrsleitkegel und ein Straßenschild, mit denen ich auf dem Heimweg Freundschaft geschlossen haben muss. Hatte ich Sex mit einem Verkehrsleitkegel? Wie intensiv man es auch versuchen mag, ein Verkehrsleitkegel kann die Exfreundin nicht ersetzen. Wann bin ich zu diesem Mann geworden? Wer ist dieser Typ?

Ich weiß nicht, wieso die Stimme, die will, dass wir auf der Siegerseite stehen, und uns die richtigen, wenn auch manchmal schwierigen Entscheidungen treffen lässt, so leise ist, während diejenige, die uns zu selbstzerstörerischem Verhalten verleiten will, so laut und überzeugend brüllt. Aber an diesem Morgen meldete sich die leise Stimme zu Wort: »Hey, Schwachkopf, wieso tust du mir das an? Was habe ich dir getan, dass du mich so sehr hasst?« – »Tue ich doch gar nicht«, erwiderte ich. »Nicht ich bin schuld, sondern sie. Es ist ihre Schuld, dass ich so geworden bin.« Aber die Stimme ließ nicht locker. »Blödsinn. Sie ist nicht diejenige, die mit einem Verkehrsleitkegel im Bett liegt. Du, mein Freund, bist der Drehbuchautor dieses Dramas hier.« Die Stimme hatte Recht. So sollte mein Leben nicht sein. Die Welt drehte sich ohne mich weiter. Sie lebte ihr Leben ohne mich weiter.

Am 12. August 1996 um 12.30 Uhr ging ich zu meinem ersten Treffen bei den Anonymen Alkoholikern, seit diesem Tag ist es mir gelungen, jeden Tag aufs Neue, ohne Alkohol und Drogen zurechtzukommen. Es war der erste Schritt auf dem langen Weg zurück zu mir selbst. Diesmal hatte die leise Stimme gewonnen.

Wie ich es überstanden habe
von Amiira

Jahrelang lief meine Beziehung nach einem höchst ungesunden Muster ab. Es war immer dasselbe: Alles läuft prima,
wir sind ineinander verliebt, sind unzertrennlich, ich bin über-
glücklich, wir haben so viel Spaß zusammen, der Sex ist toll,
wenn auch nicht allzu häufig (etwas, woran wir arbeiten müssen). DANN fängt er auf einmal an, sich seltsam zu benehmen, ist distanziert und provoziert Streitereien mit mir, bis er
schließlich damit herausrückt, dass er nicht glaubt, noch länger in einer festen Beziehung leben zu wollen. Er zündet die
»Ich denke, wir sollten eine kleine Pause voneinander einle-
gen«-Bombe, wir haben überhaupt keinen Sex mehr, ich bin
traurig und fühle mich zurückgewiesen, während er loszieht
und Sex mit Stripperinnen hat. Ich weine viel und fühle mich
noch mieser, weil er lieber mit einer Stripperin ins Bett geht
als mit mir, und es scheint, als würden wir eher auf eine end-
gültige Trennung zusteuern statt auf eine kleine Auszeit voneinander... DANN kommt er auf einmal zu mir zurück, will,
dass wir wieder zusammen sind, beteuert mir seine unsterb-
liche Liebe und verspricht mir, alles zu tun, was notwendig
ist, um es wieder gutzumachen. Am Anfang läuft alles wunderbar, er geht zur Therapie... DANN, nachdem wir ein paar
Monate zusammen sind, fängt es wieder an. Er will wieder
keinen Sex mit mir und gibt sich keine Mühe, an der Lösung
unserer Probleme zu arbeiten. Ich spreche ihn darauf an, und
er gibt zu, dass er das Interesse verloren hat, weil die Arbeit
an unseren Problemen so anstrengend ist. Er meint, wir sollten uns eine Auszeit voneinander nehmen. Damit beginnt der
Teufelskreis von neuem. Nächste Runde.

Das habe ich jahrelang erduldet. Ich sage bewusst »erduldet« statt »erlebt«, denn wäre ich damals stärker gewesen, hätte ich die Situation richtig eingeschätzt, hätte meine Sachen gepackt und wäre gegangen. Und zwar mit meiner Würde im Gepäck. Aber ich war in ihn verliebt, oder vielleicht auch nur in die Vorstellung dessen, was wir einmal waren. Und diese Tatsache hat mich zu einer Gefangenen in einer Hölle werden lassen, die mein Selbstwertgefühl in Grund und Boden gerammt hat. Der springende Punkt ist, dass mich niemand außer mir selbst dazu gezwungen hat, obwohl es mir damals so erschien, als wäre ich das Opfer seiner Probleme und seines allgemein völlig verkorksten Charakters. Der Fairness halber gegenüber mir selbst muss ich allerdings sagen, dass ich mit diesem Mann verheiratet war. Ich war eine Bindung eingegangen, die ich ernst nahm und die auf der Annahme basierte, dass ich den Rest meines Lebens mit ihm verbringen würde. Deshalb habe ich mir Dinge gefallen lassen, von denen ich nie im Leben geglaubt hätte, dass ich sie hinnehmen würde, weil ich um unserer Zukunft willen durchhalten wollte. In einer Ehe gibt es Höhen und Tiefen, in meiner aber überwogen eindeutig die Tiefen, und obwohl wir in den guten Zeiten eine Menge Spaß miteinander hatten, blieb das Thema Intimität nach wie vor ein Problem zwischen uns, was meinem Selbstbewusstsein enorm zusetzte.

Erschwerend kam hinzu, dass er während unserer Trennungen mit anderen Frauen schlief (was, wie ich mir stets einredete, im klassischen Sinne nicht als Fremdgehen galt, trotzdem fühlte ich mich hundsmiserabel dabei). Ich war ständig diejenige, die litt, dennoch konnte ich mir nicht vorstellen, mit einem anderen Mann zusammen zu sein.

Nachdem es jahrelang so ging, habe ich ENDLICH begriffen, dass sich niemals etwas ändern würde und ich meine besten Jahre mit einer kaputten Beziehung vergeudete. Ich wusste, dass ich mich davon befreien musste, trotzdem war mir gleichzeitig klar, dass ich gegen diesen Mann machtlos war und dass meine Sehnsucht, dass diese Beziehung funktionieren möge, alles andere lähmte. All das sah ich zu diesem Zeitpunkt klar und deutlich vor mir. Also fasste ich, als wir auf eine neuerliche Trennung oder Auszeit zusteuerten, den bewussten Entschluss, mich diesmal zu einem Verhalten zu zwingen, das dem genauen Gegenteil meiner bisherigen Vorgehensweise entsprach. Statt also meine Zeit damit zu verbringen, mich in Selbstmitleid zu suhlen und meinen Kummer in Wein zu ertränken, stieg ich jeden Tag auf meinen Stepper und erklomm zu den Klängen meiner Lieblingstrennungs-CD (*Everything's Different Now* von Til Tuesday) wie eine Verrückte die Stufen. Ich ging zum Friseur und ließ mir meine langen Haare abschneiden und heller tönen. Ich war entschlossen, mich einer Komplettverwandlung zu unterziehen, und wollte daran erinnert werden, wann immer ich in den Spiegel schaute. Es war mein eigenes kleines Statement, dass ICH JETZT ANDERS BIN.

Ich ging oft aus, statt mein Sozialleben schleifen zu lassen, und lernte sogar einen Mann kennen. Er war etwas jünger als ich, aber von unserer ersten Unterhaltung an war klar, dass wir uns nicht nur gut verstanden, sondern auch die Chemie stimmte. Wir wurden Freunde, die flirteten, was das Zeug hielt. Ich arbeitete hart, sorgte dafür, dass ich immer beschäftigt war, verbrachte viel Zeit mit meinen Freunden und gewann neues Selbstwertgefühl, wann immer ich mein kurzes Haar im Spiegel sah, das mich daran erinnerte, dass ICH JETZT ANDERS BIN. Als mein Mann diesmal zu mir kam und meinte, das sei es gewesen, war ich zwar sehr traurig, aber auch dankbar für seine Ehrlichkeit, und traf die Entscheidung, dass ich endgültig mein Leben allein weiterleben wollte.

Als ich das nächste Mal mit meinem Flirtpartner redete, erzählte ich ihm, meine Ehe sei beendet, worauf er mich um ein Rendezvous bat. Normalerweise hätte ich etwas à la »Es ist noch zu früh, und ich bin noch nicht bereit für etwas Neues« gesagt, stattdessen hielt ich mich an mein Vorhaben, genau umgekehrt zu reagieren als sonst, und sagte zu. Wir gingen aus, und es war toll. Also wiederholten wir es, und es war noch viel toller. Wir fingen an, uns regelmäßig zu treffen, und nach einer Weile hatte ich Sex mit ihm – etwas, was ich ein paar Monate zuvor niemals getan, beziehungsweise woran ich nicht im Traum gedacht hätte. Und wisst ihr was? Es war das Befreiendste, das ich jemals für mich getan habe! Ich hatte keinen Sex wegen meines Ehemannes, der sich mir entfremdet hatte, sondern weil ich es wollte und WUSSTE, dass ich nie wieder in diese ungesunde Beziehung zurückkehren würde, die mich jahrelang in ihren Fängen hatte. Ich überquerte eine Grenze und konnte nicht mehr zurück. Aber ich hatte es bewusst getan, in meinem eigenen Zeitrahmen. Ich tat das Gegenteil von dem, was ich sonst in dieser Situation getan hatte, weil ich eine andere war, und es befreite mich.

* Anmerkung von Greg. »Äh, wie bitte? Mit wem hattest du Sex?«

Wow, was für ein cooler Gedanke!

Allein sein heißt auch, frei für jemand wirklich Tolles zu sein!

Hausaufgabenbuch für Traurige

Wie die Kunst liegt auch exzessiver Genuss im Auge des Betrachters. Mit anderen Worten: Wer kann dir sagen, ob das, was du tust, noch im grünen Bereich liegt oder ob du es übertreibst? Mit unserem kleinen Test kannst du es herausfinden. Berechne fünf Punkte für jede zutreffende Antwort.

1. Wenn jemand »Hey, Saufnase!« ruft, drehst du dich automatisch um.
2. Für den Kerl, von dem du dein Marihuana beziehst, gehörst du schon zur Familie.
3. Sowohl Ben als auch Jerry sind deine Dauerbegleiter.
4. Ein Flügel des Einkaufszentrums ist nach dir benannt.
5. Jack Daniel's hat dir einen Sponsorenvertrag angeboten.
6. Du hörst dich Dinge sagen wie »Ich weiß nicht, irgendwie finde ich Männer mit Fahne sexy«.
7. Der Kerl, von dem du dein Marihuana beziehst, will dich heiraten.
8. Beim Pizzalieferanten stehst du auf der Kurzwahlliste.
9. Du hast mit dem Rauchen angefangen, um die Zeit zwischen Essen und Alkohol trinken totzuschlagen.
10. Der Kerl, von dem du dein Marihuana beziehst, findet, du solltest langsam zusehen, dass du dein Leben auf die Reihe kriegst.

Selbst mit fünf Punkten hast du eindeutig ein Problem, junge Dame. Natürlich haben wir dieses Rätsel nur zum Spaß zusammengestellt, aber ernsthaft – pass auf dich auf. Niemand ist es wert, sich wegen ihm kaputtzumachen. Niemand.

Psycho-Beichtstuhl

Früher habe ich eigentlich nie viel getrunken, aber als mein Freund aus dem College ohne ersichtlichen Grund mit mir Schluss gemacht hat, habe ich ziemlich dicke Freundschaft mit Apfel-Martinis geschlossen. Am Anfang dämpften sie den Schmerz tatsächlich ein wenig, aber mit der Zeit habe ich herausgefunden (vorwiegend über Freunde), dass ich umso verwegener und risikofreudiger wurde, je betrunkener ich war. Ich dachte, die anderen machen viel zu viel Aufhebens darum. Bis Halloween. Ich hatte mich als Haremsdame verkleidet und sah ziemlich verschärft aus, wenn ich das einmal sagen darf. Nach ein paar Martinis gelangte ich zu dem Entschluss, mein Ex sollte eine Vorstellung davon bekommen, was er verpasste, also ging ich in der klirrenden Kälte zu seinem Haus. Er schien nicht zu Hause zu sein, also schloss ich die Tür mit dem Schlüssel auf, den ich noch hatte, und beschloss, im Bett auf ihn zu warten. Ich muss ihn nach Hause kommen gehört haben und in Panik ausgebrochen sein, als er die Treppe heraufkam, denn ich kletterte aufs Dach. Allerdings muss ich vergessen haben, dass Winter ist und das Dach vereist sein könnte. Na ja, jedenfalls muss ich ausgerutscht sein, denn am nächsten Morgen wachte ich im Gebüsch vor seinem Haus auf. Ich kann von Glück sagen, dass ich mir nicht mein verdammtes Genick gebrochen habe. Sein Mitbewohner hat mich auf dem Weg zur Arbeit gefunden und netterweise nach Hause gefahren. Seitdem trinke ich nur noch Apfelsaft.

Anonym
Sault Ste. Marie, Michigan

Ort des Geschehens: Ein Café im Freien, Tag

Zwei Frauen in den Zwanzigern, Portia und Dorrie,
trinken Kaffee.

DORRIE: Ich glaube nicht, dass ich mich noch länger mit dir treffen kann.

PORTIA: Genau! Nur dass er gesagt hat: »Ich will
dich nie wiedersehen.«

DORRIE: Nein, ich glaube, ich kann dich nicht
länger sehen.

PORTIA: (verärgert) Äh... Ich war doch selbst
dabei, Dorrie. Er hat gesagt: »Ich will dich nie
wiedersehen.«

DORRIE: Ich weiß genau, wie er sich fühlt.

PORTIA: Ehrlich? Ich zermartere mir nämlich
schon die ganze Zeit das Gehirn deswegen.

(Dorrie steht auf und verdreht die Augen.)

DORRIE: Du bist einfach unerträglich. Du kannst
ständig nur darüber reden. Wie soll da jemand
noch gern mit dir zusammen sein?

PORTIA: Hat er dir das gesagt? Hat er gesagt,
ich sei unerträglich?

(Dorrie wendet sich zum Gehen.)

DORRIE: Ich gehe jetzt.

PORTIA: Genau das hat er auch gesagt. Es ist echt
übel. Nur dass er gesagt hat: »Ich gehe und zwar
endgültig.« Und ich: »Du kommst schon irgendwann
wieder.« Hey, Dorrie, wo gehst du denn hin?

4
Wenn du seinen Namen nur noch ein einziges Mal erwähnst...
(...werden sich deine Freunde ebenfalls von dir trennen)

Mag sein, dass du ihn nicht haben kannst, dafür hast du etwas viel Wertvolleres an deiner Seite – deine Freunde. »Toll. Und meine Gesundheit, stimmt's? Oh, was bin ich nur für ein Glückspilz!« Wir wissen, dass es dämlich klingt, aber mit guten Freunden, auf die du dich verlassen kannst, wirst du dich schneller von deinem Liebeskummer erholen, als du denkst. Ihre Liebe und Kameradschaft können ein echter Lichtblick in deinen dunkelsten Stunden sein – aber glaub uns, wenn wir dich warnen, dass auch diese Lichtblicke erlöschen können. Du solltest diese Freundschaften pflegen, selbst während sie dich pflegen. Wenn man auf der anderen Seite steht, gibt es nichts Schlimmeres als das Endlosgequatsche einer trennungsbesessenen Freundin, die einem nicht zuhört oder sich keinen Ratschlag erteilen lässt. Vergiss eines nicht: Deine Freunde wollen, dass du glücklich bist. Sie wollen dich in einer erfolgreichen, liebevollen und funktionierenden Beziehung sehen, die dich inspiriert, zu Hochform aufzulaufen, nicht in einer schmerzhaften und schwierigen Beziehung. Mehr noch: Deine Freunde können deinen Ex und deine

Beziehung als das betrachten, was sie ist – mit allen Fehlern und Unzulänglichkeiten –, und kaufen dir die weichgespülte Version von der perfekten Liebe nicht ab, die du ihnen servierst.

In einem halben Jahr, wenn du dich in einer völlig anderen emotionalen Sphäre befindest (wenn nicht sogar in einer besseren Beziehung), wirst du auf diese Zeit zurückblicken und im Hinblick auf deinen Umgang mit den Menschen um dich herum ein gutes Gefühl haben wollen. Du willst keine Visionen von Lily Taylor haben, wie sie beim Karaoke »Joe Lies« singt, während ihre Freunde unbehagliche Blicke tauschen. (Wenn du diesen Film, Cameron Crowes *Teen Lover* von 1989, noch nie gesehen hast, lauf – *laufen*, nicht gehen – in die nächste Videothek und hol ihn dir. Aber erwarte nicht, dass dein Ex mit einem Ghettoblaster auf der Schulter bei dir im Vorgarten steht.)

Schon klar… deine Freunde sollen immer bei dir sein, aber hab um Himmels willen ein Einsehen mit ihnen und hör eine Minute lang auf, über deinen Ex zu faseln! Wir haben alle diese Tonbänder, die in unseren Köpfen ablaufen – wie hießen die Dinger noch? Ach ja, Gedanken. Aber einige davon sind nur für den eigenen Kopf bestimmt. Man braucht nicht jeden einzelnen mit anderen Menschen zu teilen. Wo wir schon dabei sind – hör auf, sie dir selbst ständig anzuhören! Wenn du pausenlos nur deine negativen Gedanken hörst, bestätigst du damit lediglich ihre Gültigkeit. Diese Gedanken sind wie ein ungezogenes Kind – wenn du dem schlechten Benehmen Beachtung schenkst, ermutigst du es nur zu noch schlimmeren Ausbrüchen. Wir sagen das mit einem Höchstmaß an Liebe und Mitgefühl für dich – aber schalt einen Gang runter und versuch zu verstehen, weshalb du dich bewusst bemühen musst, deine Freunde in dieser Phase nicht endlosen Fragen, endlosen Tränenausbrüchen und endlosen Analyseversuchen auszusetzen. Von einem Kerl in die Wüste geschickt zu werden, ist eine Sache, von seinen Freunden abserviert zu werden, ist eine ganz andere, weil sie nicht einmal für Trennungssex zur Verfügung stehen.

Du bist ein wunderbarer Mensch, und all deine Freunde wissen das. Sie stehen auf Abruf bereit, um dir zu helfen, über diesen Penner hinwegzukommen, der sowieso nicht der Richtige für dich war. Im Moment steckst du im Strudel der Trennungsmelancholie. Sie ist eine schier übermächtige Falle, die dich verschlingt, blind für all die schlechten, ungesunden und miesen Phasen in deiner Beziehung macht und dir nur Bilder von den besten Momenten liefert, während sie all die Gründe aus deinem Gehirn tilgt, warum es nicht funktioniert hat. Es ist wie in *Uhrwerk Orange*. Du bist an diesen Stuhl gefesselt, und deine Augen werden von diesem merkwürdigen Wimpernzangending offen gehalten, während zu den Klängen von Coldplay oder klassischer Musik Filme mit euren glücklichsten Momenten vorbeiparadieren. Deine Freunde hingegen sagen: »Hey, Süße, wieso hörst du nicht auf, dich an diesen Stuhl zu fesseln, sondern setzt dich zu uns?« Leider sieht es so aus, dass deine Freunde, wenn du nicht auf sie hörst und ihren Rat annimmst, deiner irgendwann müde werden. Also, hör auf das, was sie sagen. Und was immer du auch tust, gib nicht ihnen die Schuld, wenn sie dir die mehr als dürftigen Qualitäten deines Exfreunds vor Augen führen oder versuchen, dir ein realistisches Bild von deiner alles andere als perfekten Beziehung zu vermitteln. Dafür sind sie da – um dir zu helfen, von diesem Stuhl aufzustehen und dein Leben wieder in die Hand zu nehmen. Im Gegenzug dafür musst du dir ein Zeitlimit setzen, wie lange du über die Vergangenheit schwadronieren willst. Versuch, es auf acht

Wochen zu beschränken. (Im zweiten Teil dieses Buches werden wir dir sagen, wie man das schafft.) Wenn du nach acht Wochen immer noch das Bedürfnis hast, ununterbrochen darüber zu reden, nimm professionelle Hilfe in Anspruch und lass deine Freude damit zufrieden. Oder rede mit deinem Hund. Er hört sowieso nur *bla-bla-bla*, was – lass dir das gesagt sein – genau das ist, als das deine Freunde es nach einer gewissen Zeit empfinden.

Aber, Greg,
ich hab da eine Frage...

Was ist, wenn meine Freunde sich irren?

Lieber Greg,

vor drei Monaten haben mein Freund und ich uns nach fast vier Jahren getrennt. Obwohl es eine beidseitige Entscheidung war, frage ich mich jetzt, ob es auch die richtige war. Alle meine Freunde finden, ich sollte mein Leben endlich in die Hand nehmen, weil ich praktisch mein gesamtes Erwachsenenleben nur mit ihm zusammen war (wir haben uns auf dem College kennen gelernt, das ich vor drei Jahren abgeschlossen habe). Sie sagen, ich hätte in einem Vakuum gelebt, und sie seien es leid, sich ständig mein Gejammer anhören zu müssen, außerdem hätten sie ihn ohnehin nie leiden können. Aber je länger ich diese Geschichte mit ihnen aufdrösele, umso mehr glaube ich, dass sie sich irren und nur nichts mehr davon hören wollen. Was denkst du? Tamara

Liebe Dröslerin,

die Leute vergessen immer eines: Auch mit Freunden verbindet einen eine Beziehung. Diese

Beziehungen erweisen sich am Ende immer als solider als diejenige, die man gerade hinter sich gelassen hat, und im Moment sind sie zweifellos wichtiger. Deine Freunde wollen das Beste für dich, und du musst dir darüber klar werden, dass sie diese Beziehung durchlebt haben wie du selbst, denn Freunde kümmern sich umeinander und haben am Leben des anderen teil. Also, akzeptiere ihre Meinung, und nimm dein Leben in die Hand. Du solltest nicht nur auf dein Gefühl vertrauen, das dir sagt, dass das Ende dieser Beziehung der richtige Schritt war, sondern auch die Tatsache, dass deine Freunde deine Entscheidung unterstützen, sollte dich in deinem Entschluss noch bestärken. Außerdem solltest du auf deinen Instinkt hören, wenn er dir sagt, dass deine Freunde deine Litaneien über eure Trennung satt haben. Lass es gut sein, und genieß die anderen Vorteile, die gute Freunde bieten: Spaß, Lachen, Klamotten zum Ausborgen und, was das Allerbeste ist, Aktivitäten, die nichts mit deinem Ex zu tun haben.

Aber sind Freunde nicht genau dafür da?

Lieber Greg,

es ist sieben Monate her, seit mein Freund mit mir Schluss gemacht hat. Ich habe das Gefühl, dass ich es ganz gut weggesteckt habe, wenn man bedenkt, dass wir fast ein Jahr zusammen waren und über Heirat gesprochen haben, bevor er aus heiterem Himmel beschlossen hat, dass er doch lieber keine feste Beziehung haben möchte. Aber der Hauptgrund, weshalb ich so gut damit fertig geworden bin, ist, dass meine Freunde mich die ganze Zeit darüber haben reden lassen. Es war mein Lösungsprozess, den ich durchmachen musste – jede einzelne Erklärung im Kopf durchspielen, wie er zu diesem Sinneswandel kommen konnte und warum ich ohne ihn viel besser dran bin. Außerdem hilft es, ein Ventil für all die qualvollen Fragen und Gefühle zu haben. Meine Freunde sind die allerbesten, und ich würde definitiv dasselbe für sie tun, wenn sie an meiner Stelle wären. Sieben Monate, das ist doch gar nicht soo lange, um damit fertig zu werden, oder?   Janet

Liebe Janet,

sieben Monate sind nicht zu lange, wenn man ein Stück am Broadway aufführen will. Aber alles andere – o je! Er ist nicht mehr Teil deines Lebens, wieso also bekommt er so viel Aufmerksamkeit und Zeit von dir? Heute ist der Tag, an dem du aufhören solltest, dich und deine Freunde damit zu quälen. Soweit ich sehen kann, haben deine Freundschaften ihre Schmerzgrenze erreicht. Gönn diesen Leuten eine Pause und lass es gut sein, bevor sie es tun. Du wirst nie herausfinden, warum er das Handtuch geworfen hat, und selbst wenn, tut dir die Erkenntnis über dieses »Warum« wahrscheinlich nur umso mehr weh, ohne etwas an der Realität zu ändern. Akzeptiere einfach, dass die Beziehung beendet ist, und stürz dich auf dein tolles neues Leben. Darüber reden heißt nicht, dass man etwas akzeptiert, sondern sich – im Gegenteil – weigert, die Tatsachen anzuerkennen.

Was ist, wenn meine beste Freundin immer noch mit ihm befreundet ist?

Lieber Greg,

ich habe meinen Ex durch meine beste Sandkastenfreundin Lindsey kennen gelernt. Sie steht nach wie vor in Kontakt zu ihm, weil sie in derselben Firma arbeiten, deshalb finde ich logischerweise, sie sollte mir sagen, was da läuft. Wie geht er mit der Trennung um? Hat er eine neue Freundin? Vermisst er mich, hat aber zu große Angst, es mir zu sagen, weil ich bei unserer Trennung so ausgeflippt bin? Kürzlich meinte sie sogar, sie sei es leid, dass ich ständig versuchen würde, irgendwelche Details aus ihr herauszukitzeln, und wir hatten einen Riesenstreit. Ist es falsch von mir, wenn ich möchte, dass sie ihn für mich im Auge behält? Sind Freunde nicht genau dafür da?

Coco

Liebe Coco Loco,

ja, es ist falsch von dir, von deiner Freundin Antworten zu verlangen. Sie ist die Kollegin deines Exfreunds und keine Spionin. Sie hat dir gesagt, dass sie sich nicht wohl dabei fühlt, was du respektieren solltest – sonst bist du keine gute Freundin. Es ist hart, zu wissen, dass sie Zugang zu Informationen über deinen Ex hat und du nicht, aber die Beziehung, über die du dir im Moment am meisten Gedanken machen solltest, ist die zwischen euch beiden. Sieh es doch mal so: Es ist sogar ziemlich cool von ihr, dich diesen Informationen nicht auszusetzen, die bestenfalls nutzlos und schlimmstenfalls sogar schmerzhaft für dich sind. Was ist schon dabei, wenn er eine neue Freundin hat? Das passiert nun einmal, wenn Menschen sich trennen. Die Details zu kennen, bringt ihn auch nicht wieder zurück, sondern es bewirkt höchstens, dass du noch länger mit dem Leben von jemandem verstrickt bist, der seinen Weg längst ohne dich geht. Es heißt Schluss machen, weil dann Schluss ist – das ist die einzige Information, die du brauchst.

Sollten meine Freunde nicht Partei ergreifen?

Lieber Greg,

es ist wirklich übel. Mein Ex und ich haben jede Menge gemeinsame Freunde, und als er mich betrogen hat, dachte ich, dass sich die meisten auf meine Seite stellen. Aber das haben sie nicht getan. Ehrlich gesagt ist es sogar so, als wäre nie etwas passiert. Wenn sie wirklich meine Freunde sind, wieso haben sie sich dann nicht von ihm distanziert? Ich weiß, dass ich so etwas nicht von ihnen verlangen kann, aber es verletzt mich sehr, dass sie nicht von selbst darauf gekommen sind. Wie können sie ihn nicht widerlich finden und stinkwütend auf ihn sein, nachdem er mir so etwas Schreckliches angetan hat? Wie soll ich damit umgehen?

Robin

Liebe Freundin in Not,

das ist eine beschissene Situation. Eine total beschissene. Es ist schwer zu verstehen, dass ein Verrat wie dieser von Menschen geflissentlich übersehen wird, denen du eigentlich am Herzen liegen solltest. Klingt, als wären sich deine Freunde nicht sicher, wie sie damit umgehen sollen, dass sie bei dieser Trennung zwischen euch beiden stehen. Natürlich kannst du sie nicht vor die Wahl stellen, aber es ist den Versuch zweifellos wert, mit ihnen zu reden und sie wissen zu lassen, wie du empfindest. Auf diese Weise haben sie Gelegenheit, ihre Loyalität zu demonstrieren. Trotzdem ist es offensichtlich an der Zeit, neue Freundschaften außerhalb des Dunstkreises deines Exfreunds zu schließen, insbesondere, wenn du das Gefühl hast, dass zwischen dir und deinen bisherigen Freunden unterschiedliche Wertvorstellungen bestehen. Die Aufteilung der Freunde geht bei einer Trennung nie ohne Probleme über die Bühne. Genau dasselbe ist mir auch passiert, und es hat verdammt wehgetan, als meine Freunde sich nicht auf meine Seite gestellt haben, sondern lieber weiter mit uns beiden befreundet bleiben wollten. Aber genau das hat mich gezwungen, mir neue Freunde zu suchen – wodurch ich am Ende meine Frau kennen gelernt habe. Wenn du mehr darüber wissen willst, lies den »Freunde teilen«-Kasten.

Bonusfragen

Was ist, wenn meine Freundin mich in den Wahnsinn treibt?

Lieber Greg,

ich möchte am liebsten mit meiner besten Freundin Schluss machen. Ich habe sie immer wie eine Schwester geliebt, aber jetzt könnte ich sie erwürgen. Sie war mit diesem Typen namens Mickey zusammen, den wir alle nicht ausstehen konnten – er war ein hinterhältiger Suffkopf, ein absolut mieser Typ auf der ganzen Linie, und wir haben ständig auf sie eingeredet, dass sie ihn in die Wüste schickt. Letztes Frühjahr hat sie es endlich getan, und wir sind fast ausgeflippt vor Begeisterung, aber jetzt hört sie nicht auf, über ihn und ihre total verkorkste Beziehung zu reden. In den ersten Monaten hat es mir nicht allzu viel ausgemacht, aber seither ist fast ein Jahr vergangen, mittlerweile wünsche ich mir beinahe, sie wäre wieder mit ihm zusammen, damit sie nur endlich die Klappe hält. Hilfe! Melissa

Liebe Miss Boston Strangler,

sie hat ihren Kerl vor gerade mal EINEM JAHR verloren – also bitte um Nachsicht! Okay, war nur ein Scherz. Du solltest nicht mit deiner besten Freundin Schluss machen, sondern eher ein paar klare Grenzen ziehen. Als Freundin ist es deine Pflicht, ihr zuzuhören, aber auch, den Trauerkloß wissen zu lassen, dass sie es eindeutig zu weit treibt und eure Freundschaft überstrapaziert. In dieser Phase tust du ihr keinen Gefallen, wenn du nachsichtig mit ihr bist. Indem du ihr verdeutlichst – so nett wie möglich –, dass du ihr Geschwafel leid bist, lässt du sie auch wissen, dass sie ein Problem hat. Vielleicht bewegt sie das zum Entschluss, sich professionelle Hilfe zu suchen oder einfach aufzuhören, ständig von Mickey der Ratte zu faseln. (Meine Güte, wie ich diesen Mäuserich hasse!) Wenn sie mit deiner Ehrlichkeit nicht klarkommt und deine Grenzen nicht respektiert, solltest du dir überlegen, eure Freundschaft für eine Weile auf Eis zu legen. Du kannst sie später immer noch wieder aufnehmen, wenn deine Freundin besser drauf ist oder jemand anderen zum Reden gefunden hat.

Was ist, wenn ihr »Ex« mein Dad ist?

Lieber Greg,

mein Vater hat meine Mutter nach fast zwanzig Ehejahren verlassen, weil er sie anscheinend nicht mehr liebt. Mir ist schon klar, dass das wahnsinnig wehtun muss und meine Mom sehr darunter leidet, aber sie hört einfach nicht auf, über ihn zu reden. Ich bin fast 16 und fange gerade an, selbst mit Männern auszugehen, und sie macht mir echt Angst. Jeden Tag darf ich mir eine neue Warnung nach dem Motto »...und lass dich bloß mit keinem Mann ein, die sind alle wie dein Vater« anhören. Es tut mir wahnsinnig leid für sie. Sie weint ununterbrochen. Sie ist wütend. Sie ist in einem echt üblen Zustand. Ich lebe bei ihr, deshalb weiß ich, dass sie diese Situation innerlich kaputt macht, aber er ist immer noch MEIN DAD, und ich liebe ihn. Was kann ich tun, um für meine Mom da zu sein, ohne aber Partei zu ergreifen? Trista

Liebes Trennungskind,

du musst deiner Mutter noch heute sagen, sie soll damit aufhören! Das Problem ist, dass du zwar ihre Freundin sein magst, aber in allererster Linie bist du ihre Tochter, deshalb ist es ihre Pflicht, sich um *dich* zu kümmern. Auf deinem Vater herumzuhacken, ist für keine von euch gut. Du musst ihr bewusst machen, was sie da tut. Sag ihr, wie du dich fühlst, wenn sie schlecht über deinen Dad spricht (zum Beispiel: »Es tut mir weh, wenn du so über Dad redest – ich liebe ihn.«). Ich bin sicher, sie tut es nicht mit Absicht, also sag ihr, dass sie sich mit einem Fachmann oder zumindest mit einer Freundin ihres Alters über dieses Problem unterhalten muss. Und was dein eigenes Liebesleben angeht, solltest du dafür sorgen, dass es deine eigenen Erfahrungen sind, die du machst, nicht die deiner Mutter. Vergiss nicht: Du kannst deine Mutter unterstützen, indem du ihr etwas Gutes tust – außer ihr Kummerkasten zu sein. Versuch, sie zu ermutigen, dass sie ihre Energie in positivere Richtungen lenkt. Viel Glück, Süße!

Das Gute an all dem Übel...

Wir wissen nicht, wie du dich bei früheren Trennungen verhalten hast, und vielleicht erinnerst du dich selbst nicht mehr daran, aber deine Freunde tun es. Jede Wette. Das heißt, wenn du deine vorherigen Trennungen nicht anständig über die Bühne gebracht hast, machen sie sich innerlich bereits auf die nächsten Tränenströme, die nächtlichen Telefonanrufe und Endlosleiern gefasst, die dich in den nächsten Monaten zu keiner angenehmen Gesellschaft machen. Die gute Nachricht ist, dass du jetzt Gelegenheit hast, dir vorzunehmen, dich bei dieser Trennung anders zu verhalten – selbstloser und mit einem Minimum an Haltung. Nimm dir vor, rücksichtsvoll und klug mit deinen Freunden und dem umzugehen, was sie dir geben. Ja, du bist frisch getrennt, und das ist schlimm, trotzdem kann man seinen Schmerz auch in vernünftigen Bahnen halten.

Freunde teilen

Kaum etwas belastet eine Freundschaft mehr als die Trennung von zwei gemeinsamen Freunden. Wenn wir eines aus all unseren Trennungen gelernt haben, dann ist es die Tatsache, dass es immer wieder eine Überraschung ist, auf welche Seite sich die Freunde stellen. Es ist, als würde man sich eine Völkerballmannschaft zusammensuchen, nur dass hierbei nicht die Spielführer entscheiden, wen sie im Team haben wollen, sondern sich die Spieler das Team selbst aussuchen – falls sie überhaupt mitspielen wollen. Partei ergreifen zu müssen, ist fast unmöglich, es sei denn, es existiert bereits eine klare Trennung oder wurde durch ein besonders abstoßendes Verhalten eines der Beteiligten zwangsläufig gezogen. Unter normalen Umständen vollzieht sich die Trennung zwischen dem Paar selbst und sonst niemandem. Mit diesem Gedanken im Hinterkopf schlagen wir vor, ihr seht euch im Fall einer Trennung die Leute, die ihr als eure Freunde bezeichnet, genau an und fragt euch, auf welchem Fundament die jeweiligen Freundschaften stehen. Die Antworten darauf werden euch helfen, mit den Schwierigkeiten und Komplikationen fertig zu werden, die in dieser Phase auf euch zukommen können.

Besagte Freundschaften lassen sich in drei Kategorien aufteilen: deine Freunde, seine Freunde und gemeinsame Freunde.

Gemeinsame Freunde

Je länger ihr zusammen wart, umso mehr gemeinsame Freunde werdet ihr wohl haben. Sie sind am schwierigsten aufzuteilen. Das Problem ist, dass man keine Kontrolle über andere Menschen hat. Sie fühlen so, wie sie fühlen, und tun, was sie tun wollen. Insofern kannst du nur den Entschluss fassen, was für dich das Richtige ist, mit welcher Lösung du dich am wohlsten fühlst, und alles andere auf dich zukommen lassen. Trennungen können auch für deine Freunde schwierig sein. Sie wissen nicht, wem sie ihre Loyalität schenken sollen, möchten sich lieber nicht zwischen euch entscheiden müssen, und wünschen sich wahrscheinlich, ihr beide wärt zusammengeblieben, weil es auf diese Weise einfacher für alle gewesen wäre.

Also, macht ihnen das Leben nicht schwer, indem ihr sie zwingt, Partei zu ergreifen. Lasst sie selbst entscheiden, ob sie dein Freund, sein Freund oder euer beider Freund sein wollen. Manche wollen sich nicht in eure Trennung hineinziehen lassen. Das müsst ihr respektieren und selbst wissen, ob ihr damit klarkommt. Für die Freunde, die ernsthaft weiter mit beiden befreundet bleiben wollen, müsst ihr Grenzen ziehen, mit denen alle Beteiligten leben können. Zum Beispiel: Wie wohl fühlst du dich dabei, wenn du mit mir über das Problem Trennung redest? Macht es dir etwas aus, wenn ich nicht bei den Partys oder Ereignissen bin, bei denen er auch auftaucht, und stört es dich, eine Zeit lang nur mit mir allein etwas zu unternehmen? Wenn du glaubst, es sei zu schwierig für dich, mit deinen Freunden zusammen zu sein, weil sie nach wie vor mit dem Kerl befreundet sind, der dich betrogen hat, steig aus dem Team aus, oder schick die Freundschaft zumindest für eine Weile auf die Wartebank.

Seine Freunde

Wir wissen, wie sehr du an seinen Freunden hängst. Sie waren so witzig und cool, besonders seine echt süße Schwester, die eine deiner besten Freundinnen geworden ist. Aber sie sind *seine* Freunde. Lass die Finger von ihnen. Wenn sie mit dir befreundet sein wollen, werden sie schon von allein auf dich zukommen. Respektiere die Tatsache, dass sie dich zwar bestimmt mögen, aber wahrscheinlich nicht hören wollen, was für ein Drecksack er ist, und es ihnen lieber wäre, wenn du sie nicht nach ihm ausfragen würdest. Und sei ehrlich bei der Frage, weshalb du mit ihnen befreundet sein möchtest – hoffentlich nur wegen ihrer wunderbaren Eigenschaften und nicht, weil sie sich in seinem Dunstkreis befinden. Deine Freunde sind deine Freunde. Seine Freunde gehören ihm. Betrachte sie wie eine Jeans: Nur weil du echt begeistert davon bist, gehört sie noch lange nicht dir.

Deine Freunde

Wie erwähnt, sind deine Freunde das Wichtigste, was du jetzt haben kannst. Obwohl einige von ihnen auch zu Freunden deines Exfreunds geworden sein mögen, werden sich alle fraglos auf deine Seite schlagen, sofern du dich nicht zu einem absoluten Ungeheuer entwickelt hast. Mag sein, dass der eine oder andere in Kontakt mit deinem Ex bleibt, wenn die Trennung freundschaftlich abgelaufen ist oder andere besondere Umstände vorliegen (wie zum Beispiel, dass sie in derselben Firma arbeiten). Du musst entscheiden, ob das in Ordnung für dich ist, und ehrlich mit dem Betreffenden darüber reden. Deine wahren Freunde respektieren deine Bedürfnisse in dieser Phase und tun alles in ihrer Macht Stehende, um dich zu unterstützen. Im Gegenzug kannst du ihnen Brownies backen (Rezept hier im Buch am Ende des Kapitels) oder zumindest dafür sorgen, dass sie wissen, wie gern du sie hast und ihren Stellenwert in deinem Leben schätzt.

Vorschlag: Ruf deine besten Freunde an und sag ihnen: »Hey, ich stecke wirklich in der Klemme und brauche eure Hilfe.« Lass sie wissen, dass es vielleicht eine Weile dauern wird, aber wenn wenigstens einer von ihnen eine Stunde am Tag für dich erübrigen könnte, wärst du sehr dankbar. Auf diese Weise kannst du dein Bedürfnis nach Trauer und Wutausbrüchen ausleben, ohne jemanden zu zwingen, die ganze Last allein auf den Schultern zu tragen. Sie werden deinem Wunsch bestimmt nachkommen (es sei denn, deine Freunde sind echt miese Typen). Nicht nur das, sondern da du auch so nett warst und vorher darum gebeten hast, werden sie bestimmt alles tun, um diese Situation gemeinsam mit dir durchzustehen. Lass sie einfach wissen, dass sie dir am Herzen liegen. Und, was noch viel wichtiger ist, hör dir ihre Meinung an – sie sind deine Freunde, weil sie dich lieben. Ihre Ermutigungen und ihre Objektivität in dieser Angelegenheit werden dir helfen, deinen Kummer zu überwinden, aber du musst schon die tränennassen Papiertaschentücher aus den Ohren nehmen, um auch zu hören, was sie zu sagen haben. Wie kommen diese Dinger überhaupt da hinein?

Was ich falsch gemacht habe
von Greg

»Greg! Wenn du nicht damit aufhörst, hau ich dir eine rein!«

»Aber du hast keine Ahnung, was ich durchmache, Mann.«

»Doch, leider habe ich das, weil du in den letzten sechs Monaten von nichts anderem geredet hast.«

»Ich weiß, aber es hilft nun mal, darüber zu reden.«

»In diesem Punkt muss ich dir widersprechen. Wenn du mich fragst, bist du noch genauso daneben wie an dem Tag, als es passiert ist. Nur dass ich dich inzwischen nicht mehr leiden kann.«

»Aber du bist doch mein Freund.«

»Stimmt, aber du hörst mir nicht zu. Ich habe dir jede Menge Vorschläge gemacht, wie du darüber hinwegkommen kannst. Ich habe versucht, dich zu anderen Aktivitäten zu bewegen, außer trinken und in Selbstmitleid baden, und ich habe dir empfohlen, dass du dir professionelle Hilfe suchst. Aber mir ist klar geworden, dass du nicht *mit mir redest*, sondern *zu mir sprichst*. Du willst meine Hilfe gar nicht. Du willst dich wie ein Stück Scheiße fühlen. Es gefällt dir, etwas zu haben, worüber du unglücklich sein kannst, deshalb werde ich dich jetzt allein lassen, weil ich dieses ewige Gejammere verdammt noch mal nicht mehr ertragen kann!«

Wow, üble Sache. Aber so lief die Unterhaltung mit einigen meiner besten Freunde und auch etlichen Barkeepern ab. Das Problem ist, dass es einige Zeit gedauert hat, diese Freundschaften wieder zu kitten, also musste ich eine Zeit lang nicht nur ohne die Frau leben, die ich liebte, sondern hatte auch keine Freunde mehr. Freunde sind alles, was wir manchmal haben, und genau in diesen düsteren Zeiten müssen wir nicht nur ihre Gegenwart schätzen, sondern ihnen wirklich zuhören und uns bemühen, über das nachzudenken, was sie uns zu sagen haben. Ob man es weiß oder nicht, aber sie haben diese Beziehung mit einem durchlebt und verfügen somit über einen gewissen Einblick. Also, hör endlich auf, über deinen Expartner zu faseln, Herrgott noch mal!

Wie ich es überstanden habe
von Amiira

Wie erwähnt, habe ich mich von der ersten Sekunde meiner Trennung an auf meine Freunde gestützt. Ich habe sie in die Pflicht genommen, und sie standen unverzüglich und Gewehr bei Fuß parat, um mir durch diese entsetzliche Phase zu helfen. Bis zu einem gewissen Grad hatten sie natürlich Mitleid mit mir, aber sie hatten lange vor mir erkannt, dass meine Beziehung eine Katastrophe war. Sie hatten sich mit meinen Ausreden und meinem ständigen Kummer arrangieren müssen, als ich noch in dieser miserablen Beziehung gesteckt hatte. Deshalb war es, als sie endete, keine allzu große Überraschung für meinen engsten Freundeskreis, sondern wurde mit einem kollektiven Seufzer der Erleichterung aufgenommen. Oft merken wir es nicht, aber unsere Freunde erleben unsere Beziehung aus der Perspektive des Beobachters und können somit Dinge objektiv beurteilen, wie es uns nicht möglich ist. Das ist ein echter Segen. Wann immer ich traurig oder melancholisch wegen etwas wurde, was toll an meinem Ex war, hielten mir meine Freunde mindestens zwanzig andere Dinge vor, die alles andere als toll waren. Sie haben mir nicht gestattet, die rosarote Brille aufzusetzen und die Vergangenheit zu romantisieren. Stattdessen haben sie dafür gesorgt, dass ich meine Beziehung sah, wie sie in diesem

Moment war und sich all die Jahre vorher dargestellt hatte. Sie appellierten an meine Vernunft, an meinen Stolz, an meine Hoffnungen und meine Träume davon, wie die Liebe sein sollte; sie haben mich erkennen lassen, dass mir zwar das Herz blutete und ich mich in diese miese Ehe zurücksehnte, weil die Welt, die sich vor mir auftat, neu und fremd war, ich jedoch als selbstbewusster Mensch mit einem Minimum an Selbstrespekt definitiv nicht dort sein sollte.

Wow, was für ein cooler Gedanke!

Selbst Halle Berry ist schon mal sitzen gelassen worden. (Was für ein Schwachkopf kommt auf so eine Idee!?)

Hausaufgabenbuch für Traurige

Schreib jeden Gedanken, der dir zu deinem Ex einfällt, auf ein Blatt Papier: jede unbeantwortete Frage, jeden Anflug von Reue, Boshaftigkeit oder Melancholie, jedes sexy Detail, jeden Songtext, jede Eigenschaft, die dich an ihm wahnsinnig gemacht hat, jeden schwerwiegenden Makel, jedes Geheimnis, das nur ihr beide kennt, und so weiter... Jetzt zerknülle dieses Blatt, wirf es in den Papierkorb und merk dir den Anblick, wie der Papierball dort drin liegt. So sieht es im Kopf deiner Freunde aus, wenn du ständig nur über dieses Thema redest.

Vielleicht ist es an der Zeit, deinen Freunden deine Wertschätzung zu zeigen, indem du ihnen ein Blech von Amiiras berühmten Crack Brownies backst (keine Sorge, es werden keine illegalen Substanzen darin verarbeitet). Wir versprechen dir, dass sie alle deine Sünden beim ersten Bissen vergessen werden!

Crack Brownies

50 Karamellbonbons
⅓ Tasse magere Kondensmilch
1 Fertigpackung Schokoladenkuchen
¾ Tasse geschmolzene Butter (keine Margarine)
⅓ Tasse magere Kondensmilch (ja, noch ⅓ Tasse)
2 Tassen Milchschokoladenflocken (oder Zartbitter, wenn du zu den Fans von dunkler Schokolade gehörst).

Ofen auf 180 Grad vorheizen. Karamellbonbons und die ⅓ Tasse Kondensmilch in eine Pfanne geben. Langsam und unter ständigem Rühren bei geringer Hitze erwärmen, bis die Bonbons geschmolzen sind. Ein kleines Backblech (ca. 22 × 33 Zentimeter) einfetten und mit Mehl bestäuben. Die Kuchenmischung, die geschmolzene Butter und die zweite ⅓ Tasse Kondensmilch in eine Rührschüssel geben und von Hand verrühren, bis ein fester Teig entsteht. Den Teig in zwei Hälften teilen und die eine Hälfte auf dem Backblech verteilen. Bei 180 Grad 8–9 Minuten backen. Aus dem Ofen nehmen und die Schokoladenflocken darüber verteilen, dann zuerst die Karamellmasse und anschließend die zweite Teighälfte darauf geben. Wieder in den Ofen schieben und weitere 20 Minuten backen. Aus dem Ofen nehmen, 15 Minuten abkühlen lassen und in quadratische Stücke schneiden. Vor dem Servieren mindestens 30 Minuten in den Kühlschrank stellen, da der Teig bei Raumtemperatur klebrig wird.

Und jetzt lade deine Freunde ein und versprich ihnen, dass ihr nur über sie statt über dich redet, während sie da sind. Und zwar ausschließlich!

Psycho-Beichtstuhl

Als mein Freund mit mir Schluss gemacht hat, habe ich im wahrsten Sinne des Wortes schier den Verstand verloren. Ich konnte nicht aufhören, über ihn zu faseln, und habe so meine Freunde einen nach dem anderen damit vergrault. Anfangs haben sie meine Anrufe nicht mehr entgegengenommen, dann haben viele nicht mehr zurückgerufen. Als drei meiner Freunde sich eine neue Handynummer zulegten, sich aber immer dann an die Nummer nicht erinnern konnten, wenn ich sie darum bat, dämmerte es mir. Am Ende habe ich mich mit meiner ältesten Freundin zusammengesetzt und sie gefragt, was los ist. Sollen Freunde einem nicht durch eine solche Phase helfen? Tja, mit aller Zuneigung, die sie aufbringen konnte, hat sie mir erklärt, ich sei einfach zu weit gegangen, als ich meinen Namen mit Dünger in den Vorgarten meines Exfreundes geätzt hätte. So leid ich ihnen auch täte, aber bei Vandalismus würden sie das Handtuch werfen. Danach habe ich mir einen Therapeuten gesucht, und meine Freunde haben mir nach und nach ihre Telefonnummern wiedergegeben.

Anonym
Lawrence, Kansas

Ort des Geschehens: Schlafzimmer, Tag

Die Vorhänge sind zugezogen, während Bett und Boden mit Beweisstücken (DVD-Verpackungen, Essensschachteln vom Lieferservice etc...) übersät sind, was darauf schließen lässt, dass hier jemand für geraume Zeit sein Lager aufgeschlagen hat.

Unter der Decke dringt eine Stimme hervor.

SHANA: Mir geht es leider immer noch nicht besser. Ich glaube, ich bleibe heute noch mal zu Hause. (Pause.) Wie bitte? (Pause.) Aber ich war doch nur ein paar Wochen nicht da... (Pause.) Was meinen Sie damit, ich arbeite nicht mehr bei Ihnen? (Pause.) Wann haben Sie mich gefeuert? (Wieder Pause.) Oh... Muss ich aufstehen, um einen Antrag auf Arbeitslosengeld auszufüllen?

5
Höf auf, dich krankzumelden

Wie spät ist es, wenn du zum 52. Mal die Schlummertaste gedrückt hast? Höchste Zeit, zu begreifen, dass du eine Trennung nicht verschlafen kannst. Obwohl es sich angenehm anfühlt, so viel steht fest. Die Flucht in die unergründliche Dunkelheit des Schlafs lindert deinen Schmerz – doch es ist auch eine Flucht vor der Realität, die dich daran hindert, dich mit den Tatsachen auseinanderzusetzen. »Aber hier im Bett ist es doch so gemütlich«, bettelst du. Das stimmt, aber das wird schon bald seinen Reiz verloren haben, insbesondere dann, wenn du deinen Job verloren hast und dir der Strom abgeschaltet wird, weil du verpennst, die Rechnung zu bezahlen.

Dann sind da noch all jene, die Abend für Abend wach im Bett liegen und flehen, der Sandmann möge ihnen eine Mütze voll Schlaf bringen, ihnen einen Aufschub von ihrem Unglück gewähren; jene armen Seelen, deren von Sorgen geplagten Hirne ihnen keine Ruhe gönnen, sondern ununterbrochen das Endlos-Band »Warum? Warum? Warum?« ablaufen lassen. Unter welche Kategorie du auch fallen magst, unser Ratschlag bleibt derselbe: Melde dich heute nicht krank. Du kannst deinem Leben nicht aus dem Weg gehen.

Sieh es doch mal so: Er hat dir dein Herz und deine gute Laune gestohlen, und jetzt willst du ihm auch noch deinen Job schenken? In Zeiten wie diesen solltest du ausflippen vor Freude, weil du etwas hast, wo du jeden Tag hingehen kannst. Einen Ort, wo es nur um dich und die Leistung geht, die du erbringen kannst, unabhängig von deinem Beziehungsstatus. Umarme deinen Boss (natürlich nicht im wahren Wortsinn, weil das nur für Verwirrung sorgen würde) und bitte ihn, dir den Schreibtisch vollzupacken. Untätige Hände sind in dieser Situation Werkzeuge des Teufels, wohingegen viel Arbeit das Beste ist, was dir jetzt passieren kann. Sie fordert dich, weil du jemandem oder etwas Rechenschaft schuldig bist – nicht nur dir selbst, deinem Sofa und deinem *Sex and the City*-Marathon. Wenn du keinen Job hast, ist es vielleicht an der Zeit, dir einen zu besorgen. Und all das wird sich nicht vom Bett aus regeln lassen. Nicht viele Chefs sind der Ansicht, dass sie einen Mitarbeiter brauchen, der viel schläft.

Wenn dich entweder eine unüberwindliche Lethargie oder massive Schlaflosigkeit quält, leidest du womöglich an einer Depression. Wir wollen damit nicht andeuten, dass diese Symptome nicht real oder unberechtigt sind. Sei dir nur darüber im Klaren, dass sie wie Treibsand sein können. Sobald du erst einmal in dieses Verhaltensmuster verfallen bist, ist es schwierig, wieder herauszukommen. Die Energie nicht aufzubringen, etwas anderes zu tun, als sich selbst zu bedauern, ist definitiv ein Symptom für eine Depression. Und wie bei jedem anderen Problem musst du zuerst in der Lage sein, es zu erkennen, bevor du etwas dagegen unternehmen kannst.

Das ist der Grund, weshalb wir dir raten: Stürz dich in deine Arbeit! Mit dem Kopf voran in dein neues Leben. Kämpfe dagegen an, dich wie ein Baby zusammenzurollen, fülle deine Tage mit so vielen Aktivitäten aus, wie du nur kannst. Ruf diese alte Freundin an, mit der du dich schon eine Ewigkeit treffen wolltest, lade all deine CDs auf deinen iPod oder staub das Klavier in der Ecke ab. Die Tatsache, dass du beschäftigt bist und auch dein Kopf nicht untätig bleibt, wird dir helfen, diese Zeit zu überstehen und dich vor einer echten Depression bewahren. Wir wissen, dass alles ganz schrecklich ist, aber du musst dich zwingen, diesen behaglichen, kuscheligen Kokon deines Bettes zu verlassen und dafür zu sorgen, dass der herrlich bunte Schmetterling in dir wieder zum Vorschein kommt.

Aber, Greg, ich hab da eine Frage ...

Was ist, wenn ich es einfach nicht schaffe, aus dem Bett aufzustehen?

Lieber Greg,

nachdem mein Freund mit mir Schluss gemacht hat, konnte ich einen Monat lang das Bett nicht mehr verlassen. Ich konnte nichts essen und sah keinen Anlass, unter die Dusche zu steigen oder auch nur meinen Schlafanzug auszuziehen, ganz zu schweigen davon, meinen Hintern vor die Tür zu bewegen. Ich konnte nichts anderes tun als schlafen. Ich habe nicht einmal die Vorhänge in meinem Zimmer zurückgezogen. Ich war in tiefer Trauer, habe den gesamten Unterricht geschwänzt und in manchen Fächern sogar schlechte Noten wegen Nichterscheinens bekommen, so dass ich die Prüfungen jetzt über den Sommer nachholen muss. Eigentlich bin ich noch nicht bereit, mein Leben wieder in die Hand zu nehmen, will aber auch nicht wegen dieses Kerls vom College fliegen. Wie soll ich es schaffen, die Kurve zu kratzen, wo ich noch nicht mal die Kraft aufbringe, aus dem Bett zu steigen? Callie

Liebe Kurvenkratzerin,

tu es einfach! Sag dir jeden Tag: »Ich habe diesem Kerl nun fast ein Semester nachgetrauert, und jetzt ruiniert er mich und die Pläne, die ich für mein Leben habe.« Fang mit etwas Einfachem an. Steh auf und geh eine Runde um den Block. Ruf eine Freundin an und bitte sie, dich zu begleiten, damit der Druck ein wenig größer wird. Sobald du das geschafft hast, setz dir einfache, kleine Ziele und versuche, jeden Tag einige von ihnen zu erreichen, wie zum Beispiel, einkaufen zu gehen, deine Eltern und Freunde anzurufen, dir ein paar coole Klamotten fürs neue Semester zu besorgen. Stück für Stück wirst du zum alten Leben einer Spitzenfrau zurückfinden. Glaub mir – er ist nicht der einzige Kerl auf der Welt, den du jemals lieben wirst. Tatsache ist: Höchstwahrscheinlich findest du bald eine viel größere Liebe, aber bestimmt nicht, wenn du in deinem abgedunkelten Zimmer liegst und schläfst. (Wenn du einen Mann in deinem dunklen Zimmer findest, sieh es als Warnsignal!)

Was ist, wenn ich nicht mehr weiß, wer ich eigentlich bin?

Lieber Greg,

ich habe die schlimmste Trennung durchlebt, die man sich vorstellen kann. Drei Jahre vollkommenen Glücks wurden die Toilette hinuntergespült, weil er sein Ding nicht in der Hose behalten konnte. Noch nie in meinem Leben bin ich so gedemütigt und verletzt worden. Ich kenne das Mädchen sogar, denn – ist das zu fassen! – es ist seine Sekretärin. Was für ein besch… Klischee. Am Anfang war ich so fertig, dass ich nicht einmal die Energie aufbrachte, ein Bad zu nehmen. Ich konnte es einfach nicht fassen, dass mein ganzes Leben so kaputtgehen konnte. Nach anderthalb Wochen sah ich mich eingehend an und kam zu dem Schluss, dass die Frau im Spiegel mit den strähnigen Haaren und dem fleckigen T-Shirt nicht das ist, was ich sein will. Aber ich weiß nicht mehr, wer ich bin, weil sich mein ganzes Leben immer nur um ihn und unsere gemeinsame Zukunft gedreht hat. Was soll ich jetzt tun? Emily

Liebe Identitätssuchende,

es wird Zeit, die neue Emily kennen zu lernen. Wer sie ist? Keine Ahnung, aber sie tritt jeden Moment aus der Dusche. Sie zieht ihre Lieblingsjeans und ein heißes Top an, frisiert sich und legt ein tolles Make-up (das ist optional, weil nicht alle Frauen Make-up tragen, aber ein Hauch Lipgloss kann wahre Wunder wirken) auf. Dann wirft sie einen ausgiebigen Blick in den Spiegel und weiß, dass sie ihr eigener größter Trost und beste Freundin ist. Heute ist der Tag, an dem du dein Selbst zurückeroberst und erkennen wirst, dass sich das Leben niemals nur um einen anderen Menschen drehen sollte, egal wer es ist.

Er war nicht die Sonne, sondern eher Pluto, ein Asteroid oder irgendeine Gaswolke. Das Einzige, wovon Menschen offenbar nie genug bekommen, ist Zeit für sich selbst. Tja, jetzt hast du sie, und du kannst alles damit anfangen, was du willst. Selbst Dinge, die du noch nie vorher getan hast, wie Autorennen fahren, surfen oder eine Band gründen. Okay, dann ist all das eben nicht das Richtige für dich, aber du verstehst, worauf ich hinauswill. Er hat dich einmal betrogen, aber lass nicht zu, dass er dich auch noch um ein tolles Leben betrügt. Wer ist die neue Emily? Höchste Zeit, dass du anfängst, es auszuprobieren, dich zu amüsieren und es herauszufinden.

Wieso nehme ich es nur so schwer?

Lieber Greg,

ich kann nicht schlafen. Ich weiß nicht, ob es daran liegt, dass ich so sehr daran gewöhnt bin, neben meinem Exfreund zu schlafen, weswegen sich das Bett auf einmal zu groß anfühlt, oder weil ich nicht aufhören kann, wieder und wieder »das letzte Gespräch« im Geiste abzuspulen, auf der Suche nach Hinweisen, was schiefgelaufen ist. Wie auch immer, ich verliere allmählich den Verstand, sehe entsetzlich aus, und meine Arbeit leidet darunter. Ich komme zu spät zu Terminen, gebe meine Reports nicht rechtzeitig ab und erscheine verspätet oder manchmal auch überhaupt nicht zur Arbeit. Ich bin auch früher schon verlassen worden und habe selbst mehrmals mit dem Gedanken gespielt, mit meinem Ex Schluss zu machen, aber er ist mir zuvorgekommen. Was passiert hier?   Alix

Liebe Alix,

das menschliche Gehirn ist etwas wirklich Erstaunliches. Es verfügt über alle möglichen Mittel und Wege, dich wissen zu lassen, dass du in Schwierigkeiten steckst. Die Tatsache, dass du erkennst, dass dir gewisse Aspekte deines Lebens entgleiten, heißt, dein Gehirn möchte etwas daran ändern, weiß aber nicht, wie. Wenn es nicht besser wird, gibt es erfahrene Therapeuten, Ärzte und Psychologen, die du im Telefonbuch, im Internet oder vielleicht auch über Freunde findest. Manchmal finden wir den Weg aus dem Dickicht unserer Gefühle nicht, und die beste Möglichkeit, das Problem zu lösen, ist, sich an Profis zu wenden, die es sich zur Aufgabe gemacht haben, den Leuten dabei zu helfen.

Aber was ist, wenn ich ihm nicht aus dem Weg gehen kann?

Lieber Greg,

mein Freund und ich haben Schluss gemacht, weil ich heiraten wollte und er nicht. Ich weiß, dass es die richtige Entscheidung war, weil ich eines Tages gern verheiratet sein möchte und meine Zeit nicht mit jemandem vergeuden sollte, der »nicht der Heiratstyp« ist. Aber wir arbeiten zusammen, deshalb ist es ziemlich unangenehm und schmerzlich, wenn wir uns sehen, weil ich ihn immer noch liebe. Ich habe lange krank gemacht und zu Hause geschlafen. Ich kann mich der Situation einfach nicht stellen. Denkst du, ich bin albern oder ein Schwächling, wenn ich um die Versetzung in eine andere Abteilung bitte, um ihn nicht mehr sehen zu müssen?   Genevieve

Liebes kluges Mädchen,

ich finde deine Fähigkeit zu erkennen, dass eine Versetzung das Allerbeste für dein Seelenheil ist, sogar toll. Es ist keineswegs eine Schwäche, sondern sehr, sehr klug. Und überhaupt nicht albern. Albern wäre es, in ein Clown-Outfit zu schlüpfen und in der Hoffnung zur Arbeit zu gehen, dass er dich nicht erkennt. Du hast es geschafft, dir klar zu machen, dass eure Beziehung beendet und es an der Zeit ist, dein Leben ohne ihn weiterzuleben. Das ist verdammt cool. Meiner Meinung nach solltest du dich nicht nur versetzen lassen, sondern deinen Urlaub in Anspruch nehmen, so dass du in der Woche davor an irgendeinem netten Ort Ferien machen kannst. Ich wünschte, mehr Menschen hätten den Mut, sich vor Augen zu halten, dass der Schlüssel, über jemanden hinwegzukommen, darin liegt, sich eine Auszeit zu nehmen und sich in eine Situation zu begeben, in der sie nur gewinnen können. Selbst wenn sich diese Versetzung nicht realisieren lässt, gibt es auch noch andere Jobs. Vielleicht ist das ein neuer Schub für deine Karriere, weil du offenbar klug, lernfähig und eine vielseitige Mitarbeiterin bist. Los, raus aus dem Bett und noch ein kleines bisschen durchhalten und lächle, denn du bist dabei, die Stufen zu überwinden, die du auf dem Weg zu einem neuen Kapitel deines Lebens überwinden musst.

Das Gute an all dem Übel ...

Das Gute an all dem Übel ist, dass du dein Leben zurückbekommen hast. Ich weiß, was du jetzt denkst: »Aber ich will
mein Leben gar nicht zurück haben. Ich will meine beschissene Beziehung wieder.« Aber deine beschissene Beziehung
will *dich* nicht mehr zurückhaben. Was keineswegs bedeutet,
dass mit dir etwas nicht stimmt. Verdammt, er sucht sich vielleicht sogar eine weniger talentierte Frau, weil er tief in seinem Innern Angst hat, deiner nicht würdig zu sein. Wie auch
immer – der Mensch, mit dem du zusammen warst, ist zu
dem Entschluss gelangt, dass er nicht mehr der Mann an deiner Seite sein möchte. Oder ihr seid beide zu diesem Entschluss gelangt. In jedem Fall ist es beschlossene Sache. Der
Schuh passt nicht mehr, wie heftig du auch die Zehen hinein-
rammst, also wirf ihn weg.

Diese Zeit ist ein Geschenk, du solltest dir darüber klar
werden, dass du eine Gelegenheit wie diese vielleicht nie
wieder bekommst. Deine nächste Beziehung könnte diejenige sein, die für immer bestehen bleibt, was ein toller Gedanke ist, wenngleich es bedeutet, dass du dann kaum mehr
Zeit zum Alleinsein haben wirst. Also, nütze die Gelegenheit,
um neue Seiten an dir zu entdecken und dich weiterzuentwickeln. Du hast die Chance, dich voll und ganz auf dich
selbst zu konzentrieren, was ein Luxus ist, den viele von uns
nie bekommen. Treib deine Karriere voran oder entschließ
dich, eine anzufangen, bilde dich weiter, bereise die Welt oder
bau diese Kegelbahn, die du immer schon haben wolltest.
Bring deinen Körper in Topform, lies all die Bücher, für die

du sonst nie die Zeit gefunden hast, erfinde eine neue Eis-creme-Geschmacksrichtung oder gestalte dein Wohnzimmer neu und schaff dir eine inspirierende Umgebung. Stürz dich auf diese Zeit und verbringe sie ganz egoistisch! Fang an, die Person zu werden, die du in deinen Träumen immer sein woll-test, nicht die Hülle derjenigen, die ihr Leben verschläft.

Was ich falsch gemacht habe
von Greg

Es ist ganz einfach, einen Job zu schmeißen, den man nicht hat. Es ist auch einfach, Freunde nicht anzurufen, wenn man keine besitzt, sich vor einer nicht existierenden Sportstunde zu drücken oder ein Hobby aufzugeben, das man nie be-trieben hat. Es ist einfach, einen Traum auf die lange Bank zu schieben, dem man nie nachgejagt hat. Aber es ist schwer, kein Leben zu besitzen. Als sich der Staub langsam legte und ich nüchtern wurde, merkte ich, dass das Hauptaugenmerk meines Lebens auf ihr und ihrer Abwesenheit gelegen hatte. Dazu müsst ihr Folgendes über mich wissen: Ich liebe es, verliebt zu sein. Ich liebe das Gefühl von Schmetterlingen im Bauch und den Kick des ersten Kusses. Ich liebe Nachrich-ten, E-Mails und Telefonbotschaften. Ich liebe die Gerüche, die Geräusche und Geschmäcker. Aber irgendwann in mei-nem Leben gab es eine Phase, in der ich es in vollen Zügen genoss, traurig und völlig fertig zu sein, exzessiv zu trinken, Depri-Indie-Rocksongs zu hören und den Tag zu verschlafen. Ich war abwechselnd »Der Kerl, der über beide Ohren verliebt ist« und »Der Kerl, der an der Liebe zerbricht«. Diese beiden Bilder gaben mir eine Identität. Aber als sich der Staub nach meiner dramatischen Trennung zu legen begann, war ich auf einmal »Der Kerl ohne jeden Plan«. Genau in dieser Phase kam mir ein irrer Gedanke: »Ich kann noch mal ganz von vorn anfangen.« Ich weiß, das klingt eigentlich nicht so spannend, von revolutionär ganz zu schweigen, aber genau das war es. Es ist wirklich sonderbar, wie einen manche Worte ein ganzes Leben lang begleiten können und immer wieder an einem abprallen. Aber wenn einem schlagartig klar wird, was Sache ist, wenn man sich nichts mehr wünscht als eine zweite Chance, wenn man die Art und Weise, wie man sein Leben lebt, verabscheut und sich unvermittelt eine Alternative auftut, können einem diese Worte das Leben retten. In Sekundenbruchteilen schien die Welt voller Möglichkeiten zu sein. Keine Ahnung, wie es dazu kam. Seit ich angefangen habe, mein Leben in die Hand zu nehmen, indem ich aus dem Bett aufgestanden, regelmäßig unter die Dusche und aus dem Haus gegangen bin, wurde ich immer offener für neue Ideen, weil mir tief in meinem Inneren klar wurde, dass das Leben, wie ich es gelebt hatte, nicht das Richtige für mich war. Meine Güte, ich habe acht Monate gebraucht, um zu erkennen, dass der erste Schritt darin besteht, jeden Tag aus dem Bett zu steigen!

Wie ich es überstanden habe
von Amiira

Ich gehörte zu denen, die keinen Schlaf fanden. Mir war ständig schlecht, und ich konnte nicht einmal ans Essen denken. Mein Kummer manifestierte sich in einer unleugbaren körperlichen Reaktion, und mir war regelrecht flau im Magen vor Traurigkeit. Ich fühlte mich so entsetzlich krank, wann immer meine Beziehung auf eine Talsohle zusteuerte, dass ich völlig fertig gewesen wäre, besäße ich nicht einen starken Willen und eine hohe Schmerzgrenze (zwei Eigenschaften, für die ich sehr dankbar bin). Wann immer mein Ehemann unsere Beziehungen in die trüben Gewässer namens »Ich weiß nicht, ob ich dich wirklich liebe« oder »Ich möchte eigentlich nicht verheiratet sein« lenkte, verlor ich drastisch an Gewicht und bekam Augenringe bis zu den Knien. Ich sah verdammt mies aus – ein trauriges, krankes Mädchen, das durchs Leben wankt.

Aber soll ich euch verraten, was ich hatte? Einen tollen Job, einen supercoolen Boss, wunderbare Freunde und ein Fitnessgerät namens StepMaster 4000PT. Ich liebte meinen Job als Führungskraft in einer Plattenfirma und war wahnsinnig dankbar, dass ich an Meetings teilnehmen, Abgabefristen einhalten, mir Marketingpläne ausdenken und Bands ansehen musste. Ich ging früh ins Büro, weil ich sowieso nicht schlafen konnte. Ich arbeitete wie eine Verrückte, und es gab mir ein Gefühl unendlicher Erleichterung und Befriedigung, dass ich meinen Job trotz meiner Situation so gut hinbekam. Meine Freizeit brachte ich damit zu, Bücher zu lesen, Musik zu hören, mit Freunden zu reden, mir Filme anzusehen, Sport zu treiben und mit allen möglichen anderen Aktivitäten, nur nicht, mich in einen Strudel trauriger Gedanken ziehen zu lassen. Und wisst ihr was? All das linderte meinen Kummer. Ich habe mich voll und ganz darauf konzentriert, mich um alle anderen Lebensbereiche zu kümmern, um mich nicht leer, verloren und krank vor Schmerz über das Ende meiner Beziehung zu fühlen. Ich habe nicht zugelassen, dass mich eine Beziehung und ein Mensch, über die ich keinerlei Kontrolle mehr hatte, ins Bockshorn jagten. Ich war in allen anderen Lebensbereichen erfolgreich – was nicht nur meinem Selbstwertgefühl einen Schub gab, sondern auch etwas darstellte, woran ich mich festhalten und auf dem ich weiter aufbauen konnte.

Wow, was für ein cooler Gedanke!

Es ist immer gut, einen Ort zu haben, wohin man gehen kann, wie zum Beispiel die Arbeit. Ein Job sorgt dafür, dass man acht Stunden am Tag beschäftigt ist und an andere Dinge als die Beziehung denken muss (zumindest ein wenig).

Hausaufgabenbuch für Traurige

Ein Lückenmärchen

Es war einmal ein _____ (supertolle Eigenschaft) Mädchen namens _____ (dein Name). All ihre _____ (Substantiv, Plural) wussten, dass sie eine echte Spitzen _____ (Substantiv) war. Ein _____ (Substantiv) bemühte sich ganz besonders, ihre Aufmerksamkeit zu erlangen. Er war so _____ (Adjektiv), dass _____ (dein Name) ihm nicht widerstehen konnte. Viele dachten, sie sei _____ (negative Eigenschaft), mit _____ (Name deines Exfreunds) auszugehen. Nach _____ (Zahl) Monaten _____ (negatives Adjektiv) Beziehung wurde es wirklich _____ (sehr negatives Adjektiv). Dann, mit einem Mal, endete die ___ _____ (Substantiv) zwischen den beiden. Alle fanden, _____ (Name deines Exfreunds) sei ein __ _____ (negatives Substantiv) und sollte sich ins Knie _____ (Kraftausdruck, Verb). Aber selbst das half _____ (dein Name) nicht, um sich besser zu fühlen, also zog sie sich in ihr _____ (Substantiv) zurück und litt Höllen _____ (Substantiv). Nachdem sie ihre Wunden ausgiebig _____ (Verb) hatte, riss sie sich zusammen und beschloss, der _____ (Adjektiv) Tag sei gekommen, um ihr Leben wieder in die Hand zu nehmen. »Ich _____ (Kraftausdruck) auf ihn!«, rief sie, _____ (Verb) aus dem Bett und unter die Dusche. Sie gab sich eine Tiefenkur ins _____ (Substantiv) und rasierte sich die _____ (Substantiv, Plural). Dann wischte sie den Dunst vom Spiegel, sah sich ihr _____ (Substantiv) an und sagte: »Hallo, heißer Feger!« Von diesem Tag an blickte _____ (dein Name) nie mehr auf ihre traurige Zukunft zurück, sondern stürzte sich auf ihr neues Leben!

Psycho-Beichtstuhl

Als mein Freund mich wegen einer anderen Frau verließ, tat ich das einzig Vernünftige, was mir einfiel: Ich flog mit einer Freundin nach Mexiko und zog mir vier Tage lang alle möglichen illegalen Substanzen rein. Leider vergaß ich, meinen Boss zu informieren, und da es mitten während der Woche und in einer Zeit war, in der es jede Menge zu tun gab, musste ich bei meiner Rückkehr feststellen, dass nicht nur mein Freund, sondern auch mein Job nicht mehr auf mich wartete. Also verzog ich mich mehrere Wochen ins Bett, um meinen Pilzrausch auszuschlafen, bis ich irgendwann die Art von Erleuchtung hatte, wie sie nur Menschen mit Liebeskummer haben können. Am nächsten Morgen ging ich ins Büro meines Exfreunds und verlangte von ihm, dass er mir einen Job mit einem höheren Gehalt geben sollte als in dem, den ich gerade verloren hatte – mit der Begründung, mein unentschuldigtes Fehlen sei schließlich seine Schuld. Resultat war, dass ich von den Sicherheitsleuten aus dem Gebäude geführt wurde. Im Moment arbeite ich in einer Rehabilitationsinstitution, wo ich – ist es zu fassen – einige Zeit Patientin war.

Anonym
Mill Valley, Kalifornien

Ort des Geschehens: Café, Tag

Zwei junge, unfassbar schicke Frauen namens Delilah und Shay sitzen in einem ultracoolen New Yorker Café und plaudern.

SHAY: Und dann finde ich heraus, dass er nicht nur mit meiner Schwester schläft, sondern auch mit meiner besten Freundin im Bett war.

DELILAH: Ich dachte immer, ich sei deine beste Freundin.

SHAY: Aber er ist ein echt toller Typ.

DELILAH: Ja, hört sich ganz danach an.

SHAY: Ich meine, ja, er war ständig stoned, hat sich überall Geld ausgeborgt und nie Anstalten gemacht, es zurückzuzahlen, aber er war soooo süß. Ich wünschte, ich könnte wieder mit ihm zusammen sein.

(Delilah sitzt in stummer Verblüffung da.)

SHAY: Was denn? Er hatte so weiche Hände... und hat immer seine Zigaretten mit mir geteilt. Und wenn er richtig betrunken war, ist er die ganze Nacht weggeblieben, um mich nicht zu stören, wenn ich schlafe. Das ist doch so was von rücksichtsvoll.

DELILAH: Die Rechnung, bitte.

SHAY: Meinst du, ich soll ihn einfach anrufen?

6
Wenn er so toll wäre, dann wärt ihr noch zusammen

Er hat mit dir Schluss gemacht, also kann er gar nicht so ein toller Typ sein, es sei denn, du bist unerträglich, was wir allerdings nicht glauben. Oder du hast mit ihm Schluss gemacht, was ebenfalls bedeutet, dass er doch nicht so toll sein kann, sonst wärt ihr ja noch zusammen. Offenbar hast du das Bedürfnis, nette Dinge über denjenigen zu sagen, der dir gerade das Herz gebrochen hat, und wir akzeptieren das. Du willst nicht verbittert klingen, willst nicht der ganzen Welt erzählen, dass der Kerl, dem du dein Herz und einen Großteil deiner Zeit geschenkt hast, in Wahrheit ein Arschloch ist. Dein Stolz braucht nicht auch noch den zusätzlichen Schlag ins Gesicht, dass dich deine Freunde und deine Familie für eine Loserin halten, weil du dich mit dem Kerl überhaupt erst eingelassen hast. Es ist okay, wenn du nicht kleinlich sein oder auf jemandem herumhacken willst, der dir einmal viel bedeutet hat.

ABER wir müssen dich davor warnen, dass es zwei Krankheitsbilder gibt, unter denen viele Trennungsflüchtlinge leiden. Die **Romantische Realitätsverzerrung, RRV,** ist wie die akute Kurzsichtigkeit ein Phänomen, das einen daran hindert, die Vergangenheit so zu sehen, wie sie tatsächlich ist. Darüber hinaus können all jene, die unter RRV leiden, das Bedürfnis nicht kontrollieren, ihre Beziehungsgeschichte so umzuschreiben, dass sie der Gefühlslage entspricht, in der sie sich gern befänden. Vor dem Hintergrund der RRV wird aus einem unverbesserlichen Fremdgänger ein »wirklich netter Typ«, der einfach an zu großer Angst vor Nähe litt. Der Trunkenbold, der regelmäßig deine Geburtstage vergessen hat, wird der Kerl, »der da eben hineingeschlittert ist«. Es ist eine einfach zu identifizierende Krankheit, doch wie bei jeder Art von Suchtverhalten besteht auch hier der erste Schritt zur Heilung in der Erkenntnis, dass man ein Problem hat. Und dein Problem ist, dass du, wenn du dein Leben ernsthaft wieder in den Griff bekommen möchtest, aufhören musst, die Vergangenheit umzuformulieren. Stattdessen musst du deine Beziehung so sehen, wie sie wirklich war – mit ihren guten und schlechten Zeiten, den Hochs und Tiefs und all ihren rätselhaften, nervtötenden und lächerlichen Seiten.

Du musst jedes Gefühl der Scham und der Peinlichkeit im Hinblick auf die unerfreuliche Entwicklung beziehungsweise das Ende deiner Beziehung beiseiteschieben. Es ist völlig in Ordnung, enttäuscht zu sein, weil er deinen Geburtstag vergessen oder sich nie die Mühe gemacht hat, mit deiner Familie klarzukommen, oder weil ihm seine Arbeit offenbar wichtiger war als du. Wenn er dir untreu war, ist es völlig in Ordnung, ihn zu hassen – das ist eine vollkommen normale Reaktion. So weh es auch tun mag, du musst dich zwingen, dich an eure schlimmsten Zeiten zu erinnern, seine nervtötendsten Gewohnheiten. Und an die unschöne Tatsache, dass er nicht nur ohne dich leben kann, sondern es auch noch freiwillig tut. Aua! Ja, völlig richtig, aber macht es all das nicht einfacher, ohne ihn zu leben? Wenn du die Vergangenheit manipulierst und deine Beziehung perfekter erscheinen lässt, als sie war (Beispiel: »Meine Freundinnen lagen ihm so sehr am Herzen, dass er sogar mit einer von ihnen ins Bett gegangen ist« oder »So schlimm fand ich es gar nicht, dass er mich ständig mit dem Vornamen seiner Ex angesprochen hat«), wird sich dein Verlust bald unerträglich anfühlen. Aber das ist er nicht. Glaub uns. Das Scheitern dieser Beziehung ist das Resultat dessen, dass ihr nicht zusammenpasst, kein perfektes Paar und schon gar nicht die Liebe eures Lebens füreinander seid. Hör auf, so zu tun, als wäre es so gewesen. Vergiss nicht: Es heißt Schluss machen, weil dann Schluss ist. Und wer will schon in einer zerbrochenen Beziehung stecken? DU NICHT!

Das zweite Krankheitsbild heißt **Trennungsreue**. Es unterscheidet sich von der Romantischen Realitätsverzerrung, da hierbei nicht die Illusion über den Charakter des Mannes im Mittelpunkt steht, sondern die Zweifel und Gewissensbisse im Hinblick auf die eigene Entscheidung. In diesem Fall hast du zwar die Wahrheit erkannt und weißt, dass er nicht der Richtige für dich ist, und warst so tapfer, den entscheidenden Schritt zu tun, hinterfragst aber dann – bei der Aussicht auf das erste Wochenende allein – plötzlich deine Entscheidung. (Wie zum Beispiel: »Was ist schon dabei, dass er mit anderen geschlafen hat? Er ist eben ein geselliger Mensch. Habe ich vielleicht gerade den Mann meiner Träume in die Wüste geschickt?«) All deine Unsicherheiten und Ängste, jemals den perfekten Mann für dich zu finden, dienen als Nährboden für dieses Krankheitsbild und können dich zu äußerst üblen Entscheidungen verleiten – wie zum Beispiel, ihn zurückzunehmen und noch mehr Zeit für eine Beziehung zu verschwenden, die ohnehin nie funktionieren wird. Die Realität sieht doch so aus: Mit jemandem Schluss zu machen, ist eine wirklich schwierige Angelegenheit. Es ist eine beträchtliche Menge Mut erforderlich, um den Stecker zu ziehen. Tatsache ist, dass du es trotzdem getan hast. Du hast diese Beziehung genau auf ihr Potenzial überprüft und bist zu dem Schluss gelangt, dass sie nicht das Richtige für dich ist. Vertrau auf dich selbst, denn wie Oprah immer sagt: Zweifel bedeutet grundsätzlich *Nein, tu's nicht*. Und deine Zweifel daran, dass er »der Richtige« ist, waren so massiv, dass du mit ihm Schluss gemacht hast.

Aber, Greg, ich hab da eine Frage...

Was ist, wenn es nicht seine Schuld ist?

Lieber Greg,

ich war mit diesem echt tollen Typ aus dem Büro zusammen. Anfangs war es nur ein Flirt, aber dann hat er mich endlich um ein Rendezvous gebeten, und es ging ziemlich schnell zur Sache zwischen uns. Da wir in derselben Firma arbeiten, haben wir die Beziehung unter Verschluss gehalten. Mir hätte das nichts ausgemacht, aber unser Chef, der nicht wusste, dass wir zusammen sind, hat meinen Freund gebeten, die Tochter eines Kunden ab und zu auszuführen. Das wäre hilfreich, um einen Deal für unsere Firma unter Dach und Fach zu bringen, meinte er. Kurz gesagt: Er fing an, sich regelmäßig wegen der Arbeit mit dieser Frau zu treffen, und jetzt sagt er plötzlich, er sei sich über seine Gefühle für mich nicht mehr im Klaren, und wir sollten uns eine Auszeit gönnen. Was soll ich tun? Phoebe

Liebe tolle Kollegin,

hey, wieso lässt du dir nicht jedes Mal ein weißes Laken über den Kopf stülpen, wenn ihr ausgeht? Das ist eine erstklassige Methode, jemandem zu sagen, dass man ihn liebt und sich gleichzeitig für ihn schämt. Er mag ja ein ganz toller Hecht sein, wenn es darum geht, euren Boss zu beeindrucken, aber was dich betrifft, ist er eine absolute Null! Ich meine, überleg dir das mal: Er »musste« nicht anfangen, mit dieser anderen Frau auszugehen. Wenn er so toll wäre und du ihm so viel bedeuten würdest, hätte er eurem Boss gesagt, dass er eine Freundin hat. Dabei hätte er nicht einmal preisgeben müssen, dass du diejenige bist. Also, lass uns den Begriff »echt toll« noch einmal neu definieren. »Echt toll« ist, stolz darauf zu sein, mit dir eine Beziehung zu haben. »Echt toll« bedeutet nicht, sich hinter einer Büropflanze zu verstecken. »Echt toll« hat kein Rendezvous mit anderen Frauen, obwohl er eine Freundin hat, und »Echt toll« lässt nicht zu, dass sein Boss über sein Liebesleben bestimmt. Ich an deiner Stelle würde mir eine »echt tolle« Auszeit von diesem alles andere als tollen Typen nehmen.

Aber was ist, wenn er mit seiner anderen Freundin nicht Schluss machen kann?

Lieber Greg,

ich bin seit etwa vier Monaten mit einem Mann zusammen. Alles an ihm ist einfach fantastisch – wir haben so viele Gemeinsamkeiten, und der Sex

160

ist unglaublich. Er kümmert sich rührend um meine Hunde und fährt sogar bei mir vorbei, um sie rauszulassen, wenn ich länger arbeiten muss. Ich weiß, dass er eines Tages ein wunderbarer Vater sein wird, und ich dachte definitiv, dass wir uns in dieselbe Richtung bewegen. Bis ich ihn eines Abends überrascht habe, indem ich mit etwas vom chinesischen Lieferservice spät am Abend bei ihm vorbeifuhr und ihn mit SEINER FREUNDIN antraf! Ich dachte, *ich* sei seine Freundin! Also erklärte er mir, er sei sehr verliebt in mich, aber sie seien schon so lange zusammen, dass er das Gefühl hätte, er könne sie nicht einfach abservieren. Er hat mir versprochen, sich um die Angelegenheit zu kümmern, und meinte, ich solle mir nur mal vorstellen, wie es wäre, wenn ich an ihrer Stelle sei. In diesem Fall würde ich doch auch wollen, dass er aus Respekt vor unserer gemeinsamen Zeit auf die sanfte Tour mit mir Schluss macht. Ich habe zugestimmt, aber gesagt, dass ich ihn erst wieder sehen möchte, wenn er es hinter sich gebracht hat. Seither ist ein Monat vergangen, ohne dass er fähig war, mit ihr Schluss zu machen, weil er einfach ein netter Kerl ist und es nicht übers Herz bringt. Wann merkt seine Freundin endlich, dass er nicht mehr mit ihr zusammen sein möchte? Alyssa

Liebe Trugschließerin,

»lass es gut sein«, würde ich in dieser Situation normalerweise sagen. Aber dieser Typ ist allem

Anschein nach ein guter Fang, weil er sich so rei-
zend um deine Hunde kümmert. In jeder anderen Hinsicht ist er jedoch ein totaler Drecksack.
Es ist so schwer, einen Mann zu finden, der gut
mit Hunden umgehen kann, also lass die Geschichte weiterlaufen. Sonst könntest du ja irgendwann AUFWACHEN! Klingt, als wäre nicht
seine Freundin diejenige, die hier etwas merken
sollte. Schließlich ist sie diejenige von euch beiden, die einen Freund *hat*. Du solltest nur eines
tun: dich aus dem »Damenkränzchen« dieses netten Kerls verabschieden. Du verdienst eindeutig etwas Besseres, als die zweite Geige zu spielen. Versteh mich nicht falsch, Hundeliebhaber
sind eine prima Sache, aber ein Kerl mit Rück-
grat und einer Hand voll Werte ist eindeutig besser. Nettigkeit zeigt sich an den Taten eines Menschen, nicht in seinen Worten. Wenn du deine
Situation eingehend und realistisch betrachtest
oder auch nur deinen Brief an mich ein zweites
Mal liest, wirst du merken, dass du einem netten
Kerl, der seine Freundin betrügt, mehr zubilligst,
als er definitiv verdient. Er ist ein Feigling, der
nicht nur eine Frau betrügt, sondern zwei. Und
der – bestenfalls – zwischen euch beiden hin und
her gerissen ist, sonst hätte er diese andere Frau
längst verlassen.

Aber was ist, wenn ich keinen Besseren finde?

Lieber Greg,

mein Exfreund hat einige wirklich beeindruckende Qualitäten. Er ist klug, witzig, sieht super aus, zieht sich toll an, ist belesen und hat einen ausgezeichneten Musikgeschmack. Er spricht sogar Spanisch, so wie ich, was toll war, als wir nach Pamplona zu diesem berühmten Stierlauf gefahren sind. Okay, er hatte keine Lust, Zeit mit meiner Familie oder meinen Freunden zu verbringen (er meinte, meine Freundinnen würden ihm auf die Nerven gehen), was mich ziemlich irritiert hat. Also habe ich mich von ihm getrennt. Inzwischen treffe ich mich auch mit anderen Männern, habe aber bislang keinen kennen gelernt, der so toll ist wie er. Meinst du, ich war zu rabiat? Habe ich es vermasselt? Habe ich die Liebe meines Lebens in den Müll geworfen? Ich meine, niemand ist perfekt, oder?   Ursula

Liebe Miss Zu Perfekt,

ich kann nicht genau sagen, ob du einen Fehler gemacht hast oder an einem akuten Fall von Trennungsreue leidest. Ich weiß nur, dass ich persönlich nicht mit jemandem meine Zeit verbringen könnte, der meine Sippe nicht leiden kann. Ich schätze, du bist einsam und bekommst angesichts der Tatsache, dass du dich wieder auf den Single-Markt wirfst, Panik. Plötzlich ist Pamplona-Joe doch nicht so übel. Aber denk daran: Du hast dich aus einem bestimmten Grund von ihm getrennt und sei es nur aus der schlichten Tatsache heraus, dass du ihn nicht wirklich geliebt hast. Schließlich muss ein Mann noch nicht einmal ein absolutes Arschloch sein, um dich daran zu hindern, den Rest deines Lebens mit ihm zu verbringen. Klar, er hatte eine ganze Menge Eigenschaften, die dir gefallen, aber ein paar ganz wesentliche fehlen ihm trotzdem. In diesem Fall ist »annähernd« und »nicht ganz« immer noch ein klares »Nein«.

Was ist, wenn er einfach zu perfekt war?

Lieber Greg,

endlich habe ich den Mann meiner Träume kennen gelernt: Er ist Arzt aus guter Familie, kinderlieb und ein Mensch, der mich wie eine Königin behandelt. Er war alles, was ich mir immer erhofft habe – erfolgreich, liebevoll, gut situiert. Er war sogar Jude, hatte also dieselbe Religion wie ich, und meine Eltern waren außer sich vor Freude, dass ich endlich einen jüdischen Freund habe. Trotzdem haben wir uns getrennt, weil er dahintergekommen ist, dass ich ihn körperlich nicht anziehend fand. Ich glaube, die Tatsache, dass ich mehrere Gläser Wein trinken musste, bevor wir Sex hatten, hat mich verraten. Aber er war perfekt, Greg, und jetzt habe ich ihn wegen etwas sausen lassen, das man vielleicht noch in den Griff bekommen hätte.   Daphne

Liebe Miss Let's not get physical,

er mag ja auf dem Papier der perfekte Mann gewesen sein, aber letzten Endes entscheidet in Liebesangelegenheiten eben nicht der Lebenslauf. Er war perfekt, mit Ausnahme der Dinge, die nicht perfekt an ihm waren, was ihn letztendlich NICHT PERFEKT macht. Du leidest unter einem klassischen Fall von Romantischer Realitätsverzerrung – rückblickend Teile der Beziehung zu tilgen, die nicht funktioniert haben, um dich selbst zu bestrafen, weil du ihn nicht geheiratet hast. Hör gut zu: Du hast genau das Richtige getan. Körperliche Anziehungskraft ist unglaublich wichtig in einer langfristigen und liebevollen Beziehung, und wenn sie zu Beginn nicht vorhanden ist, mache ich mir keine allzu großen Hoffnungen, dass sie sich später noch einstellt. Halt die Augen nach einem netten jüdischen Doc offen, der deine Welt auch im Bett aus den Angeln hebt. Noch besser – pfeif auf den Lebenslauf und sei offen für alles, was der Himmel dir vor die Tür stellt. Denn es könnte ebenso gut ein NASCAR-Rennfahrer mit einer Poetenseele sein, der noch nie eine Bar Mitzwa besucht hat.

Bonusfrage

Soll ich ihn mir jetzt,
wo ich das Ganze mit offenen Augen sehe,
noch einmal vorknöpfen?

Lieber Greg,

mein Freund hat nach drei, wie ich glaubte, wunderbaren Beziehungsjahren mit mir Schluss gemacht. Obwohl er behauptet hat, es gäbe niemand anderen, hatte ich den Verdacht, dass er lügt, also habe ich getan, was jede normale Frau tun würde: Ich habe mich in seine E-Mail eingeloggt, seine Voicemail geknackt und ein bisschen geschnüffelt. Es stellte sich heraus, dass er sich das ganze letzte Jahr unserer Beziehung mit einer Frau aus seinem Büro getroffen hat. Toll, was? Ich weiß, dass wir Schluss gemacht haben und dass es eigentlich keine Rolle mehr spielen sollte, aber es hat mich völlig aus der Bahn geworfen und dafür gesorgt, dass ich unsere gesamte Beziehung in Frage stelle. Er soll wissen, dass ich über seine Untreue Bescheid weiß und ihn heute als das betrachte, was er in Wahrheit ist. Ich ertrage es nicht, dass er glaubt, er käme so einfach davon. Wie kann ich ihn mit den Tatsachen konfrontieren, ohne dass dabei meine Schnüffelei ans Tageslicht kommt?   Andrea

Liebe Konfrontationsmeisterin,

was für eine tolle Idee! Koch die Dinge mit diesem Mann ruhig noch einmal auf, der dich nicht nur verlassen, sondern dich auch noch über ein Jahr lang betrogen hat. Klingt nach einem echten Spitzentyp. Wieso solltest du das Ganze nicht noch einmal aufs Tapet bringen, nur weil er sich unübersehbar anderweitig betätigt und weder vor dir noch vor eurer Beziehung Respekt gezeigt hat? Oh, vielleicht weil dies das beste Mittel ist, um dir eine anständige Portion neuerliche Zurückweisung, gepaart mit Kränkung und Wut, einzufangen? Wer braucht so etwas? DU NICHT! Der Typ ist ein übler Sack, und die Befriedigung, die du daraus ziehst, ihm wegen seiner Affäre die Hölle heiß zu machen, ist nichts im Vergleich mit dem emotionalen Rückschritt, den das für dich darstellt. Wenn überhaupt, sollte es dir die Tatsache, dass er ein untreuer Lügner ist, einfacher machen, über ihn hinwegzukommen, als wenn er in deiner Erinnerung immer noch wie der tolle, perfekte Kerl dasteht. Na schön, dann hast du seinen Charakter eben falsch eingeschätzt oder er hat überhaupt keinen, aber wen kümmert das schon? Wasch dir die Hände und befrei dich von diesem Kerl, denn er klingt nach einem ziemlichen Schmutzfinken. Igitt!

Der »Zurück zur Realität«-Führer für Romantische Realitätsverzerrer

Wir wissen, wie schwer es ist, das Verhalten des Expartners in der Anfangsphase mit der Art, wie er sich am Ende benommen hat, in Einklang zu bringen. Aus irgendeinem Grund glauben die Leute, der erste Rausch der Gefühle sage mehr über den Charakter eines Menschen aus als die Tatsache, dass derjenige uns betrogen, sich einfach vom Acker gemacht hat oder schlicht und ergreifend grausam zu uns war. Deshalb ertappen wir uns häufig bei Sätzen wie »Aber er war doch so toll!« Klar. Die Leute auf der Titanic dachten auch, sie befänden sich auf einer netten Kreuzfahrt. Die Wahrheit ist: Die Dinge haben sich verändert, und es ist wichtig, sich diesen Umstand vor Augen zu halten. Wie entschlossen ihr auch sein mögt, die Vergangenheit zu beschönigen: Hier ist eine Liste mit Dingen, die ein vorheriges anständiges Benehmen automatisch hinfällig machen. Wenn einer dieser Punkte auf euren Ex zutrifft, verbieten wir euch, mit Ausreden für ihn anzukommen oder jemals wieder das Wort »toll« im Zusammenhang mit eurer Beziehung in den Mund zu nehmen. Ihr könnt froh sein, dass er weg ist – ohne Wenn und Aber.

✓ Er ist fremdgegangen.
✓ Er hat dich niedergemacht.

✓ Er hat dich angelogen.

✓ Er hat sich einfach aus dem Staub gemacht.

✓ Er hat dich oft angeschrien.

✓ Er hatte eine CD von Kenny G. im Regal stehen.

✓ Er ist oft ausfällig geworden.

✓ Er hat dich hängen lassen.

✓ Er hatte eine feste Freundin.

✓ Er hatte einen festen Freund.

✓ Er hat Geld gestohlen.

✓ Er konnte deine Familie nicht leiden (sofern du sie selbst gut leiden kannst).

✓ Er hat dich in aller Öffentlichkeit angebrüllt.

✓ Er ist mit einer anderen verheiratet.

✓ Er fand *Gigli* mit Ben Affleck und Jennifer Lopez echt toll und zwar ohne jede Ironie.

✓ Er konnte deine Freunde nicht ausstehen.

✓ Er hat sich an deine Freundinnen herangemacht.

✓ Er hat nie begriffen, was für eine absolute Spitzenfrau du bist!

Das Gute an all dem Übel...

Die schlechte Nachricht ist, dass du dir etwas eingeredet hast. Die gute Nachricht dagegen ist, dass du es tief in deinem Innern bereits weißt. Es ist völlig in Ordnung – irgendwann ist das jedem von uns schon mal passiert. Es ist ein normaler Mechanismus, um mit einer unschönen Situation fertig zu werden. Wer will schon gern zugeben, dass er in ein totales Arschloch verliebt oder eine Beziehung von vornherein zum Scheitern verurteilt war. Dieser Typ war das Allerletzte, trotzdem erinnerst du dich in der jetzigen Phase nur an die schönen Momente. »Aber er war doch so ein toller Typ...« Okay, mag ja sein, dass er ein ganz toller Typ war, vielleicht sogar der Beste, der jemals auf diesem Planeten unterwegs war – genau das war der Grund, weshalb er bei DIR hängen geblieben ist. Aber ein toller Typ zu sein, bedeutet nicht unbedingt, dass er FÜR DICH der Richtige war. Zwei tolle Leute können einander begegnen, und die Chemie zwischen ihnen stimmt einfach nicht. Die meisten Menschen, mit denen wir irgendwann zusammen waren, sind tolle Menschen – nicht nur dann, wenn sich unsere Wege gerade kreuzen. Dasselbe kann man auch von uns behaupten: Wir halten uns für ziemlich toll, trotzdem gibt es Menschen, die diese Meinung nicht teilen. (Wir setzen nicht unbedingt Himmel und Hölle in Bewegung, um sie zu finden, aber es gibt sie ohne jeden Zweifel.)

Sich dem zu stellen, wie diese Beziehung in Wahrheit war – sich nicht nur an die schönen Zeiten zu erinnern, sondern sich vor Augen zu führen, wie es zwischen euch gelaufen ist, und zu erkennen, dass die Trennung in gewisser Weise sinnvoll war –, ist wahrscheinlich der wichtigste Schritt, den du in der Phase deiner eigenen Weiterentwicklung machen kannst. Davon abgesehen – wen willst du mit deiner Realitätsverzerrung beeindrucken? Deine Familie oder Freunde, die die Wahrheit wahrscheinlich sowieso längst kennen? Dich selbst? Du brauchst dich nicht selbst zu belügen, besonders dann nicht, wenn du dich selbst liebst und weißt, was für eine coole Braut du bist. Dir selbst gegenüber ehrlich zu sein, *kann* gar kein Fehler sein – Tatsache ist, es ist die einzige Möglichkeit, von dieser Erfahrung zu profitieren. Die Augen vor der Wahrheit zu verschließen, hindert dich nicht nur daran, aus dieser Situation zu lernen, sondern bestärkt dich auch in deinem Glauben, dich selbst betrügen zu müssen, um mit dem Geschehenen fertig zu werden. Hör auf, dir einzureden, dass du mit all dem nicht klarkommst!

Pack stattdessen die Gelegenheit beim Schopf und sieh es realistisch. Natürlich gab es schöne Momente. Andernfalls wäre wohl keiner von euch längere Zeit am Ball geblieben. Aber sei ehrlich – es herrschte nun mal nicht eitel Sonnenschein. Er wollte dich seiner Familie nicht vorstellen, du musstest ihm zu häufig einen Orgasmus vorspielen, er kannte weder T.S. Elliot noch Elliott Smith. Sich einzugestehen, dass es zwischen euch nicht immer gut lief, macht eure Beziehung nicht minderwertiger, als sie war. Aber sich selbst gegenüber ehrlich zu sein, befreit ungemein. Genau in dem Moment, wenn du die Karten offenlegst und deine Beziehung siehst, wie sie wirklich war, bist du frei genug, um sie mit einem kräftigen Tritt aus deinem Leben zu befördern.

Was ich falsch gemacht habe
von Greg

Ich habe definitiv unter der Romantischen Realitätsverzerrung gelitten. Noch lange nach der Trennung hatte ich das dringende Bedürfnis, jedem zu erzählen, wie toll meine Exfreundin war. Dabei war sie alles andere als toll, sondern manchmal geradezu unausstehlich, aber so etwas zuzugeben, wäre gleichbedeutend mit dem Eingeständnis, wie blind, schwach und bereit ich war, mir ihr nicht gerade nettes Verhalten gefallen zu lassen. Also habe ich eine Version von ihr aus der Anfangsphase unserer Beziehung zum Besten gegeben, als sie noch in jeder Hinsicht toll war. Ich glaube, ich habe sogar Eigenschaften erfunden, die sie niemals hatte, oder genauer gesagt Eigenschaften, die ich nicht an ihr zum Vorschein bringen konnte. Ich habe mich aktiv und bei vollem Bewusstsein selbst belogen, um mich nicht so schlecht fühlen zu müssen, denn die Wahrheit zuzugeben hätte bedeutet, dass ich mir wie ein Idiot vorgekommen wäre. Ist das nicht verrückt? Wenn ich es heute schwarz auf weiß vor mir sehe, erscheint es mir völlig verrückt, aber ich habe es getan. Mir ist klar, warum es so weit gekommen ist, aber es hätte mir eine Menge Zeit und viel Kummer erspart, hätte ich mich von vornherein mit der Tatsache abgefunden, dass wir einfach nicht zueinander passen. Als ich endlich bereit war, mich nicht mehr wie ein Jammerlappen zu benehmen, sondern mir selbst gegenüber erbarmungslos ehrlich zu sein, konnte ich die Beziehung langsam als das erkennen, was sie wirklich war. Ich war in der Lage, sauer auf sie zu sein und mir gleichzeitig schonungslos vor Augen zu halten, dass es auch kein Sonntagsspaziergang war, mich als Partner zu haben. Außerdem, was noch viel wichtiger war, begriff ich, dass ich mich selbst so lange an den Erhalt dieser Beziehung geklammert hatte. Schlagartig war ich weder auf sie noch auf mich selbst sauer. Wir waren einfach zwei Menschen in der verkehrten Beziehung. Aber damit nicht genug: Sie ist eine tolle Frau. Sie hat tatsächlich viele der Qualitäten, von denen ich wünschte, sie hätte sie in unserer gemeinsamen Zeit an den Tag gelegt. Aber es ist uns nun einmal nicht gelungen, sie gegenseitig aus uns herauszuholen. Deshalb hat die Beziehung nicht funktioniert, und das ist in Ordnung. Ehrlich gesagt, ist meine Frau ziemlich froh darüber.

Wie ich es überstanden habe
von Amiira

Die Geschichte einer Romanze neu zu schreiben und die Erinnerung an eine Romanze hochzuhalten sind zwei grundlegend verschiedene Dinge. Eines Tages traf es mich wie ein Blitzschlag. Ich begegnete dem Mann, der später mein erster Ehemann werden sollte. Es war dieses unglaubliche Liebe-auf-den-ersten-Blick-Erlebnis, von dem man immer hört, aber nicht glauben will, dass es einem jemals passieren könnte. Es warf mich in jeder Hinsicht aus der Bahn – physisch, chemisch, emotional und spirituell. Nachdem ich ihn kennen gelernt hatte, rief ich meine beste Freundin an und sagte: »Ich habe gerade den Mann kennen gelernt, den ich heiraten werde.« Ganz ehrlich. Ich erzähle es deshalb, weil ich in diesem Moment dieses Gefühl der absoluten Gewissheit in mir trug (das ich weder davor noch danach jemals wieder so empfunden habe), die mich bewogen hat, an einer Beziehung festzuhalten und um sie zu kämpfen, obwohl sie eindeutig nicht das Richtige für mich war. Die Warnzeichen waren vom ersten Augenblick an da, hatten jedoch angesichts des überwältigenden Strudels aus Liebe/Lust/Hoffnung/Überzeugung nicht die geringste Chance. Selbst die Tatsache, dass er noch nie eine Beziehung beendet hatte, bevor er die nächste eingegangen war (was auch der Fall war, als er anfing, mit mir auszugehen), blendete ich mit meiner felsenfesten Überzeugung aus, dass er der perfekte Mann für mich war.

Mein unerschütterlicher Glaube, dass wir füreinander bestimmt waren, hielt mich in einer Beziehung, deren einzige Beständigkeit in ihrer Unbeständigkeit bestand. Aber ich ließ nicht locker, weil er der tollste Mann war, dem ich je begegnet war (mit Ausnahme der Augenblicke, wenn er es nicht war), ich war mir einer Sache noch nie im Leben so sicher gewesen wie bei seinem Anblick bei unserer ersten Begegnung. Genau die Erinnerung an diese Überzeugung war es, die mich am Ende auf diese tödliche Weise lähmte. Jahrelang stand die Wahrheit in riesigen Lettern vor mir, doch ich konnte sie nicht erkennen oder war nicht bereit, sie zu glauben. Ich konnte nur erkennen, wenn es gerade toll zwischen uns lief, wie viel Spaß wir zusammen hatten oder wie wunderbar er früher einmal war. Versteht mich bitte nicht falsch – er *war* toll und ist es bestimmt immer noch. Ich hoffe inbrünstig, dass er der tolle Mann ist, für den ich ihn immer gehalten habe und wie er in meiner Erinnerung geblieben ist. Nur als mein Ehemann war er eben nicht toll. Selbst wenn es gerade gut zwischen uns lief, nagte ständig das Gefühl der Furcht an mir. Einmal gestand ich meine Ängste einem guten Freund, der unsere Hochs und Tiefs miterlebt hatte und meinen »tollen Mann« besser als die meisten anderen kannte. Er gab mir damals einen wirklich aufschlussreichen Rat, der ungefähr so lautete: »Das Gefühl von Verliebtheit und Angst sind einander sehr ähnlich. Beide lösen diese Schmetterlinge im Bauch aus, Aufregung, Spannung und ein Gefühl von körperlichem und geistigem Unbehagen. Angst und Liebe kann man leicht verwechseln.«

Ich traute meinen Ohren nicht. Er hatte Recht, und ich war eine Idiotin. Vom ersten Flirt (als er noch eine Freundin hatte und ich bereits in ihn verliebt war) bis zum Ende unserer Ehe, als ich mich noch an die Erinnerung an längst vergangene Tage klammerte (obwohl ich mir ziemlich sicher bin, dass er damals bereits eine neue Freundin hatte), hatte ich die Angst als Liebe fehlinterpretiert. Diese Worte veranlassten mich letzten Endes, meine Beziehung einer eingehenden Betrachtung zu unterziehen und sie als das zu sehen, was sie war... eine mit Makeln behaftete Ehe, die auf ihr unvermeidliches Ende zusteuerte. Das hat mir geholfen, loszulassen und mein Leben weiterzuleben.

Wow, was für ein cooler Gedanke!

Der Richtige ist irgendwo da draußen, jetzt, genau in diesem Augenblick, und fragt sich, wann er wohl jemanden wie dich kennen lernt.

Hausaufgabenbuch für Traurige

Zeit für den großen »Aber er ist doch so toll«-Realitätscheck. Für diese Übung brauchst du einen Menschen, der zu deinen engsten Vertrauten gehört. Ruf einige deiner besten Freundinnen oder Vertrauten an (noch besser, lade sie alle zum Brunch zu dir ein) und lass dir von ihnen die Wahrheit über folgende Aussagen vor Augen führen. (Bitte füge ggf. weitere, auf deine Beziehung zutreffende Punkte hinzu.) WERDE NICHT WÜTEND auf sie, wenn sie etwas sagen, das du nicht gern hörst. Sie lieben dich, und ihre Aufgabe besteht darin, dir dabei zu helfen, brutal ehrlich dir selbst gegenüber zu sein, damit du den Romantischen Realitätsverlust überwindest und dein Leben wieder in die Hand nimmst. Also, los geht's:

Aussage: Wir haben so gern Zeit zusammen verbracht.
Realität: Solange nichts anderes im Fernsehen lief.

Aussage: Wir waren nie unterschiedlicher Meinung über etwas.
Realität: Logisch, wenn ich pausenlos zugebe, dass ich mich geirrt habe.

Aussage: Wir hatten so viele Gemeinsamkeiten
Realität:

Aussage: Der Sex war toll.
Realität:

Aussage: Er sah genauso aus wie Orlando Bloom.
Realität:

Aussage: Er war so toll, wenn wir mit meinen Freunden zusammen waren.

Realität:

Aussage: Er war klug, witzig und hatte einen erstklassigen Musikgeschmack.

Realität:

Aussage: Ich weiß nicht einmal mehr, wieso wir uns getrennt haben.

Realität:

Aussage: Wir wollten beide Kinder, einen Hund und einen Minivan.

Realität:

Aussage: Wir haben uns nie gestritten.
Realität:

Aussage: Er hat mir immer mit irgendwelchen Kleinigkeiten gezeigt, wie wichtig ich ihm bin.

Realität:

Aussage: Er hat mich nie belogen, betrogen oder sonst etwas getan, wodurch ich mich schlecht gefühlt habe.

Realität:

Gut gemacht! Nachdem du und deine Freunde die Aufgabe erledigt habt, ist es Zeit zum Essen. Schieb das »Echt Toll«-Eiersoufflé in den Ofen und stell fest, was für eine tolle Köchin du bist – abgesehen von all deinen anderen beeindruckenden Qualitäten.

»Echt Toll«-Eiersoufflé

1 Tasse geriebener Cheddar oder Bergkäse
½ Tasse gewürfelte Artischockenherzen (nach Belieben)
6 Eier
1 Tasse Sauerrahm

Den Ofen auf 180 Grad vorheizen. Eine kleine Auflaufform mit Butter auspinseln. Zuerst den geriebenen Käse, dann die Artischocken (oder Fleischwaren) hineingeben. Eier und Sauerrahm mit dem Mixer oder Schneebesen aufschlagen und darüber geben. 30 Minuten backen, bis die Masse nicht mehr am Zahnstocher kleben bleibt. Lecker!

(Die Zutaten lassen sich problemlos verdoppeln. In diesem Fall einfach zehn Minuten länger backen.)

Psycho-Beichtstuhl

Mein Freund war ein echt toller Typ. Zweimal pro Woche war er als ehrenamtlicher Schiedsrichter bei den Jugendligaspielen unseres örtlichen Sportvereins aktiv. Ich hatte für Baseball nie viel übrig, aber da ich so stolz auf ihn war, beschloss ich, mir als Ausdruck meiner Bewunderung eines der Spiele anzusehen. Also fuhr ich eines Nachmittags zum Spielfeld, wo ich jedoch erfahren musste, dass niemand je von ihm gehört hatte und dass es keinen ehrenamtlichen Schiedsrichter dieses Namens gab. Ich war wie vor den Kopf geschlagen, also rief ich die Freundin seines besten Freundes an und setzte ihr so lange zu, bis sie mit der Wahrheit rausrückte. Es stellte sich heraus, dass er seine Samstagnachmittage mit einer Kommilitonin aus der Eisdiele verbrachte, die wir regelmäßig besuchten! Ich war stocksauer. Also sammelte ich alle seine Sachen ein, die er bei mir in der Wohnung hatte, einschließlich der Klamotten, die ich ihm geschenkt habe, zerschnitt sie und stopfte alles in eine Plastiktüte. Dann fuhr ich zu ihm und kippte ihm den Inhalt über den Kopf, und zwar vor den Augen seiner Wochenendfreundin. Was für ein Supertyp!

Anonym
Charleston, South Carolina

Ort des Geschehens:
Ein Lieblingsort beider Expartner, morgens,
Nahaufnahme von Jack

Jack dreht sich überrascht um.

JACK: Oh... hey, Cathy, was für eine Überraschung, dich hier zu sehen.

CATHY: Ach ja? Tut mir leid. Eigentlich sollte es dich nicht überraschen, dass das hier auch einer meiner Lieblingsorte ist.

JACK: Nein, da hast du wohl Recht. Ich habe nur nicht damit gerechnet, dass du auch nach unserer Trennung noch herkommst.

CATHY: Dasselbe könnte ich von dir behaupten. Ich meine, schließlich sind es unsere Erinnerungen, unsere Momente...

JACK: Schon, aber es ist meine Dusche...

7
Was für eine Überraschung, dich hier zu sehen
(Oder: Die Kunst des vorsätzlich herbeigeführten Zufalls)

Wir alle beherrschen die Kunst des vorsätzlich herbeigeführten Zufalls, die dir im Moment wahrscheinlich sehr verlockend erscheint. Aber bitte glaub uns, wenn wir sagen, dass dir nicht gefallen wird, was du erlebst, wenn du »ihm zufällig in die Arme läufst«. Die Chance, dass er vor dir steht und sagt: »Oh, mein Gott, ich habe völlig vergessen, dass ich total verliebt in dich bin! Was für ein Glück, dass wir uns vor meiner Bürotür begegnet sind!«, ist nicht allzu groß, und zwar völlig unabhängig davon, wie toll du aussiehst. Ehrlich gesagt ist die Chance größer, dass er mit seiner neuen oder, was noch schlimmer wäre, mit seiner Exfreundin ankommt. Er lebt sein Leben weiter, und genau das solltest du auch tun.

Wir wissen, dass du ihm in der Kinoversion deines Lebens in die Arme läufst und dabei besser als Angelina Jolie im Bikini aussiehst, worauf er sich innerlich ohrfeigt, weil er so ein Idiot war und dich verloren hat, ehe er einen raffinierten Plan (inklusive Einsatz eines Fallschirms) schmiedet, um dich zurückzugewinnen. Wir können das nachvollziehen und finden auch, dass das passieren sollte – wir haben sogar schon *gesehen*, dass das passiert – IM FILM UND IM FERNSEHEN! Aber das wahre Leben läuft nicht so. Wenn du in seine

Wohngegend fährst, sein Lieblingscafé aufsuchst oder dich in der Hoffnung, »ihm zufällig in die Arme zu laufen«, im Eingangsbereich seines Apartmentgebäudes herumdrückst, wird er sicher nicht begeistert sein, dich zu sehen, sondern höchstens bedauern, dass er nicht den Umweg zur Arbeit genommen hat. Und du avancierst von seiner Ex zur Psycho-Stalkerin.

Die Wahrheit sieht folgendermaßen aus: Er will dir nicht zufällig über den Weg laufen, ganz egal, wie gut du im Moment aussiehst. Kein Mann sagt Dinge wie »Wow, sie lässt mich einfach nicht in Ruhe, und sie ist so was von heiß!« Die meisten Menschen mögen keine Konfrontationen, und es ist gewiss kein Stereotyp, wenn wir »besonders Männer nicht« hinzufügen, aber lasst uns den Tatsachen ins Auge sehen: ganz besonders Männer nicht. Wenn du also die ultimative Zufallsbegegnung herbeiführst, wird sie in neun von zehn Fällen nicht so ablaufen, wie du es dir vorstellst. Viel wahrscheinlicher ist, dass du ein Spektrum enttäuschender Erfahrungen machst, statt die Befriedigung zu erlangen, die du dir erhoffst. Also, hör auf, dir Strategien zu überlegen, wie du bewerkstelligen kannst, dass sich eure Wege kreuzen. Wenn du dasselbe Maß an Zeit und Hirnschmalz darauf verwenden würdest, über die Trennung hinwegzukommen oder jemand Neues kennen zu lernen, hättest du deinen Liebeskummer wahrscheinlich längst hinter dir. Seine Reue oder besser gesagt sein Mangel daran sprechen eine deutliche Sprache. Daran ändert auch das hübscheste Cocktailkleid nichts.

Aber, Greg, ich habe da eine Frage ...

Was ist, wenn wir immer noch dieselben Orte aufsuchen?

Lieber Greg,

mein Exfreund und ich hatten ein Lieblingscafé, wo wir uns jeden Tag auf dem Weg zur Arbeit und auch an den Wochenenden getroffen haben. Es liegt in der Nähe seiner Wohnung, und er ist auch schon früher, bevor wir uns kannten, hingegangen, aber ich trinke viel lieber Kaffee als er, also habe ich nach unserer Trennung beschlossen, es auch weiter zu besuchen. Wenn er mich nicht sehen will, soll er sich doch etwas anderes suchen oder zu den Zeiten kommen, wenn er weiß, dass ich nicht dort bin. So etwas zählt doch nicht als Versuch, ihm zufällig zu begegnen, oder?

Sarah

Liebe Koffein-Anhängerin,

ich mache dir einen Vorschlag. Du sagst mir einfach den Namen des Cafés, dann treffen wir uns dort, hauen uns eine anständige Ladung Koffein rein und verfolgen gemeinsam deinen Freund. Denn niemand außer dir glaubt ernsthaft, dass du nur wegen des Kaffees dort hingehst. Also, um deine Frage zu beantworten: Ja, ich glaube, dass du versuchst, ihm über den Weg zu laufen. Ich weiß, welchen Kick einem eine gute Tasse Kaffee geben kann, aber ich kenne auch die leidige Angewohnheit, kleine Zufallsbegegnungen herbeizuführen und zuzulassen, dass sie einem weiterhin das Herz brechen. Ich habe eine tolle Idee: Wieso suchst du dir nicht in einem anderen Café eine neue Beziehung? Dieses Café ist nicht das einzige in der Stadt, wo es den Milchkaffee gibt, den du so sehr liebst. Und dasselbe gilt auch für deinen Ex. Denk daran – Trennungen sind eine Gelegenheit, sein Leben neu zu gestalten. Fangen wir damit an, etwas für dich zu finden, wo du deinen Kaffee herbekommst.

Aber was ist, wenn wir im selben Büro arbeiten?

Lieber Greg,

ich arbeite in derselben Firma wie mein Ex, nur an verschiedenen Enden unseres Büros. Ich muss ihn also jeden Tag sehen, und ich will verdammt sein, wenn ich nicht versuche, so toll wie möglich auszusehen, wenn ich in Gemeinschaftsbereiche wie die Kaffeeküche gehe, oder ein besonders sexy Outfit anziehe, wenn ich weiß, dass ein Meeting ansteht, an dem er auch teilnimmt. Ich versuche nicht gezielt, ihm in die Arme zu laufen (obwohl ich es jederzeit könnte, da ich ständig weiß, wo er sich aufhält), aber ich finde es einfach klasse, ihn in den Wahnsinn zu treiben, indem ich ihm zeige, was er verschmäht. Ein paar heiße F...-mich-Outfits, um ihn ein bisschen zu piesacken, sind doch nicht so schlimm, oder? Josie

Liebe Bürobombe,

ich finde es ganz toll, dass du zur Arbeit gehst (Bravo) und versuchst, so gut wie möglich dabei auszusehen. Aber du solltest es für dich selbst tun. Der Punkt ist, dass er, selbst wenn du mit praktisch nichts als einem Stringtanga am Leib ins Büro kommst, ja bereits weiß, was ihm entgeht, und sich trotzdem dafür entschieden hat, sein Leben ohne dich zu verbringen. Selber schuld. Das Problem ist folgendes: Wenn du es mit deinem begehrenswerten Äußeren nicht schaffst, ihn umzustimmen, wirst du vielleicht aufhören, dich selbst begehrenswert zu fühlen, was sich negativ auf deine Arbeit und dein Selbstwertgefühl auswirken könnte. Das ist es, was mir ein wenig Sorge bereitet. Wirf dich in Schale, weil du dich damit toll fühlst und weißt, dass du es wert bist! Wirf dich in Schale, weil du weißt, dass es da draußen jemand Besseren gibt, dem du ins Auge stichst.

Aber was ist so verkehrt daran, ihn wissen zu lassen, was ihm entgeht?

Lieber Greg,

seit mein Ex mich wegen einer Frau verlassen hat, die schlanker ist als ich, treibe ich Sport wie eine Verrückte. Ich habe fast zehn Kilo abgenommen und bin in besserer Form als je zuvor. Außerdem habe ich mir die Haare blondieren lassen und mich komplett neu eingekleidet. Mein Racheplan sieht so aus, dass ich in der Bar auftauchen werde, wo er sich mit seinen Freunden zu seinen »Männerabenden« trifft, und vor seinen Augen mit einem seiner besten Freunde flirte. Ich habe mich so angestrengt und finde, ich verdiene die Befriedigung, dass er seine Entscheidung, mich wegen ein paar Pfund zu viel in die Wüste zu schicken, in Frage stellt. Du sagst mir doch jetzt nicht, dass ich es nicht tun soll, oder?

Sienna

Liebe Miss »Mein neues Ich«,

du hast nicht nur wie eine Verrückte Sport betrieben – du *bist* eine Verrückte! Und was deine Absicht betrifft, mit einem seiner besten Freunde zu flirten: Es gibt nichts Besseres, um sein Selbstwertgefühl aufzumöbeln, als einen unschuldigen Dritten in Verlegenheit zu bringen! Es klingt, als hättest du alle Hebel in Bewegung gesetzt, dich in einen neuen Mensch zu verwandeln. Das ist toll, solange du es aus den richtigen Gründen tust, sprich für dich selbst und nicht als Teil eines Rachefeldzugs. Du musst dir darüber im Klaren sein, dass er nicht wegen deines Gewichts mit dir Schluss gemacht hat. Er hat mit dir Schluss gemacht, weil er mit einer anderen Frau zusammen sein wollte. Wenn er dein Gewicht als Ausrede für die Trennung benutzt hat, ist er ein echter Mistkerl und verdient jemanden, der genauso blöd ist wie er selbst (und das bist du nicht, wie wir beide wissen). Solltest du aber diejenige sein, die zu dem Schluss gekommen ist, dass er sich wegen deines Gewichts von dir getrennt hat, ist das eine andere Geschichte. Dein Gewicht mag der einfachste Grund sein, den du für deinen Liebeskummer verantwortlich machen kannst, während die Wahrheit lautet, dass er nicht der Richtige für dich ist. Kann ja sein, dass du zehn Kilo abgenommen und dich optisch aufgemöbelt hast, aber innerlich bist du noch immer die gleiche verletzte und wütende Frau wie vor deiner äußeren Veränderung. Wie auch immer – lass es gut sein und fang an, dein Inneres so umzugestalten, dass es zu deinem neuen Äußeren passt. Arbeite daran, dein Selbstvertrauen aufzubauen. Du bist ein wunderbarer Mensch, egal mit welchem Gewicht, und jeder, der dir etwas anderes einreden will (einschließlich du selbst), ist ein Schwachkopf.

Aber was ist, wenn ich ihm eine Lektion erteilen will?

Lieber Greg,

vor ein paar Wochen habe ich meinen Ex mit seiner Neuen im Einkaufszentrum gesehen. Es stellte sich heraus, dass sie in einem der Läden arbeitet und er sie dort besucht hat. Zufällig ist es ein Geschäft, in dem ich auch manchmal einkaufe. Na ja, nachdem ich weiß, wer sie ist und wo sie arbeitet, muss ich ständig hingehen. Ich habe sie sogar schon in ein nettes Gespräch verwickelt, in der Hoffnung, so herauszufinden, wie ernst die Geschichte zwischen ihr und meinem Ex ist. Ich weiß, dass ich das nicht tun sollte, aber ich kann einfach nicht anders, ehrlich. Ich hoffe, er kommt eines Tages vorbei, während ich gerade dort bin, so dass ihm die ganze Situation um die Ohren fliegt. Was bedeutet das? Dass ich psychotisch bin? Oder einfach nur schlau?   Mikaela

Liebe Miss »Wenn du nicht aufpasst, fliegt *dir* das Ganze noch um die hübschen Ohren«,

es bedeutet keines von beidem. Aber die Vorstellung, wie du deine Zeit damit vergeudest, eine liebeskranke »Versteckte Kamera«-Version auf die Beine zu stellen, macht mich wirklich traurig. Auf diese Weise werden dich nicht nur dein Ex und seine neue Freundin für völlig durchgeknallt halten, sondern auch die Geschäftsleitung des Ladens, die dir am Ende noch Hausverbot erteilt. Mir ist klar, wie genial dir dieser Plan vorkommt, aber leider kümmert er die anderen Beteiligten nicht genug, um sich zu verhalten, wie du es dir vorstellst. Außerdem dauert es nur umso länger, bis du mit der Trennung fertig wirst, wenn du deine Zeit mit Szenarien wie diesen verschwendest. Nimm dir lieber vor, dich nicht länger wie eine Stalkerin aufzuführen, und such dir sinnvollere Freizeitbeschäftigungen. Oh, und der Typ, mit dem du eigentlich zusammen sein solltest, steht in diesem Moment vielleicht im Laden gegenüber.

Das Gute an all dem Übel...

Die beste schlechte Nachricht ist, dass du weißt, wo er sich in diesem Moment aufhält, weil du ja früher gemeinsam mit ihm unterwegs warst. Samstagvormittags geht er in der Reinigung vorbei, bevor er zum Basketball fährt, und von Montag bis Freitag besorgt er sich um Viertel vor neun bei Starbuck's an der Fifth/Ecke Union einen Kaffee. Das Schlimme daran ist, dass du gegen die Verlockung ankämpfen musst, ihm »rein zufällig« zu begegnen. Das Gute ist, dass du dich problemlos von den kritischen Orten fernhalten kannst, weil du keine Lust auf noch größeren Kummer hast und keine durchgeknallte psychotische Stalkerin bist. Oder? Mäuschen zu spielen, wo er sich gerade aufhält, gibt dir nicht die Befriedigung, die du dir erhoffst. Und die verrückte Ex zu sein, die ständig »auf der Bildfläche erscheint« oder sich im Gebüsch versteckt, raubt dir nur ein weiteres Quäntchen Respekt vor dir selbst. Wann immer du ihn siehst, machst du dich anfälliger für weitere Verletzungen und Kummer. Brauchst du ernsthaft noch mehr Beweise dafür, dass er sein Leben ohne dich weiterlebt?

Hey, Schwester, wenn du wild entschlossen bist, dich an die Fersen deines Ex zu heften, heißt das zumindest, dass du dich besser fühlst, dich besser anziehst und wieder auf die Straße gehst. Verschwende diese Energie nicht auf jemanden, der ohnehin bereits die Kurve gekratzt hat. Konzentrier dich auf dich selbst. Jemanden dazu bringen zu wollen, dass er bedauert, dich gehen lassen zu haben, ist kein plausibler Stalking-Grund. Seine Reue kann das Sahnehäubchen auf dem Kuchen sein, aber die Triebfeder für deine persönliche Weiterentwicklung solltest DU selbst sein, nichts und niemand sonst. Andernfalls riskierst du nur, deine Energie zu verlieren, wenn sich die Dinge nicht so entwickeln, wie du sie in deinen Racheplänen ersonnen hast. Versteh uns bitte nicht falsch – wir begrüßen alles, was dich anspornt, deine Entwicklung voranzutreiben... stehende Ovationen gibt es aber nur, wenn auch das richtige Motiv dahintersteckt.

Was ich falsch gemacht habe
von Greg

Als Resultat meiner Alkoholabstinenz habe ich sofort abgenommen, obwohl ich jeden Abend einen Familienbecher Ben & Jerry-Eiscreme verdrückt habe. Ich habe das getan, um meine Gelüste nach Zucker zu befriedigen, die mich überfielen, weil ich keinen Alkohol mehr trank. Trotzdem nahm ich in fünf Monaten knapp 14 Kilo ab. Meine Haut verbesserte sich ebenso wie meine Stimmung. Ich fing an, Sport zu treiben, las viel und nahm wieder am Leben teil. Aber im Hinterkopf tat ich all das nur für sie. »Wenn sie mich das nächste Mal sieht, gehen ihr die Augen über. Sie wird nicht fassen können, was ihr entgeht.« Mein Leben begann, Gestalt anzunehmen. Die Band, in der ich spielte, trennte sich und fand neu zusammen, und zwar ohne mich (was einiges aussagt), doch es gestattete mir, mich auf meine Arbeit als Standup-Comedian zu konzentrieren. Ich schrieb ein komplettes Einmann-Programm über den Kerl, der ich gern gewesen wäre und der ich in Wahrheit war. Ich nannte das Programm *Mantastic*, und es wurde sogar auf HBO als Special ausgestrahlt. Okay, würde man in dieser Situation denken, wer braucht sie schon? Und diese Frage wäre durchaus berechtigt. Trotzdem ließ ich mir nach wie vor Ausreden einfallen, um ihr in die Arme zu laufen: bei Partys, von denen ich wusste, dass sie dort wäre, bei Veranstaltungen, die sie besuchte, bei Auftritten von Bands, die sie gern hörte. Wenn ich ihr bei einer dieser Gelegenheiten »zufällig« begegnete, lief es immer nach demselben Schema ab. »Hey, Greg, du siehst toll aus. Meinen Freund kennst du ja bereits.« Ich tat all das in der Hoffnung, es bedeute ihr irgendetwas, aber das tat es nicht. Zumindest nicht in der Art und Weise, wie ich es mir erhoffte. Dann kam mir ein Gedanke. »Ich sollte all das für jemanden tun, dem es tatsächlich etwas bedeutet.« Irgendeine Idee, wer dieser Jemand sein könnte? Richtig. Ich.

Wie ich es überstanden habe
von Amiira

Nach der Trennung von meinem Ex liefen wir uns unweigerlich immer wieder in die Arme. Er zog in eine nur zwei Blocks entfernte Wohnung, was in New York bedeutet, dass man sich ständig sieht, weil die Leute oft zu Fuß unterwegs sind und sich das Leben vorwiegend im eigenen Viertel abspielt. Keiner von uns wollte seinen Lieblingsitaliener, sein Frühstückslokal oder seinen Geldautomaten wechseln. Anfangs war alles bestens, weil wir uns nach wie vor vertrugen und sogar versuchten, Freunde zu bleiben. Aber sowie ich mitbekam, dass es eine andere Frau in seinem Leben gab und somit die Gefahr bestand, dass ich ihm in ihrer Begleitung begegnete, konnte ich an nichts anderes mehr denken. Solange wir in derselben Gegend wohnten, dieselbe U-Bahn zur Arbeit nahmen und in derselben Branche tätig waren (was mich zwang, mehrmals pro Woche dieselben Orte aufzusuchen wie er), kreisten meine Gedanken nur darum, welches Outfit ich tragen könnte, damit er seine Entscheidung, mich zu verlassen, bereuen würde. Solange wir dieselben Freunde hatten, lief ich pausenlos Gefahr, zu viel über sein neues Leben zu erfahren und durch irgendwelche Details verletzt zu werden. Solange es irgendwelche Berührungspunkte zwischen uns gab (in unserem Fall gemeinsame Finanzen und das Bestreben nach einer einvernehmlichen Scheidung), wäre dies stets eine Ausrede, Kontakt zu ihm zu halten und die Tür zur Vergangenheit immer wieder aufzustoßen. Es war unmöglich, mit der Beziehung endgültig abzuschließen, weil meine Gedanken unaufhörlich um ihn kreisten. Was macht er gerade? Was denkt er? Liebt er mich noch? Liebt er sie mehr als mich? Denkt er, dass er einen Fehler gemacht hat? Es spielte keine Rolle, denn die kalte, nackte Wahrheit war, dass seine Liebe zu mir nicht groß genug war, um mit mir zusammen sein zu wollen. Es dauerte eine ganze Weile, doch am Ende wurde mir klar, dass ich mich physisch von allem trennen musste, das mich gedanklich im Würgegriff hielt. Eines Morgens, beim Aufwachen, dämmerte es mir: »Hey, das war's. Er lebt sein Leben ohne dich. Wieso tust du dir das noch an? Er ist mit seinem neuen Leben und seiner neuen Freundin (zukünftigen Verlobten und späteren Ehefrau) beschäftigt und verschwendet keinen Gedanken mehr an dich.« Ich gelangte zu dem Schluss, dass ich mein Leben in die Hand nehmen musste – was bedeutete, seiner Welt ein für alle Mal den Rücken zu kehren. Also ging ich zu meinem Boss und bat darum, mich in unser Büro in Los Angeles zu versetzen, wo ich wenige Monate später auch hinzog.

Wow, was für ein cooler Gedanke!

Dein neuer Freund steht nicht vor dem Haus deines Exfreunds, also tu du es auch nicht.

Hausaufgabenbuch für Traurige

Schreib zehn Orte auf, wo du deinem Ex in die Arme laufen könntest.

1.

2.

3.

4.

5.

6.

7.

8.

9.

10.

Und jetzt schreib zehn Orte auf, die du statt der oben genannten Orte aufsuchen wirst.

1.

2.

3.

4.

5.

6.

7.

8.

9.

10.

Psycho-Beichtstuhl

Ich lief ihm und seiner neuen Freundin im Einkaufszentrum in die Arme und sah einfach grauenhaft aus. Eine absolute Katastrophe – mit fleckigem Sweatshirt und allem Drum und Dran. Ich war ENTSETZT und beschloss, dass dies auf keinen Fall seine letzte Erinnerung an mich sein durfte. Also schmiedete ich einen Plan: Wir hatten eine kurze Weile zusammengelebt, deshalb schickte ich ein an ihn adressiertes Päckchen an meine Adresse. Ich rief ihn an und hinterließ eine Nachricht, dass ich etwas bekommen hätte, das nach einem wichtigen Päckchen aussähe. Aber ich würde es in den Müll werfen, wenn er nicht vorbeikäme und es abholte. Wir vereinbarten einen Abholtermin, und ich gönnte mir vorher einen Friseurbesuch, eine Maniküre und eine Behandlung bei der Fußpflege. Sagen wir einfach: Ich sah suuuuper aus! Erinnerung gelöscht!

Anonym
Honolulu, Hawaii

Ort des Geschehens: Therapiezentrum, morgens, Nahaufnahme von Layla

Layla, eine zutiefst betrübte Mittdreißigerin, liegt da.

LAYLA: Ich verstehe immer noch nicht, wieso er es getan hat. Und das macht mich wahnsinnig. Was glauben Sie denn, was er denkt?

THERAPEUTIN: Tja, klingt ganz so, als wäre er in der Beziehung unglücklich gewesen.

LAYLA: Mir kam er aber glücklich vor. Wenn Sie uns zusammen gesehen hätten, würden Sie sagen, dass wir glücklich gewirkt haben.

THERAPEUTIN: Manchmal ändern die Menschen nun mal ihre Meinung, und man kann nichts dagegen tun.

LAYLA: Wenn ich doch nur wüsste, wieso...

THERAPEUTIN: Vielleicht werden Sie es nie erfahren.

LAYLA: Glauben Sie, er hat sich in eine andere verliebt?

THERAPEUTIN: Diese Frage kann ich Ihnen nicht beantworten.

LAYLA: Glauben Sie, er leidet genauso wie ich?

(Die Kamera fährt zurück, worauf klar wird, dass Layla auf einer Massagebank liegt.)

THERAPEUTIN: Schätzchen, ich bin keine Hellseherin.

8
Was denkt er wohl gerade?

Inzwischen weißt du, was wir auf diese Frage antworten werden: Wen kümmert das? Aber für diejenigen unter euch, die darauf brennen, zu erfahren: Geht es ihm so schlecht wie dir? Vermisst er dich? Was macht er? Mit wem macht er es? Was hat er an? Will er, dass wir wieder zusammen sind? Was raten ihm seine Freunde? Geht er zu seiner Ex zurück? All diese Gedanken quälen dich, wenn du nicht schlafen oder nicht arbeiten kannst, wenn du bei der Arbeit einnickst oder versuchst, es nicht zu tun. Wir verstehen, dass du dich durch eine Runde »Was macht er und wie geht es ihm?«-Obsession quälen musst, bevor du dich endgültig mit der Situation abfinden kannst.

Hier ist die Antwort, die du unbedingt hören willst. Der einzige Grund, weshalb er dich nicht angerufen hat, ist: Er ist so unendlich traurig, dass er inmitten einer nass geweinten Pizzaschachtel auf dem Boden in seiner Wohnung liegt. Das Einzige, wozu er sich aufraffen kann, ist, sich fieberhaft zu überlegen, wie er dich zurückgewinnen kann. Er hat der Frauenwelt abgeschworen (mit Ausnahme von dir, natürlich), dem Alkohol und auch jeder Art von Vergnügen, weil ohne dich nichts mehr Spaß macht. Es besteht die Gefahr, dass nie wieder ein Lachen oder ein Lächeln seine Züge erhellt. Das einzig Wahre an diesem Abschnitt ist, dass ohne dich nichts mehr Spaß macht – aber nicht einmal das trifft die Realität, weil er genau in diesem Moment sein Leben ohne dich weiterlebt.

Wir wissen, dass du dir wünschst, er möge sich wegen dir grämen und sich jeden Morgen fragen, wie er den Tag überstehen soll. In einer perfekten Welt wird er von Kummer gebeutelt und grübelt, wie er einen solchen Fehler begehen konnte, während er sich in den Erinnerungen an eure schönen Zeiten suhlt. Er ist kaum fähig, etwas zu essen und rechtzeitig zur Arbeit zu kommen, allein die Vorstellung, auszugehen oder einen anderen Partner kennen zu lernen, ist unerträglich. Er sollte genauso trauern wie du, stimmt's?

Aber leider sieht die Wahrheit so aus: Wenn du diejenige bist, die verlassen wurde, ist der Schmerz frisch, widerlich und manchmal sogar unerträglich. Es ist, als hätte dir jemand den Teppich unter den Füßen weggezogen, und deine Welt fühlt sich an, als stünde sie mit einem Mal auf dem Kopf. All deine Pläne sind hinfällig. Schluss. Ausgeträumt. Einfach so. Aber noch viel schlimmer ist, dass derjenige, der dich sitzen gelassen hat, auch noch einen Riesenvorsprung und die Trennung scheinbar längst verschmerzt hat. Die ganze Zeit, als er mit dem Gedanken gespielt hat, die Beziehung zu beenden, hatte er Gelegenheit, sich emotional von dir zu lösen. Während deine Wunden also noch hässlich und frisch sind, genießt dein Ex den Vorteil, nicht nur in der Machtposition des Verlassenden zu sein, sondern er hatte auch die Chance, sich innerlich Stück für Stück von dir zu verabschieden, während dich die Trennung eiskalt erwischte. Die Realität ist wirklich hart, aber im Grunde war er längst halbwegs oder sogar vollständig über dich hinweg, bevor du überhaupt ahntest, was los ist. Solltest du selbst schon einmal Schluss gemacht haben, hast du eine ziemlich genaue Vorstellung davon, was er im Moment durchmacht. Ja, mit jemandem Schluss zu machen, ist eine üble Angelegenheit. Du hast ein schlechtes Gewissen, weil du einem anderen Menschen wehtust. Aber

Tatsache ist: Wenn du diese anfänglichen Gewissensbisse erst einmal überwunden hast, stellt sich ein überwältigendes Gefühl der Erleichterung ein. Wenn du also ernsthaft wissen willst, was er gerade denkt, bitte sehr: Er hat ein schlechtes Gewissen, weil er dir wehgetan hat. Er vermisst dich manchmal und denkt vielleicht sogar darüber nach, ob er dich anrufen soll, letzten Endes ist er aber erleichtert, dass es vorbei ist.

Aber, Greg, ich habe da eine Frage...

Was ist, wenn ihm nicht klar ist, was für einen Fehler er macht?

Lieber Greg,

mein Exfreund kann unmöglich eine bessere Frau als mich finden. Das hat er sogar zugegeben, als er mit mir Schluss gemacht hat. Unsere Trennung liegt mittlerweile sechs Wochen zurück, und ich verliere fast den Verstand. Wenn er doch weiß, dass ihn nie eine Frau so lieben wird wie ich, wieso tut er dann so etwas? Haley

Liebe Beste Frau der Welt,

er lebt sein Leben ohne dich weiter, schöne Frau, und tritt nicht ins Kloster ein. Es mag zwar zutreffen, dass er keine Bessere als dich findet, aber wahrscheinlich hat er das nur gesagt, um seinen bevorstehenden Abgang ein wenig erträglicher für dich zu machen. Manchmal tun Menschen so etwas. Aussagen à la »Ich werde niemals jemand Besseren finden als dich« bedeuten in Wahrheit »Ich finde dich immer noch toll, will aber trotzdem nicht mehr mit dir zusammen sein, also heul bitte nicht. Herr Ober, die Rechnung bitte.« Hör zu, Superfrau, trotz seiner großen Worte sieht es so aus, als würde er ernsthaft versuchen, ohne dich weiterzuleben. Deshalb schlagen wir vor, du tust dasselbe und suchst dir jemanden, für den es wirklich keine Bessere gibt.

Aber was ist, wenn er sich selbst sabotiert?

Lieber Greg,

mein Exfreund und ich waren knapp fünf Jahre ein Paar und haben fast drei Jahre lang zusammengelebt. Vor ein paar Monaten haben wir uns verlobt und mit den Hochzeitsvorbereitungen begonnen. Wir hatten die leidenschaftlichste Beziehung, die du dir vorstellen kannst, und wurden von all unseren Freunden glühend beneidet. Wenn zwei Menschen jemals füreinander geschaffen waren, dann wir beide. Du kannst dir also bestimmt vorstellen, wie fertig ich war, als er aus heiterem Himmel meinte, er treffe sich heimlich mit einer anderen Frau. Natürlich habe ich die Verlobung gelöst und ihn vor die Tür gesetzt, aber ich glaube, er hat nur kalte Füße wegen der Hochzeit bekommen und die andere Frau als Mittel benutzt, um sein künftiges Leben zu sabotieren. Obwohl er inzwischen mit ihr zusammen ist, weiß ich, dass er sie nicht liebt. Was geht in ihm vor?

Colette

Liebe Hochzeitsplanerin,

erstens hat er nicht hinter deinem Rücken diese andere Frau »getroffen« – sondern er hatte Sex mit ihr. Ich »treffe« auch pausenlos andere Frauen. Das ist unvermeidlich im Alltag, stellt aber noch lange keine Gefahr oder einen Trennungsgrund für eine intakte Beziehung dar. Ich glaube Folgendes: Taten sprechen eine deutlichere Sprache als Worte, und seine Taten bestanden darin, sich nackt mit einer anderen Frau »zu treffen«. Wenn der gute Mann jedes Mal mit einer anderen ins Bett geht, wenn er wegen etwas kalte Füße bekommt, kannst du dich glücklich schätzen, nicht JA zu einem Leben voll Liebeskummer und zur Gefahr durch Sexualkontakte übertragbarer Krankheiten gesagt zu haben. Traurigerweise hat er dir die Antwort bereits gegeben, also mach die Augen auf und sieh dir an, was hier in Wahrheit los ist. Zieh deine Laufschuhe an und nimm die Beine in die Hand. Vergiss nicht: Es heißt Schluss machen, weil dann Schluss ist, selbst wenn du es bisher noch nicht gewusst hast.

Werde ich jemals aufhören können, an ihn zu denken?

Lieber Greg,

wenn ich doch nur über diese Trennung hinwegkommen würde! Ich habe keine Lust mehr, ständig im Würgegriff meiner obsessiven Gedanken zu sein. Ich habe alles richtig gemacht. Ich habe mich in die Arbeit gestürzt, mich mit Freunden getroffen, bin ausgegangen, habe versucht, andere Männer kennen zu lernen, habe mich in einem Fitnessclub eingeschrieben und habe alles Erdenkliche getan, um mich zu beschäftigen. Aber es funktioniert nicht, weil ich nur an eines denken kann: was er gerade tut, wo er ist, mit wem er zusammen ist, wie es ihm geht. Ich zwinge mich regelrecht dazu, meinen Alltag zu bewältigen, und denke ständig, dass es besser wird, aber meine Gedanken treiben mich noch in den Wahnsinn. Wird jemals der Zeitpunkt kommen, an dem ich aufhöre, mich zu fragen, was gerade in ihm vorgeht?

Victoria

Liebes Supergirl,

ich kann dir für all deine Aktivitäten gar nicht genug Beifall spenden und bin sogar auf einen Stuhl in meinem Büro gestiegen, weil ich finde, dass du stehende Ovationen dafür verdienst. Ich verspreche dir auch, dass es irgendwann besser wird, aber das Üble an der Zeit ist, dass sie Zeit braucht. Bis dahin solltest du versuchen, dir ein paar realistische emotionale Ziele zu setzen. Versuch, dich »anders« zu fühlen statt »wunderbar« oder »weniger deprimiert« statt »viel besser«. Mal sehen, ob du neuen Mut aus der Tatsache schöpfst, diese Etappenziele erreichen zu können. Wenn du akzeptierst, dass der Prozess

schleichend vorangeht, wirst du überrascht sein,
wie schnell deine Verletzungen heilen. Und, ja,
der magische Augenblick kommt irgendwann. Es
kommt der Tag, an dem dir nicht einmal im Traum
einfällt, an ihn zu denken, geschweige denn, dich
mit der Frage zu beschäftigen, was gerade in ihm
vorgeht. Wenn du mit dem Tempo, mit dem sich
dieser Wandel vollzieht, wirklich nicht zurecht-
kommst, solltest du professionelle Hilfe in Anspruch nehmen. Ich kann dir versichern, dass
es bei mir den Heilungsprozess beträchtlich be-
schleunigt hat, und es war klasse, mit jemandem
zu reden, der sogar studiert hat, um mir durch
diese harte Zeit helfen zu können.

Aber vielleicht kommt er ja wieder zurück.

Lieber Greg,
mein Freund und ich lieben uns wirklich sehr,
haben aber unterschiedliche Vorstellungen vom
Leben (ich möchte Kinder, er nicht), deshalb haben wir beschlossen, Schluss zu machen. Obwohl
wir uns einvernehmlich und in aller Freundschaft getrennt haben, ist es unglaublich schwer,
wenn der Trennungsgrund nicht mangelnde Liebe
oder Hingabe war. Ich liebe ihn noch immer und
er mich, aber keiner von uns ist bereit, beim
Thema Kinder nachzugeben. Ich war mir ganz
sicher, dass er nach der Trennung recht schnell
feststellt, dass er nicht ohne mich leben kann und

nach einer Kostprobe des Alleinseins seine Meinung zu Kindern ändert. Ich finde es schrecklich, nicht mehr mit ihm zusammen sein zu können. Aber ich möchte nun einmal gern Kinder (mit ihm) und habe das Gefühl, es für den Rest meines Lebens zu bereuen, wenn ich in diesem Punkt nachgebe. Die Situation muss doch für ihn genauso qualvoll sein wie für mich, oder?

Samantha

Liebe Sammy,

du hast Recht. Es ist fürchterlich, wenn eine Beziehung nicht aus mangelnder Liebe oder Hingabe in die Brüche geht. Aber die Wahrheit, die du offensichtlich bereits kennst, ist, dass die Übereinstimmung der Wünsche genauso wichtig für den Bestand einer Beziehung ist wie Liebe und Hingabe. Kinder haben zu wollen oder nicht, ist eine fundamentale und sehr persönliche Entscheidung. Hierbei geht es nicht um Fragen wie »Welche Farbe soll die neue Tagesdecke haben?«. Da ich selbst Vater bin, muss ich sagen: Es ist das Allergrößte, Kinder zu haben, und ich würde es zutiefst bedauern, wenn ich diesen Schritt nicht getan hätte, der mich in Richtung dieser Erfahrung geführt hat. Aber das ist meine persönliche Meinung. Wenn du jedoch das Gefühl hast, als wäre das dein Wunsch, solltest du auf deine innere Stimme hören, weil sie immer lauter werden wird. Für ihn mag die Trennung ebenso qualvoll sein, aber er hört offenbar auf den Rhythmus seines eigenen Musikanten im Kopf, und der trommelt eben nicht die Melodie von »Ihr Kinderlein kommet«. Es ist besser, sich jetzt damit abzufinden und dankbar dafür zu sein, so früh an diese Gabelung gekommen zu sein und nicht erst viel, viel später. Es gibt Männer, die gern Kinder wollen, also sei stark und such dir jemanden, so dass dein gequältes Herz bald Ruhe findet.

Wie kann er sich einfach so aus dem Staub machen?

Lieber Greg,

Michael und ich haben uns im College kennen gelernt und recht schnell ineinander verliebt. Nach dem Abschluss zogen wir nach Denver, wo wir beide einen Job in der Sportmedizin gefunden haben. Zwei Jahre später heirateten wir. Ich dachte, wir verstehen uns gut, aber letzten Herbst kam er plötzlich auf die Idee, nicht mehr mit mir verheiratet sein zu wollen. Nach sieben Jahren will er jetzt einfach so Schluss machen! Zum Glück haben wir keine Kinder, aber ich bin am Boden zerstört. Wie kann er einfach so die Kurve kratzen und unser gemeinsames Leben hinter sich lassen?   Kayleigh

Liebe Miss Schlaflos in Denver,

einer funktionierenden und erfüllenden Ehe oder Langzeitbeziehung den Rücken kehren, ist niemals einfach – deshalb bleiben Leute ja manchmal ein ganzes Leben lang dabei. Wenn jemand tatsächlich geht, bedeutet das, dass seine Liebe erloschen ist, aus welchen Gründen auch immer. Es bedeutet, dass derjenige die Beziehung schon lange beenden wollte und irgendwann endlich den Mut aufgebracht hat, den Schritt zu tun. ODER dass es einen anderen Faktor in dieser Gleichung gibt, der ihn dazu veranlasst hat – wie zum Beispiel eine andere Frau, wie ich dir leider sagen muss. Was auch immer der Grund gewesen sein mag, du wirst dich mit dem Gedanken anfreunden müssen, dass er seinen Abgang geplant hat, während du noch dachtest, alles laufe prima zwischen euch. Das bedeutet, an irgendeinem Punkt wart ihr beide eindeutig nicht mehr Teil derselben Beziehung, nur war er derjenige, der es registriert und die Konsequenzen daraus gezogen hat. Während es für dich den Anschein hat, als wäre das Ende unvermittelt gekommen oder bereite ihm keinerlei Probleme, war es für ihn bestimmt keineswegs so. Für ihn ist die Beziehung vermutlich bereits vor einiger Zeit zerbrochen, und was dir jetzt so mühelos erscheint, ist wahrscheinlich das Resultat vieler Stunden, Tage oder gar Monate des Hinterfragens seiner Bedürfnisse und Nachdenkens darüber, ob eine Zukunft mit dir das ist, was er wirklich möchte.

Vermisst er mich denn überhaupt nicht?

Lieber Greg,

eine Trennung ist wirklich eine üble Sache! Noch schwerer macht es die Tatsache, dass mein Ex nicht einmal anruft oder vorbeischaut. Am Tag unserer Trennung haben wir das letzte Mal miteinander geredet. Seither habe ich nicht einmal eine winzige E-Mail bekommen. Ich meine, wenn ich ihm eine Mail schicke, antwortet er darauf, aber von sich aus unternimmt er nichts. Wie können wir uns am einen Tag noch so nahe sein, und am nächsten tut er, als würde ich nicht existieren? Er fehlt mir so sehr! Ich kann nicht fassen, dass er die Trennung so schnell überwunden hat. Bitte sag mir, dass er mich auch vermisst. Fehle ich ihm denn überhaupt nicht?   Navi

Liebe (Ver)miss,

leider hört es sich so an, als würde er dich nicht vermissen. Zumindest nicht genug, um dich anzurufen. Allem Anschein nach hast du immer noch nicht begriffen, dass er mit dir Schluss gemacht hat. Du solltest ihn nicht anrufen oder Mails schicken, weil sich euer Verhältnis zueinander geändert hat und der Kontakt mit ihm dir nicht helfen wird, das emotionale Band zu durchtrennen. Er ist nicht für eine Woche auf Geschäftsreise, sondern hat eurer Beziehung endgültig den Rücken gekehrt. Selbst wenn er dich von Zeit zu Zeit vermisst, überwiegt dennoch seine Überzeugung, dass die Beziehung mit dir nicht das Richtige für ihn war. Selbst wenn er an dich denkt, möchte er keinen Kontakt zu dir haben, was dir eigentlich sagen sollte, dass die Trennung real und endgültig ist und dass du ihn in Ruhe lassen und dein Leben weiterleben solltest.

Aber hat er denn nicht dieselben Erinnerungen wie ich?

Lieber Greg,

ich war schon einige Male in meinem Leben verliebt, aber so etwas wie das, was mein Exfreund und ich hatten, gab es vorher nie. Unsere Beziehung war von der ersten Sekunde an, als wir uns begegneten, bis ein paar Monate vor unserer Trennung absolut perfekt. Wir haben Dinge gemacht, von denen die meisten Menschen nur träumen können: Wir nahmen uns ein Jahr frei und reisten um die Welt, ließen uns zueinander passende Tattoos stechen und bauten sogar mit unseren eigenen Händen ein Haus. Bevor ich ihn kennen lernte, steckte ich in einem geregelten 9-bis-17-Uhr-Leben, deshalb haben mich erst unsere gemeinsamen Abenteuer zu der Frau gemacht, die ich heute bin. Nun, da wir getrennt sind, gibt es praktisch nichts, was mich nicht an ihn erinnert. Ich dachte, diese wenigen nicht ganz so perfekten

Monate wären nur eine Phase, die es nicht wert ist, unsere gesamte Zukunft dafür wegzuwerfen, aber offenbar war er anderer Meinung. Wie kann es einfach so vorbei sein? Wenn ich auf unser gemeinsames Leben zurückblicke, ergibt all das keinen Sinn. Hat er denn nicht dieselben Erinnerungen wie ich?

Misty

Liebe Miss Pastell-Erinnerungen,

ich bin sicher, er hat dieselben Erinnerungen wie du, es sei denn, er hat vor kurzem einen Schlag auf den Hinterkopf bekommen, der ein Trauma ausgelöst hat (wobei ich keineswegs behaupten möchte, du hättest irgendetwas damit zu tun, falls irgendjemand auf diese Idee kommt). Obwohl es klingt, als hättet ihr beide eine sehr abenteuerliche und erinnerungswürdige Beziehung gehabt, scheinen bei ihm andere Gefühle zu überwiegen, die von größerer Bedeutung sind als seine Erinnerungen daran. Wie es einfach so vorbei sein kann, fragst du? Weil es eben so ist. Eure Beziehung mag dir perfekt erschienen sein, ihm hingegen nicht. Es heißt Schluss machen, weil dann Schluss ist. Das ändert nichts an der tollen Zeit, die ihr zusammen hattet, oder schmälert sie, sondern es bedeutet lediglich, dass du dir jemand anderen für deine künftigen Erinnerungen suchen musst.

Aber wie kann er nur an eine neue Partnerin *denken*?

Lieber Greg,

neulich war ich mit meinen Freundinnen unterwegs, die mir verraten haben, dass mein Ex inzwischen eine andere hat. Dabei sind wir gerade mal einen Monat getrennt!! Ich könnte mir nie im Leben vorstellen, so schnell jemand anderen zu finden, weil ich in jedem Mann, der mir begegnet, nur ihn sehe. Ich hatte gehofft, dass wir uns irgendwann versöhnen, aber wie soll das gehen, wenn er eine neue Freundin hat? Denkt er an mich, wenn er mit ihr zusammen ist?   Amber

Liebe Amber,

Menschen entwickeln sich nach einer Trennung weiter – manche langsamer, manche eben schneller. Du musst dir vor Augen halten, dass es für ihn vorbei war, lange bevor er mit dir Schluss gemacht hat. Deshalb konnte er viel früher damit anfangen, die Trennung zu überwinden. Und nicht nur das. Jeder verarbeitet eine Trennung anders. Manche bleiben lieber eine Weile allein, andere fangen sofort an, wieder auszugehen. Für mich hört es sich an, als solltest du dir lieber keine Hoffnungen auf eine Versöhnung machen, deshalb spielt es auch keine Rolle, was er denkt, wenn er etwas mit einer anderen Frau anfängt. Aber da er derjenige war, der Schluss gemacht hat, blickt er schätzungsweise nicht zurück. Du musst eigentlich nur eines wissen: Eine Spitzenfrau wie du wird zweifellos eine geeignetere Beziehung finden – vorausgesetzt, du verabschiedest dich endgültig von dieser hier, versteht sich.

Das Gute an all dem Übel ...

Die beste schlechte Nachricht ist, dass er sich nicht vor Kummer nach dir verzehrt – was es umso einfacher für dich macht, über ihn hinwegzukommen, denn WIE KANN ER ES WAGEN, ES NICHT ZU TUN! Es wäre unfair, alle Männer über einen Kamm zu scheren und zu behaupten, sie würden das Ende einer Beziehung nicht betrauern. Wenn sie das nicht täten, gäbe es keine Sänger, Songschreiber und Poeten, die sich damit auseinandersetzen. Aber im Großen und Ganzen neigen Männer dazu, sich schneller von ihrem Liebeskummer zu erholen als Frauen. In Wahrheit sind Männer und Frauen völlig verschieden gestrickt und gehen deshalb mit Trennungen unterschiedlich um. Männer scheinen von Natur aus eher sexuell orientiert zu sein, suchen häufiger Gesellschaft und gehen bei der Wahl weniger selektiv vor als Frauen. Während für eine Frau mit Liebeskummer allein der Gedanke an die Suche nach einem neuen Partner unerträglich ist, begegnet ein Mann dem Verlust, indem er sich sofort wieder auf Beutezug begibt und mit dem Besuch eines Wet-T-Shirt-Wettbewerbs und einer Riesenportion Chicken Wings sein gebrochenes Herz heilt und seinen enormen Appetit stillt. Männer gestatten es sich auch nicht, sich ihrem Kummer mit derselben Maßlosigkeit hinzugeben wie Frauen. Stattdessen sind sie gesellschaftlich eher darauf konditioniert, eine Trennung schneller zu überwinden, um nicht als erbärmlicher Waschlappen zu gelten. Männer sind eigentlich echte Schwachköpfe.

Sieh es doch mal so: Hast du schon einmal mit jemandem Schluss gemacht? Einen Job hingeworfen, in dem du unglücklich warst? Dich von einer Freundschaft gelöst, der du längst entwachsen warst? Oder dich von etwas in deinem Leben befreit, das einfach nicht funktioniert hat? Wenn ja, weißt du ja, dass in all diesen Situationen der gemeinsame Nenner darin bestand, bereits damit »fertig« gewesen zu sein, noch bevor du den eigentlichen Schritt vollzogen hast. Darüber hinweg zu sein, ist in gewisser Weise das, was dich bewogen hat, endgültig die Kurve zu kratzen. Wenn du die Verlassene bist, musst du die bittere Pille schlucken, dass dein Ex eure Trennung innerlich hinter sich gelassen hat und es wahrscheinlich schon hatte, noch bevor du mitbekommen hast, dass du mittendrin steckst. Ist das nicht echt mies? Aber noch viel mieser ist es, in dieser beschissenen »Was denkt und empfindet er?«-Schleife festzuhängen. Vermisst er mich so wie ich ihn? Nein. Wenn ja, würde er es wissen lassen, indem er entsprechend handelt. Hat er eine andere? Kann sein. Wahrscheinlich. Zumindest arbeitet er daran. Noch mal – es ist übel, aber im Grunde genommen weißt du, dass es nichts am Scheitern eurer Beziehung ändert. Aber – und das ist das Gute daran – wie du im zweiten Teil dieses Buches lernen wirst, könnte diese Trennung das Ereignis sein, das dich nicht nur deine Meinung darüber ändern lässt, wer du bist und was du verdienst, sondern dich auch zu Erkenntnissen führt, auf die du nicht einmal im Traum gekommen wärst.

Was habe ich dabei gedacht?
von Greg

Trotz meiner traumatischen Trennung von Miss New York City war auch ich schon derjenige in einer Beziehung, der Schluss macht. Normalerweise habe ich mich wie jeder andere normale Mann verhalten. Nach der Trennung von einer Frau, mit der ich drei Jahre lang zusammen war, verließ ich ihre Wohnung und ging über den Innenhof des Apartmentgebäudes. Habe ich geweint? Nein, habe ich nicht. So unerfreulich die vergangenen vier Stunden auch gewesen sein mochten, in denen diese zum Scheitern verurteilte Beziehung endgültig beendet wurde, war ich dennoch erleichtert und sogar ein wenig euphorisch. Ob ich später geweint habe? Ein bisschen. Ob ich traurig war? Manchmal, aber nie so traurig, wie sie gewesen zu sein schien. Ob ich zu ihr zurück wollte? Nein. Wollte ich Sex mit ihr? Ja. Habe ich es getan? Einmal. War es ein Fehler? Ja, und zwar ein großer. Es hat nur für zusätzliche Verwirrung gesorgt, obwohl wir uns einig waren, dass es lediglich um Sex geht. Blieben wir danach Freunde? Wir haben es versucht. Hat es funktioniert? Absolut nicht. Was passierte dann? Sie erklärte sich endlich bereit, mich nicht mehr mit Anrufen zu traktieren und meinen Anrufbeantworter nicht mehr zu knacken, und ich versprach, sie mit meinen nächtlichen Anrufen im Suff zu verschonen. Sind wir heute befreundet? Einmal im Jahr schicken wir uns eine E-Mail. Inzwischen ist sie glücklich verheiratet, mit Kindern und allem Drum und Dran. Was lernen wir daraus? Das ganze Drama und Hin und Her hat nichts an der Tatsache geändert, dass wir nicht füreinander geschaffen waren. Manche Männer mögen umkippen und verwirrende Signale aussenden, besonders dann, wenn sie eine potenzielle Gelegenheit für Sex sehen. Aber wenn man genau hinhört, sagt einem allein ihr Entschluss, mit einem Schluss zu machen, alles, was man wissen muss.

Also, noch mal: Wen interessiert es, was er denkt? Du hast ihm schon genug deiner kostbaren Zeit geschenkt.

Was ich falsch gemacht habe
von Greg

Ich konnte einfach nicht damit aufhören. Wie geht es ihr? Wie kann sie durch die Gegend laufen, während ich kaum von der Couch hochkomme? Wie konnten wir dieselbe Beziehung führen und so verschieden über ihr Scheitern denken? Tja, mit letzterem Gedanken habe ich mich lange Zeit herumgeschlagen, bis mir eines Tages aus heiterem Himmel (und vielleicht als Resultat eines erbärmlichen Versuchs, Tagebuch zu führen) klar wurde, dass es ganz einfach war. *Wir hatten gar nicht dieselbe Beziehung geführt.* Nie. Nicht von Tag eins an der Bar, wo wir mit einem dubiosen Handschlag besiegelten, ab sofort ein Paar zu sein. Ich führte nie die Beziehung, die ich eigentlich führen wollte. Okay, ein Mensch mit klaren Richtlinien und einer genauen Vorstellung davon, was er vom Leben erwartet, hätte diese Beziehung wahrscheinlich von Anfang an als inakzeptabel erkannt und »Nein, danke« gesagt. Aber für einen orientierungslosen Kerl mit geringem Selbstwertgefühl und einer Schwäche fürs Dramatische war sie PERFETTO! *Wir haben gar nicht dieselbe Beziehung geführt.* Nachdem ich das erst einmal durchblickt hatte, erschienen all meine Fragen irrelevant, weil sie auf einen Schlag beantwortet waren. Aber das Schöne daran ist, dass *ihr* heute, nachdem ich all das zu Papier gebracht habe, hoffentlich daraus lernen oder wenigstens über meine Fehler lachen könnt und nicht dieselben begeht. Wenn nicht, ist das auch in Ordnung. Denn eines kann ich euch sagen: Nach diesem tiefen Fall habe ich es weit gebracht und liebe heute mein Leben mehr, als ich es je für möglich gehalten hätte.

Wie ich es überstanden habe
von Amiira

Ich habe Jahre mit der Frage zugebracht »Was denkt er?« oder »Wie konnte er das nur tun?«, sowohl als wir noch ein Paar waren als auch nach der Trennung. Es war wie ein nicht enden wollendes Schachspiel mit mir als einziger Spielerin. Ich war sicher, ihn wieder ans Brett zurückholen zu können, wenn ich nur herausfände, was ihn antrieb, und ihn erkennen ließe, was er zu verlieren drohte. Ich habe pausenlos versucht, den Reset-Knopf für unsere Beziehung zu finden, um uns wieder dorthin zu bringen, wo alles prima lief. Na schön, ich halte mich für eine kleine Besserwisserin, aber obwohl mir rational klar war, dass man jemandem ein Gefühl nicht aufzwingen kann, das er nicht empfindet, ließ ich mich nicht davon abhalten, die Probe aufs Exempel zu machen. Ich wünschte mir nichts mehr, als dass in ihm dasselbe Feuer loderte wie in mir und er sich mit derselben Leidenschaft und Entschlossenheit darauf stürzte, unsere Ehe zu retten. Doch all meine Anläufe, ihn aus seiner Lethargie zu reißen, scheiterten kläglich, so dass er nie das Ruder in die Hand nahm und sich in den Mann verwandelte, der er meiner Meinung nach sein sollte. Leider war nichts überzeugend genug, um ihn seine Ambivalenz im Hinblick auf unsere gemeinsame Zukunft vergessen zu lassen. Was ihn betraf, konnten wir entweder zusammenbleiben oder uns eben trennen. Wie auch immer. Cool, was? Als wären diese Alternativen auch nur ansatzweise vergleichbar. In der Version des Lebens, die ich mir erträumte, führte ich eine Ehe, in die beide Partner gleichermaßen investierten. Schließlich dämmerte es mir. Alle diese Fragen wie »Was denkt er?« und »Wie konnte er das nur tun?« beschäftigten nur mich – nicht ihn. In diesem Moment war die Erkenntnis glasklar: ER DENKT ÜBERHAUPT NICHT ÜBER ALL DAS NACH! Sondern nur ich! Deshalb verhielt er sich auch so. Er handelte nicht nach meinen Vorstellungen, weil er gar nicht auf die Idee kam, es zu tun. So unwichtig war unsere Ehe für ihn. Ich war nicht einmal auf seinem Wahrnehmungsradar! Er war zufrieden mit diesem Ebbe-Flut-Zustand, der mich so unglücklich machte. Und soll ich euch sagen, was mir noch aufgefallen ist? Er saß nicht herum und fragte sich, was ich dachte, empfand oder tat, also warum, zum Teufel, vergeudete ich meine Zeit damit? Manchmal ist die knallharte Realität, dass Männer überhaupt nicht an uns denken. Diese Erkenntnis machte es mir so viel einfacher, meinen König beiseitezustellen und das Schachmatt zu akzeptieren, das schon lange auf dem Brett herrschte. Wahre Liebe erfordert keine Strategie – ganz im Gegensatz zum Vorsatz, sein Leben wieder in den Griff zu bekommen.

Wow, was für ein cooler Gedanke!

Im Fitnessclub gibt es jede Menge gut aussehende Männer. Und manche davon stehen sogar auf Frauen.

Hausaufgabenbuch für Traurige

Schmeißen wir eine anständige Selbstmitleidsparty für dich! Weinen ist völlig in Ordnung, aber es den ganzen Tag im Büro zu tun, ist nicht die richtige Strategie, Schätzchen. Also, sieh dir ein letztes Mal sein Foto an, schnuppere an seinem Pulli und dann mach dich bereit, dich endgültig davon zu befreien, denn jetzt leitest du den Heilungsprozess ein. Als Erstes kommt die passende Musikauswahl. Entweder du nimmst die sülzigsten CDs, die du hast, und drückst die »Shuffle«- oder »Random«-Taste – oder wieso nicht anständig auf den Putz hauen? Lade all die traurigen Schnulzen aus dem Internet herunter und stell deinen Privat-Schluchzmix zusammen. Da es eine Party ist, sollte es auch Snacks, leckere Kleinigkeiten und eine Kiste Wein geben. Wie sieht es an der Klamottenfront aus? Was willst du zu deiner Mitleidsparty anziehen? Wie wäre es mit etwas Kuscheligem? Ein Pyjama und Flauschsocken sind in Filmen ja immer ein Schlager. Als Nächstes rührst du einen Kuchenteig an, verdrückst ihn roh und hältst nur inne, um dir den Kochlöffel vor den Mund zu halten und melancholische Lieder hineinzusingen. Eine Schachtel Papiertaschentücher ist auch ein guter Tipp für diese Heulorgien.

Psycho-Beichtstuhl

Ein gutes Jahr lang war ich mit einem Typen zusammen, der in einem anderen Bundesstaat lebte. Irgendwann kam er zu Besuch, und wir hatten ein heißes Rendezvous, das mit einer Runde Sex auf der Toilette des supernetten Restaurants anfing, das wir zum Abendessen ausgesucht hatten, und damit endete, dass ich ihn bat, über einen Umzug zu mir nach New York nachzudenken. Ich sagte ihm, wenn wir nicht in derselben Stadt wohnen würden, wüsste ich nicht, ob ich diese Beziehung noch länger aufrechterhalten könnte. Darauf meinte er irgendetwas wie: »Beziehung? Wovon redest du? Du bist nicht meine Freundin... wir amüsieren uns nur ab und zu... Du dachtest, du wärst meine Freundin? Ehrlich? Nein, du hast doch nicht... oder doch? Komm schon, nie im Leben... Wow, tut mir echt leid.« Ich fühlte mich so GEDEMÜTIGT! Aber trotz allem war ich verblüfft genug, dass ich ihn fragen konnte: »Wieso sollte ich denn nicht deine Freundin sein? Wir fahren gemeinsam in den Urlaub, haben Sex, reden über intime Dinge am Telefon, du rufst mich von deinen Reisen an und kommst her, um mich zu besuchen.« Er zuckte die Achseln und meinte, ich sei eben nur eine von mehreren, mit denen er sich treffe. Ich konnte es nicht fassen, also habe ich einen Privatdetektiv engagiert, um herauszufinden, wie viele Freundinnen er tatsächlich hat. Und für 5000 Dollar erfuhr ich, dass es einige waren. Aber damit war meine Tortur mit diesem Kerl noch nicht beendet. Der Gipfel war, dass er mich Jahre später zu seiner Hochzeit einlud, und zwar solo, ohne Begleitung, und ich tatsächlich in der Hoffnung hinfuhr, dass er es sich bei meinem Anblick noch mal überlegen würde!

Anonym
New York, N. Y.

Teil 2
Die Zeit danach

(Oder: Wie wird man zur Spitzenfrau und
Trennungsheldin mit glänzendem Haar und
einem Koffer voll Selbstwertgefühl)

Jedes Ende ist auch ein neuer Anfang (ja, gut, diese alte Leier), und es ist höchste Zeit, dass wir anfangen, DICH wieder auf Vordermann zu bringen. Das klingt ziemlich klasse, was? Das Tolle am Leben ist, dass man sich aussuchen kann, wer man gern sein möchte, und dann die entsprechenden Schritte einleiten, um sich zu diesem Menschen zu entwickeln. Und dass man jederzeit damit anfangen kann, unabhängig davon, welche Fehler oder Makel hinter einem liegen. Genau das ist unser Ausgangspunkt für die Schritte, die notwendig sind, um dich endgültig über deine Trennung hinwegzubringen. Wir haben uns im Selbstmitleid und Schmerz gesuhlt, haben hinterfragt und geweint. Jetzt ist es an der Zeit, dem Trauerkloß auf Wiedersehen zu sagen und die Trennungsheldin in dir zu begrüßen.

Eine Trennung kann auf Kosten deines Glücks, deiner Sicherheit, deines Selbstvertrauens und deines gesunden Menschenverstands gehen. Möglicherweise büßt du auch dein Lieblingsshirt und deine Moby-CD dabei ein. Und das willst du nicht. Wir wissen das. Denk an all die Renovierungssendungen im Fernsehen, wo das Handwerkerteam vor einer echten Bruchbude steht. Die Rohre sind uralt, das Fundament ist eingesunken, das ganze Haus ist eine erbärmliche, dreckige Baustelle. Dann kommen die Handwerker, reparieren und bauen wieder alles auf. Sie machen einen verdammten Palast daraus, vor dem die Leute am Ende in die Knie gehen (und zwar vor Freude; nicht, weil ihnen ein Vierkant-holz in die Kniekehlen gehauen wird). Sogar das Haus selbst kann nicht fassen, was mit ihm passiert ist. Tja, genau dieses Haus bist du. So willst du sein. Du willst diese Erfahrung mit Würde, Anmut, Kraft und einem Satz neuer Fenster durch-stehen. »Aber ich hatte doch vorher gar keine Fenster«, sagst du jetzt vielleicht. Es ist eine Analogie – also, verlass dich auf uns. Der springende Punkt ist, dass du am Ende dieser Erfah-rung als eine bessere Version von dir selbst dastehen kannst, als du dir je erträumt hast. Klingt das nicht ziemlich ein-drucksvoll, Süße? Das finden wir jedenfalls. Wir beide haben diese Erfahrung gemacht und wollen, dass du ebenfalls in den Genuss kommst!

Als Nächstes folgt unsere Liste der Trennungsgebote. Es handelt sich hierbei lediglich um Vorschläge, um deren Um-setzung wir dich jedoch eindringlich bitten. Wenn du sie Schritt für Schritt befolgst und die Übungen aus dem Tren-nungsarbeitsbuch für Spitzenfrauen anwendest, wirst du fest-stellen, dass du im Handumdrehen Fortschritte machst. Sich selbst neu zu erfinden, ist schwer, das wissen wir. Ihn aus dei-nen Gedanken zu verbannen, ist noch viel schwerer. Doch der einzige Weg durch die Finsternis und ins Licht (wo übri-gens der perfekte Mann deiner Träume schon auf dich war-tet) ist, dich aufzuraffen und aktiv zu werden.

Eines wissen wir genau: Du bist eine tolle Frau. Du gibst dir große Mühe. Aber wir gehen jede Wette ein, dass du in letzter Zeit (vielleicht stimmst du uns in diesem Punkt ja zu) nicht allzu viel über dich selbst nachgedacht hast. Oder zu-mindest nicht in dem Sinne, dass »dich« »dich allein« bedeu-tet hat, sondern es eher ein »über dich und ihn« war. Wenn du dich nicht auf dich selbst konzentrierst, wird es nichts, Schatz. Also, fang heute damit an, ihn aus der Gleichung herauszustreichen. Es ist deine Erfahrung, und ab sofort sollte es hier nur um dich gehen, nicht um dich und ihn oder um die Vergangenheit. Die einzige Möglichkeit, die neue und bessere Spitzenfrau mit den Wahnsinnsfenstern in dir zum Vorschein zu bringen, besteht darin, sich ständig weiterzuentwickeln. Unsere sieben Gebote zeigen dir, wie.

Erstes Gebot
(Oder: Einfach nur eine gute Idee)
Sechzig Tage kein Kontakt zu ihm

Sechzig? Ja, genau. Sechzig. Aber ... KEIN ABER, SCHATZ. Wir wissen, dass dir das wie eine Ewigkeit vorkommt, und das ist es auch. Aber wenn jemand eine »Er-giftungskur« (Alles klar? Er- statt *Ent*giftungskur. Schlau, was?) braucht, dann du. Das ist unser erstes Gebot, und es ist der größte Gefallen, den du dir selbst tun kannst. Die Idee dahinter ist, ihn aus deinem Kopf zu bekommen. Die Chance, dass er Einfluss auf dich hat und Teil deiner Gedanken bleibt, ist geringer, wenn du keinen Kontakt zu ihm hast. Außerdem gibt dir diese Sechzig-Tage-Regel Gelegenheit, die Situation, die dich aus der Bahn geworfen hat, aufs richtige Gleis zurückzubringen. Es ist deine Chance, das Ruder wieder in die Hand zu nehmen. Es ist uns egal, ob er dein Freund bleiben will (oder du seine Freundin), ob er noch Sachen in deiner Wohnung hat oder ob ihr durch einen Unfall mit dem Schweißgerät miteinander verbunden wart. Damit kannst du dich in zwei Monaten befassen, wenn deine Gedanken etwas klarer sind. (Bis dahin hast du wahrscheinlich kein Interesse mehr, ein Wort mit ihm zu wechseln.) Es geht darum, dass du dich um dich selbst kümmerst und in eine Position bringst, in der du die Trennung möglichst ungestört bewältigen kannst.

Sechzig Tage verschaffen dir die emotionale Distanz, die nötig ist, um eine vollständige Genesung zu garantieren. Sehen wir den Tatsachen ins Auge – im Moment drückt dein Ex noch sämtliche Knöpfe. Und das wird er auch weiterhin tun, bis du sie abschraubst. Kein Kontakt ist die einfachste Möglichkeit (und wahrscheinlich auch die einzige), all den Problemen und Stolperfallen aus dem ersten Teil dieses Buches aus dem Weg zu gehen. »Aber, Leute, so einfach ist es nicht«, sagst du jetzt bestimmt. In Wahrheit ist es durchaus so einfach, nur eben nicht so leicht. Wenn du das Rauchen aufgeben wolltest, würdest du dir doch auch keine Zigaretten kaufen und dich mit Kettenrauchern in die Kneipe setzen – oder dich betrinken, um vier Uhr früh den Zigarettengroßhändler anrufen und um Nachschub anbetteln. Realistischerweise besteht die einzige Möglichkeit, all den kleinen Methoden zu entgehen, die du und dein Ex entwickelt habt, um euch gegenseitig zu quälen – er ruft an, um zu hören, wie es dir geht, du erfindest Ausreden, um ihn zu sehen, du checkst wie eine Verrückte dein Mail-Postfach oder, schlimmer noch, seines –, im völligen Kontaktverbot.

Unserer Erfahrung nach können diese zwei Monate – in Zahlen sind das sechzig Tage, 1440 Stunden, 86 400 Minuten und viele, viele, viele Sekunden oder welche Zeiteinheit du auch immer bevorzugst – geradezu Wunder wirken. Wenn du es hinter dir hast, wirst du wissen, was wir meinen. »Aber was ist, wenn ich es nicht schaffe?«, fragst du. Du schaffst es. Wir wissen das, weil dir am Ende sowieso nichts anderes übrig bleibt. Es ist nur die Frage, ob du selbst diese Entscheidung triffst oder sie ihm überlässt, denn irgendwann wird er nicht mehr anrufen und sich stattdessen mit einer anderen Frau treffen. Oder ihr beide seid dieses Endlos-Drama endlich leid. Deshalb solltest du dich für die Alternative entscheiden, die dir erlaubt, von heute an hinter deinen Entscheidungen zu stehen und sie gut zu finden. Mach dich nicht zu dieser lästigen Ex, die einfach nicht weggehen will, sondern verordne dir stattdessen eine freiwillige »Er-giftungs-kur«. Das bedeutet KEIN KONTAKT! Du ergreifst weder selbst die Initiative noch nimmst du seine Anrufe an oder lässt dich von ihm besuchen. Hier gibt es keine Grauzonen. Selbst wenn du die Absicht hast, mit ihm befreundet zu bleiben, nimm dir zumindest diese zweimonatige Auszeit von eurer Beziehung. Vertrau uns. Wenn er tatsächlich der Freund ist, den du dir wünschst und den du brauchst, wird er es verstehen – und ist wahrscheinlich sogar selbst dankbar für ein wenig Distanz.

Immer noch nicht überzeugt? Dann beantworte die folgende Frage: Wieso solltest du mit jemandem reden wollen, der dir gerade das Herz gebrochen hat? Du würdest doch auch nicht jeden Tag zu deiner Arbeitsstelle zurückgehen, aus der du rausgeflogen bist, nur weil du dich gern schlecht fühlen willst, oder? »Aber ich habe meinen Job wirklich geliebt!« Na und? Sie haben dich vor die Tür gesetzt. »Aber mein Job war so gut im Bett.« Wie bitte? Spätestens jetzt kannst du davon ausgehen, dass man den Sicherheitsdienst ruft und dich nach draußen begleitet. (Und, mal ganz ehrlich, die Typen vom Sicherheitsdienst haben etwas Besseres zu tun. Und du auch!)

Versuch doch mal, es so zu sehen: Du machst dir die Zeit, die du ihm geschenkt hast, selbst zum Geschenk, und er bekommt mindestens zwei Monate lang nichts davon ab, bis du zu deinem neuen Selbst gefunden hast. Jeder von uns hat doch irgendwelche Projekte, die er schon immer in Angriff nehmen wollte, oder nicht? Tja, jetzt hast du Zeit dafür! Ob es etwas Schönes ist (wie deine Eiscremevorräte alphabetisch durcharbeiten) oder etwas Grässliches (wie die Steuererklärung) – genau diese Dinge helfen einem, sich besser zu fühlen, wenn man sie erst einmal erledigt hat. Sie können auch eine hervorragende Möglichkeit darstellen, sich wieder einmal mit sich selbst zu beschäftigen und seine Energie auf Aktivitäten und Menschen zu verwenden, die man während der Beziehung mit dem Ex vernachlässigt hat. Hier sind ein paar Ideen:

✳ Ordne deinen Kleiderschrank neu und leg all deine Sachen ordentlich zusammen.

✳ Kleb all deine Fotos in ein Album oder in beschriftete Fotoschachteln. Und wenn du schon dabei bist, mach Kopien von den Lieblingsfotos deiner Familie und deinen Freunden und schick sie mit ein paar netten Zeilen an die jeweiligen Personen.

✳ Lade all deine CDs auf deinen Computer oder iPod, verkauf sie anschließend im Internet und gib das Geld für den tollen Bleistiftrock von Marc Jacobs aus, auf den du ein Auge geworfen hast.

✳ Bitte eine Freundin, dir Stricken beizubringen, und ruf deinen eigenen Strickclub ins Leben.

✳ Hol deine Klarinette, das Klavier, die Gitarre heraus oder welcher Staubfänger auch immer in deiner Zimmerecke steht und leg los.

✳ Leih dir die Lieblingsfilme aus der Zeit deiner aktiven Persönlichkeitsbildung aus und lade deine Freunde zu einem John Hughes/Cameron Crowe/Quentin Tarantino/Adam Sandler-Festival ein.

✳ Geh zum nächsten Zeitungsstand, geh die Titelseiten durch und kauf das Magazin, das dir ins Auge sticht. Vielleicht hast du ja ein neues Interessensgebiet, von dem du bisher nichts gewusst hast.

✳ Versuch dich als Gärtnerin. Pflanze ein paar Gardenien vor deinem Schlafzimmerfenster und Nachtjasmin neben der Tür, der dein Zuhause mit einem herrlichen Duft erfüllt. Wenn du in einem Apartment wohnst, wären vielleicht ein paar Kräuter im Topf eine nette Idee. Nichts macht sich besser auf deiner Fensterbank als Rosmarin, Basilikum und Thymian.

✳ Wenn du einen Hund hast, wieso lässt du ihn nicht zum Therapiehund ausbilden, damit er Kranke besuchen und ihnen den Tag versüßen kann?

✳ Lass dich als »Big Sister« für minderprivilegierte Kinder registrieren oder arbeite ehrenamtlich im Gemeindezentrum. Jetzt ist der beste Zeitpunkt, auch an andere Menschen zu denken. Vergiss nicht, du hast so viel zu geben!

Wie um alles in der Welt soll ich das anstellen?

Zwei Monate klingen wirklich heftig. Das ist der Grund, weshalb man bei vielen 12-Stufen-Programmen immer einen Schritt nach dem anderen in Angriff nimmt. Kümmer dich nicht um morgen, sondern nur um das, was heute auf dem Programm steht. Deine Aufgabe für den heutigen Tag lautet, ihn nicht zu sehen oder mit ihm zu reden. Und morgen nehmen wir uns den morgigen Tag vor. Prinzip verstanden? Wenn du diese Zeilen morgen liest, ist für dich heute, und du kannst dich dazu beglückwünschen, dass du einen Tag ganz allein überstanden hast. Du kannst dir sogar jeden Tag ein Kreuz in den Kalender machen – es gibt nichts Inspirierenderes als reihenweise dicke schwarze Kreuze.

Solltest du morgen feststellen, dass du nach wie vor große Vorbehalte gegen diese Idee hast, solltest du eine ehrliche

Bestandsaufnahme machen und versuchen herauszufinden, weshalb es dir so schwer fällt. Schließlich kennst du dich selbst am besten. Und wenn nicht, ist es höchste Zeit, dich kennen zu lernen. Wir haben sogar ein geeignetes Instrument für diese Bestandsaufnahme für dich gefunden. Genau: Besorg dir ein Notizbuch. »Toll, Leute, genau das wollte ich – Hausaufgaben machen müssen. Ich hoffe, Mathe kommt auch vor.« Okay, wir verstehen das, und den Großteil dessen, was wir von dir verlangen, kannst du im Kopf erledigen. Ehrlich. Aber die Entwicklung schwarz auf weiß vor sich zu sehen und zu wissen, dass du sie selbst in die Wege geleitet hast, hat etwas ganz Besonderes an sich. Ein sichtbarer Beweis, dass du an dir arbeitest, und etwas, das du immer wieder in die Hand nehmen und deine Erfolge nachvollziehen kannst, ist wirklich eine erstklassige Motivation. Der zweite Vorteil des Notizbuchs ist, dass es ein sicherer Ort sein kann, wo du all deine Verrücktheiten deponieren und so verhindern kannst, dass du sie in die Welt hinausträgst. »Was ist, wenn ich lieber in einem Café schreibe?« Hey, kein Problem. So war das mit »in die Welt hinaustragen« nicht gemeint (siehe auch Gebot Nummer fünf).

Trennungsarbeitsbuch für Spitzenfrauen

Als Erstes sollte dein Arbeitsbuch ein Gesicht bekommen, besser noch, SEIN GESICHT. »Ich werde ihm bestimmt nicht die Haut abziehen und auf den Einband tackern. So etwas ist verboten«, sagst du jetzt bestimmt. Klar. Such stattdessen das beste und das schlechteste Foto, das du von ihm hast. Dann klebst du die beiden Aufnahmen auf die erste Seite.

Unter dem guten Foto listest du all seine guten Eigenschaften auf, all jene, die du am meisten an ihm vermissen wirst, dann vervollständigst du bitte folgenden Satz: Das ist der Mann, den _____ . Unter dem schlimmsten Foto schreibst du seine schlechtesten Eigenschaften auf. All das, was du auf keinen Fall an ihm vermissen wirst. Darunter schreibst du den Satz: Das ist der Mann, der _____ . Hier sind ein paar Beispiele, falls es dir schwer fällt, einen Anfang zu finden:

Bestes Foto von ihm	Schlechtestes Foto von ihm
Beste Eigenschaften	**Schlechteste Eigenschaften**
Sieht aus wie Ashton Kutcher	Nicht so clever wie Ashton
Steht hinter seinen Freunden	Tratscht hinter ihrem Rücken über sie
Hat viel für Schönheit übrig	Sieht zu viele Pornos
Putzt sich regelmäßig die Zähne	Kratzt sich ständig die Eier Schlechter Schuhgeschmack
	Hat mich betrogen
	Hat mit mir Schluss gemacht

Sein Sinn für Humor	Geschmacklose Witze
Vor dem Kamin kuscheln	Kuschelt mit der Nachbarin
Toller Sex	Sex mit der Nachbarin
Die Art, wie er mich ansieht	Die Art, wie er die Nachbarin ansieht
	Seine Nachbarin
Das ist der Mann,	Das ist der Mann, der
den ich heiraten wollte.	**mich nach Strich und Faden verarscht hat.**

Wenn du die Liste zusammengestellt hast, sieh dir beide Spalten genau an. Dein Ex ist eine Mischung aus beiden Seiten und besitzt all diese Eigenschaften. Es ist viel einfacher, sich nur an die guten zu erinnern und die Beziehung als das zu romantisieren, was sie zu Beginn war (sprich, perfekt), als sich vor Augen zu führen, wie sie im Lauf der Zeit zu bröckeln und Probleme aufzuwerfen begann, die letzten Endes zu ihrem Scheitern geführt haben. Das ist ab sofort das Erste, was du sehen wirst, wann immer du dein Arbeitsbuch aufschlägst. Er war nicht perfekt. Deine Beziehung war nicht perfekt. Am Ende des Tages ist er nur ein Mensch wie du und ich. Nur nicht gerade ein ansehnlicher, wenn er sich ständig an den Eiern kratzt. Jetzt blätter um und leg los.

Also, wo waren wir stehen geblieben? Ach ja. Bei den sechzig Tagen, ohne ihn zu sehen oder mit ihm zu reden, und

warum das so schwer ist. »Weil ich ihn vermisse, ihr Blöd-
männer!« Wir kennen diese Argumente in- und auswendig:
Du bist daran gewöhnt, mit ihm zu reden; du bist es nicht
gewöhnt, allein einzuschlafen; du willst unbedingt die Freundschaft retten; er hat dich verletzt und wird sich nicht so einfach aus deinen Gedanken verbannen lassen; er hat noch
deine Lieblingssocken; er hat den schönsten Penis, den du je
gesehen hast, und so weiter und so weiter. All das sind nur
Ausreden und vorgeschobene Gründe, um dein Leben nicht
ohne ihn auf die Reihe bekommen zu müssen. Es ist Schluss
zwischen euch und, wie wir bereits festgehalten haben, er
hat dir gegenüber einen Vorsprung, so dass er die Trennung
schneller überwunden haben wird. Also solltest du dich fragen, was es dir bringt, dich an ihn zu klammern und ihn
um ein Zipfelchen seiner Aufmerksamkeit anzubetteln. Was
bringt es dir, dich selbst (oder ihn) zu quälen? Entschädigt
dich die vorübergehende Freude, seine Stimme zu hören, für
die umso deutlichere Zurückweisung, wenn dir am Ende jeden Telefonats und jeder Begegnung bewusst wird, dass du
dein altes Leben nicht zurückbekommst? Was ist so kostbar
an ihm, dass es dich davon abhält, dich wieder gut zu fühlen?

All diese Fragen musst du selbst beantworten, und genau
dafür ist dein Arbeitsbuch gedacht. Wir schlagen sogar vor,
dass du in den nächsten sechzig Tagen jeden Morgen nach
dem Aufstehen als Erstes dein Notizbuch zückst. Selbst wenn
du eine Viertelstunde früher aufstehen musst und dir nichts
anderes einfällt als »Ich habe nichts zu sagen«, »Ich möchte
ihn so gern anrufen« oder »Ich hasse diese Idioten, die mich
dazu gebracht haben, dieses Tagebuch zu führen«. Schnapp
deinen Kaffee und lass es krachen. Allein das befähigt dich,
einen Teil deiner Gedanken, Ängste und Schmerzen aus dei-

nem Gedächtnis zu verbannen, und wenn es nur für ein paar Stunden ist. Wäre es nicht toll, mal eine kleine Pause von deinen Grübeleien zu haben? Wäre es nicht toll, deinen Freunden eine kleine Atempause zu gönnen, indem du dein Gelaber in deinem Tagebuch ablädst? Wir wissen, dass du dich beschissen fühlst. Wir wissen, dass all das nur nach dem üblichen »Bla bla bla, versuch das mal, weil es echt cool ist«-Mist klingt. Wenn du es so empfindest, schreib es auf. Wann immer du ein bestimmtes Gefühl – ob positiv oder negativ – und ein paar Minuten Zeit hast, halte es in deinem Notizbuch fest. Lass deine Wut daran aus! Oder kritzel nur irgendetwas, mal Strichmännchen oder zeichne die Umrisse deiner Hand nach und mach einen Thanksgiving-Truthahn draus.

Wenn du etwas detailliertere Anweisungen haben willst, vervollständige folgende Sätze. Mal sehen, vielleicht lösen sie von ganz allein einen heftigen Anfall von Schreibwut aus. Vielleicht erlebst du dein blaues Wunder, wenn du siehst, wie viel sich in deinem Inneren angestaut hat.

1. Sechzig Tage ohne Kontakt mit ihm ist hart, weil _____ _____.

2. Warum soll ich diejenige sein, die unbedingt _____ _____.

3. Am häufigsten denke ich _____ an ihn.

4. Heute werde ich _____, statt mit ihm zu reden.

5. Selbst wenn ich mich hundeelend fühle, habe ich wenigstens _____.

6. Das ist doch völlig idiotisch, weil _____.

Hey, ich weiß, was du denkst
von Greg

Du denkst: »Ja, ja, aber hast du das auch getan?« Habe ich. Ich habe geschrieben, Collagen zusammengestellt und gebastelt. Ich habe Briefe an meine Wut geschrieben (die sie aber nie beantwortet hat. Typisch.), habe aus meinen Ängsten eine Voodoo-Puppe geformt und einen Tanz erfunden, um meine Einzigartigkeit zu feiern – ich brauche wohl nicht zu erwähnen, dass Letzteres meinem Wohnungsgenossen mächtig zu denken gegeben hat. »Hey, Kumpel, was zum Teufel machst du da?« – »Oh, ich tanze, um meine Einzigartigkeit zu feiern.« – »Klar, aber muss das unbedingt in der Küche oder sonst wo im Haus sein?« Es gibt wohl keine Übung, die ich nicht ausprobiert habe. Ob sie funktionieren? Ich glaube schon. Sie helfen einem, mit seinem Problem umzugehen, und geben einem ein Ventil für die negative Energie, die einen andernfalls daran hindern könnte, sein Leben wieder auf die Reihe zu bekommen. Wir verlangen nicht von euch, aus euren Träumen einen Pappmaché-Hut zu basteln, aber wir glauben, dass die einfache Tätigkeit, bestimmte Dinge in Worte zu kleiden, hilfreich sein kann. Es hilft, die Gedanken aus dem Kopf und auf ein Blatt Papier zu bekommen. Ehrlich gesagt habe ich nie etwas geschrieben, bevor mir jemand empfohlen hat, ein Tagebuch anzulegen, und seht mich heute an. Ich schreibe ein Buch, in dem ich euch rate, Tagebuch zu schreiben. Ha! Das Leben ist manchmal einfach unglaublich!

Besondere Umstände

Aber was ist, wenn wir zusammenleben? Gemeinsame Kinder haben? Zusammen eine Chinchilla-Farm auf dem Land betreiben? Was ist, wenn ein sechzigtägiges Kontaktverbot schlicht und ergreifend nicht durchsetzbar ist?

In diesem Fall sollte euer Kontakt so knapp und freundlich wie möglich verlaufen, während du Vorkehrungen triffst, dir eine eigene Bleibe zu suchen beziehungsweise die Chinchilla-Farm zu verkaufen. Wenn Kinder im Spiel sind, hat ihr Wohlergehen selbstverständlich Vorrang, und du als Frau mit echter Klasse, die jede Situation mit bestechender Souveränität meistert, wirst dich auch dieser Herausforderung stellen … indem du den Kontakt auf ein Minimum und strikt auf die Kinder beschränkst. BENUTZ NICHT die Chinchillas, um deinen Mann zu bestrafen. Sie sind unschuldig und haben nichts mit all dem zu tun. Ihr Leben ist mit diesem ständigen Gerenne und dem Fellwachstum schon stressig genug. Dasselbe gilt für die Kinder.

Kinder sind flexibel und können eine Trennung oder eine Scheidung gut überstehen, solange sie von den Erwachsenen halbwegs anständig über die Bühne gebracht wird. Du als bewundernswerte Trennungsheldin musst die Beziehung mit deinem Ex neu definieren. Die Art und Weise, wie du das bewerkstelligst, lehrt deine Kinder eine Menge über Beziehungen. Gewiss ist dies eine der schwierigsten Aufgaben deines Lebens, die große Umsicht von dir verlangt. Sechzig Tage mit eingeschränktem Kontakt können dabei helfen, einen Teil der Spannung abebben zu lassen, und das Hauptaugenmerk des Kontakts auf die Kinder und ihr Wohlbefinden zu legen, wird den Beginn der Neudefinition erleichtern. Mag sein, dass du im Lauf der Zeit Fehler gemacht hast, aber das ist ein völlig normaler Verlauf deiner Lernkurve, also setz dich nicht unter Druck. Die Art, wie man mit einem Fehler umgeht, ist viel bedeutungsvoller als der Fehler selbst.

Laut unserer Statistik...

...steht der Punkt »Ich wünschte, ich hätte den Kontakt abgebrochen und nicht versucht, mit ihm befreundet zu bleiben« ganz oben auf der Liste der Dinge, die die mehreren hundert im Zuge unserer Recherchen Befragten am meisten bereuten. Fast alle waren der Meinung, es mache die Trennung nur umso schwieriger, wenn der Kontakt bestehen bleibe. Nicht nur das, sondern fast alle, die den Kontakt aufrechterhalten hatten, waren mittlerweile ihrem Expartner nicht länger freundlich gesonnen – am Ende hatten sie doch den Selbsterhaltungstrieb über den Entschluss gestellt, nicht länger Gefühle in den Kerl zu investieren, der ihnen das Herz gebrochen hat. Oder es wurde ihnen irgendwann klar, dass der andere die Mühe ganz einfach nicht wert ist. Wir werden jetzt nicht mit »Das haben wir doch gleich gesagt« ankommen, aber vielleicht haben all die anderen ja doch Recht, was diesen Punkt betrifft. Wir meinen ja bloß...

Und du dachtest, deine Trennung sei schlimm!

Mein Freund und ich waren fast vier Jahre ein Paar, die meiste Zeit davon haben wir auch zusammengelebt, wollten heiraten und Kinder haben. Seine Familie war immer schon ziemlich chaotisch, während meine eigene zwar nicht perfekt sein mag, aber nicht einmal ansatzweise dieselbe Belastung darstellt. Um eine Vorstellung von den Verhältnissen zu geben, aus denen er stammt: Er hat drei Geschwister, die allesamt wegen Drogendelikten, Ladendiebstahl und allen möglichen anderen Vergehen verhaftet wurden. Als man seine Schwester wegen Trunkenheit am Steuer einsperrte, brachte keiner die Kaution auf, weil seine Mutter nicht genug verdient und mein Freund kürzlich gekündigt hat, um sich selbständig zu machen (wofür ich ihm den nötigen finanziellen Rückhalt gesichert habe). Also habe ich angeboten, die Kaution auszulegen. Die Familie hat versprochen, mir den Betrag in Raten zurückzuzahlen, wann immer sie können (was bis zum heutigen Tag nicht passiert ist). Dann war da noch sein Vater, der eine dreijährige Haftstrafe wegen Anlagebetrugs absaß. Die Inhaftierung seines Vaters war einer der Hauptgründe, weshalb wir mit unserer Verlobung warten wollten, da mein Freund unbedingt seinen Vater bei der Feier dabei haben wollte.

Endlich sollte sein Vater entlassen werden, nur der Berufungsausschuss musste noch seinem Wohnsitz zustimmen, damit man ihn im Auge behalten konnte. Da er sich von seiner Ehefrau getrennt und niemand sonst Platz hatte, fragte mein Freund, ob sein Vater nicht bei uns leben könnte, bis ihm sein Bewährungshelfer grünes Licht für eine eigene Wohnung gäbe. Er hob hervor, auf diese Weise könnte ich die Beziehung zu seinem Vater aufbauen, die er sich so wünschte. Ich sollte vielleicht erwähnen, dass wir damals in meinem Haus wohnten, das ich von meinem schwer erarbeiteten Geld gekauft hatte. Mein Freund beteiligte sich nur mit einem knappen Betrag, bis er seine Firma auf die Beine gestellt und zum Laufen gebracht hatte. Also zahlte ich zusätzlich zu den Kosten für seine neue Firma auch die Hypothek, und nun sollte noch sein Dad, der Exknacki, für drei Monate zu uns ziehen. Ich dachte, da wir bald heiraten würden, gehörte er ja praktisch zur Familie.

FALSCH. An dem Tag – genau, an dem TAG –, als die vom Bewährungsausschuss auferlegten drei Monate in meinem Haus abgelaufen waren, sagte mein Freund, er »liebe mich nicht mehr«. Wow. Ich konnte es nicht fassen. Also wurde ich einfach so in die Wüste geschickt, nachdem ich all die Jahre entweder eine besch … Heilige oder ein Fußabstreifer gewesen war. Die Aussage, das Ganze hätte meine Welt aus den Angeln gehoben, ist eine Untertreibung allererster Güte, und es dauerte sehr, sehr lange, bis ich darüber hinweg war. Monatelang weinte ich, litt ich, aß nicht, schlief nicht und konnte keinen klaren Gedanken fassen. Meine Depression war unübersehbar. Aber ich blieb hart und sah ihn kein einziges Mal, nachdem er ausgezogen war, oder redete mit ihm. Nach dem, wie er und seine Familie mich behandelt hatten, weigerte ich mich, noch tiefer zu sinken. Es fiel mir unglaublich schwer, bis zu dem Tag, als ich hörte, dass er vier Monate nach unserer Trennung eine andere geschwängert hatte (als Resultat eines One-Night-Stands, wohlgemerkt) und ihr an einem Donnerstagnachmittag im Rathaus das Jawort gab. Ist das zu fassen? Inzwischen schätze ich mich glücklich, diesem Familienchaos so unbeschadet entkommen zu sein. Ich hätte ebenso gut mit dieser Sippe und einem Kerl, der doch nicht so toll war, am Hals enden können!

Carole
Fairfax, Virginia

Zweites Gebot
(Oder: Ein ziemlich eindringlicher Vorschlag)
Such dir eine Trennungs-freundin

»Was zum Teufel soll das denn sein?«, fragst du jetzt. »Irgendeine lächerliche ›Therapiepuppe‹, die ich anschreien und der ich meine Sorgen anvertrauen soll? Tja, das läuft aber nicht.« Nur die Ruhe, Hitzkopf! So nett die Idee von uns beiden als deinen Trennungsfreunden auch sein mag, geht doch nichts über das Ohr und das gute Herz eines menschlichen Wesens, das dir durch diese Phase hilft. Wir wollen diejenigen sein, an die du dich wendest, wenn du Hilfe brauchst; für den Fall, dass du keine Freundin auftreiben kannst, stellt die Lektüre dieses Buches vielleicht eine kleine Hilfe für dich dar. Aber eine gute Freundin zu haben, die du anrufen kannst, wenn du einen Moment der Schwäche hast, dich einsam fühlst oder drauf und dran bist, den ganzen Kübel Chicken Wings allein zu verdrücken, während du in Unterwäsche vor dem Fernseher sitzt, ist eben besser.

Wenn du zu den Menschen gehörst, die denken: »Oh, ich will aber niemandem zur Last fallen«, ist das sehr rücksichtsvoll von dir – und glaub bloß nicht, dass es unbemerkt bliebe. Aber lass dir eines von uns sagen: Ein guter Freund wird sich geehrt fühlen, dass du ihn oder sie ausgesucht hast, und gern bereit sein, dir in dieser heiklen Situation zu helfen. Eine der größten Freuden des Lebens ist, einem Freund in Not zur Seite zu stehen, und dieser Freund bist im Moment du. »Aber ich schaffe das schon allein.« Ja, du könntest das, aber wieso solltest du das tun? Bei van Gogh endete es damit, dass er sich das Ohr abgeschnitten und es an seine Ex geschickt hat.

Wenn du dir eine Trennungsfreundin suchst, ist es wahrscheinlich eine, die dir spontan dafür geeignet erscheint. Wenn nicht, sollte die Betreffende mindestens drei der folgenden Eigenschaften mitbringen:

1. Hatte zumindest halbwegs Einblick in deine Beziehung.
2. Ist eine gute Zuhörerin oder gibt erfolgreich vor, es zu sein.
3. Hält dich für eine echte Spitzenfrau!
4. Besitzt ein Handy, einen Piepser oder andere verlässliche Telekommunikationsmittel, die sie leicht erreichbar machen.
5. Lebt nahe genug bei dir, um in akuten Fällen von Trennungskummer schnell vor Ort zu sein.
6. Hat eine Stunde pro Tag Zeit, um mit dir zu reden, wenn es nötig ist.
7. Hat ebenfalls schon einmal eine Trennung durchgemacht.
8. Verdient ihren Lebensunterhalt nicht als Clown.

Die Idee hinter dem Vorschlag, sich eine Trennungsfreundin zu suchen, ist ganz einfach: Ein Mensch in einer Notsituation (in diesem Fall du) ist nicht immer in der Lage, die allerklügsten Entscheidungen zu treffen. Manchmal braucht man jemanden, der einem hilft, den Tag zu überstehen, und einen daran hindert, rückfällig zu werden. Doch wie wir im ersten Teil dieses Buches erläutert haben, kann man seinen Freundeskreis mit dem einseitigen, zwanghaften Bedürfnis vertreiben, ständig »darüber« zu reden. Aus diesem Grund solltest du deine persönliche Trennungsfreundin bereits im Vorfeld warnen, dass du die nächsten sechzig Tage ihre Zeit, Geduld und Energie benötigen wirst, um dir zu helfen. Die Aufgabe deiner Trennungsfreundin kann darin bestehen, diejenige zu sein, die du anrufen kannst, wenn dich das Bedürfnis überkommt, die Nummer deines Ex zu wählen, oder die als Ersatzpartner fürs Abendessen oder den Kinobesuch am Wochenende zur Verfügung steht. Sie sollte auch als Mittelsfrau fungieren, wenn es zwischen dir und deinem Ex irgendwelche unerledigten Dinge gibt oder in der heißen »Er-giftungsphase« Habseligkeiten ausgetauscht werden müssen. Es sollte jemand sein, an den du dich wenden kannst, wann immer du nicht weißt, was du mit dir anfangen sollst, außerdem sollte sie gewährleisten, dass du nichts tust, was deinen Heilungsprozess gefährdet – wie zum Beispiel ein mitternächtlicher Hausfriedensbruch oder wüste Baskin-Robbins-Gelage.

Wie um alles in der Welt soll ich das anstellen?

Um Hilfe zu bitten, ist immer schwer für jemanden, der sich als Menschen betrachtet, der sein Leben im Griff hat. Oft ist es einfacher, seinen Tränen freien Lauf zu lassen und nicht mehr aus und ein zu wissen, als auf eine Freundin zuzugehen und zu sagen: »Ich brauche Hilfe.« Aber weißt du was? Wir stehen nicht allein auf dieser Welt da. Manchmal muss man einfach akzeptieren, dass man nicht auf alle Fragen eine Antwort hat und nicht alles ohne fremde Hilfe auf die Reihe bekommen kann. Außerdem gibt es viele Dinge, die viel mehr Spaß machen, wenn man sie nicht allein bewältigen muss.

Nicht enden wollender Liebeskummer kann eine unglaubliche, erbarmungslose Qual sein. All jene, die selbst schon einmal verlassen wurden, besitzen eine unvergleichliche Art der Kameradschaftlichkeit und des Mitgefühls für ihre Leidensgenossen. Jeder von uns hat Freunde, die selbst schon einmal in dieser Situation gesteckt haben. Wahrscheinlich warst du selbst damals mit der Schachtel Papiertaschentücher zur Stelle. Also, greif nach dem Hörer und ruf deine Freundin an. Sie wird dir sehr gern helfen, das garantieren wir dir.

Inwiefern unterscheidet sich dieses Vorgehen davon, all deine Freunde mit deinem zwanghaften Gesülze zu drangsalieren? Gut, dass du fragst. Sich eine Trennungsfreundin an die Seite zu stellen, ist eine Art, die Kontrolle zu übernehmen. Statt dem Bedürfnis nachzugeben, in jedem Lebensbereich zu jammern, zu heulen und sich im Selbstmitleid zu suhlen (was das Ganze nur noch schlimmer macht und hinauszögert), beschränkst du es auf *eine* Freundin, die bereit ist, dir zu helfen. Somit gewährleistest du, dass du zwar Unterstützung bekommst, aber nicht alle anderen Menschen um dich herum deinem endlosen Gejammere aussetzt. Eine Vereinbarung getroffen zu haben, entbindet dich auch von jeder Form von Gewissensbissen, die dich vielleicht plagen, weil du deine Trennungsfreundin bereits zum dritten Mal an diesem Tag anrufst. Du hast sie gebeten, dir die nächsten sechzig Tage zur Seite zu stehen – sie hat sich dazu bereit erklärt. Also kannst du nach dem Hörer greifen, wenn du das Bedürfnis danach hast, ohne dich schämen zu müssen oder die Freundschaft aufs Spiel zu setzen.

Trennungsarbeitsbuch für Spitzenfrauen

Nimm dein Notizbuch und schreib all die Gelegenheiten auf, wann du dir in den letzten Jahren gewünscht hast, jemanden um Hilfe zu bitten. Dann schreibst du hinter jede Gelegenheit, warum du es nicht getan hast. Nun überleg dir fünf gute Gründe, weshalb du jetzt um Hilfe bitten solltest, selbst wenn alle fünf lauten: »Weil die Autoren dieses Buches es mir geraten haben.« Als Nächstes schreibst du fünf Gründe auf, weshalb du niemanden um Hilfe bitten solltest. Am Ende streichst du die letzten fünf Gründe durch und suchst dir eine Trennungsfreundin.

Hey, ich weiß, was du denkst
von Greg

Ob ich einen Trennungsfreund hatte? Als ich allmählich anfing, mein Leben wieder auf die Reihe zu bekommen, hatte ich praktisch jede meiner Freundschaften über alle Maßen strapaziert – mit Ausnahme die zu meiner unglaublich tollen Schwester, die jedoch in einem anderen Bundesstaat lebt. Zum Glück sieht das Alkoholentziehungsprogramm, für das ich mich entschieden habe, vor, dass sich jedes Mitglied einen Mentor sucht. Genau daraus ist die Idee mit der Trennungsfreundin beziehungsweise -freund entstanden. Ich weiß nicht, was ich ohne meinen Mentor getan hätte. Es war eine solche Erleichterung, meinen Kummer jemandem mitteilen zu können, der dasselbe durchgemacht hatte und mich beruhigen konnte, dass ich mit den richtigen Denkansätzen aus diesem Tief wieder herauskommen würde. Es besteht kein Zweifel daran, dass dir ein schwieriger Prozess bevorsteht. Gerade wenn man anfängt, sich wieder halbwegs gut zu fühlen, passiert aus heiterem Himmel etwas, und – zack – schon fühlt man sich wieder hundsmiserabel. Wäre es nicht toll, in all diesen Momenten der Schwäche jemanden zu haben, den man anrufen kann? Jemanden, der einem das Versprechen gegeben hat, einen durch diese schmerzliche Zeit zu begleiten? Noch etwas: Auch Amiira und ich denken an dich. Das ist ja der Grund, weshalb wir dieses Buch geschrieben haben.

Besondere Umstände

»Aber er war mein bester Freund.« Das war das Mädchen in der dritten Klasse auch, das immer nach Eiersalat roch, trotzdem hast du heute keinen Kontakt mehr zu ihr, oder? Okay, manchmal kann man so tief in eine Beziehung verstrickt sein, dass man sich isoliert und dann auf einmal allein dasteht, wenn die Partnerschaft in die Brüche geht. Aber jetzt ist der perfekte Zeitpunkt, den Kontakt zu seinen alten, verständnisvolleren Freunden wieder aufleben zu lassen. Du bist nicht der einzige Mensch, der sich von einer Beziehung hat absorbieren lassen und den Kontakt zu seinen Freunden verloren hat. Also, nimm deinen Mut zusammen und mach den ersten Schritt. Du wirst überrascht sein, wie sehr sich deine alte Truppe freut, dich wieder zurückzuhaben.

»Ich habe aber keine engen Freunde.« Muss wirklich toll für deinen Freund gewesen sein, im Zentrum deines Universums zu stehen. Wir wollen dich nicht unter Druck setzen, sondern dir einfach einen Tipp für die Zukunft geben: Eine gute Beziehung ist kein Ersatz für gute Freunde. In einem perfekten Leben ist für beides Platz. Und wir finden: Höchste

Zeit, dass du Freunde hast, weil du es nämlich garantiert wert bist. Natürlich entstehen Freundschaften nicht über Nacht – wie wäre es also, wenn du dir bis dahin professionelle Hilfe suchst? Es ist immer gut, jemanden zum Reden zu haben, besonders wenn es sich dieser Jemand zur Aufgabe gemacht hat, Menschen durch schlimme Lebensphasen zu helfen. Wer weiß, vielleicht wird dir ja dabei auch bewusst, warum du außer deinem Freund niemanden sonst so nahe an dich heranlassen konntest. Wenn die Zeit dafür gekommen ist, wirst du bestimmt auch offen für neue Freundschaften sein.

Laut unserer Statistik ...

... taucht in jedem einzelnen Trennungsbericht, den wir im Zuge unserer Recherchen gelesen haben, die Aussage »Ohne meine Freunde hätte ich das nicht überstanden« auf. Das Spektrum reichte von täglichen Anrufen, um zu sehen, wie es der frisch Getrennten ging, bis hin zu gemeinsamen, von Freunden initiierten Urlauben. Die einzige Gemeinsamkeit all dieser Freundschaftsaktivitäten bestand darin, wie dankbar die Betroffenen für die Hilfe waren. Im Falle einer Trennung sind Freundschaften das beste Heilmittel, also nutze sie.

Ein paar Worte an die Trennungsfreundin

Deine Freundin hat dich also gebeten, ihre Trennungsfreundin zu sein. Das ist toll! Du solltest diese Bitte als Ehre betrachten, denn im Grunde sagt sie Folgendes aus: »Mein Leben geht den Bach runter, und du bist der einzige Mensch, an den ich mich wenden kann!« Das muss doch ein tolles Gefühl sein, denn mal ehrlich – ist das nicht genau das, weshalb wir auf der Welt sind? Um uns gegenseitig zu helfen? Aber bestimmt denkst du jetzt: »Hmm, das ist eine Aufgabe mit großer Verantwortung. Was soll ich jetzt machen? Was ist, wenn ich mich gar nicht als Trennungsfreundin eigne?« Alles, was du dafür brauchst, sind zwei Ohren und ein bisschen Geduld. Mehr nicht. Aber wir haben eine Liste mit Richtlinien und Denkanstößen zusammengestellt, die du in den nächsten beiden Monaten im Hinterkopf behalten kannst.

1. Es ist nicht deine Aufgabe, dafür zu sorgen, dass deine Freundin wieder in Ordnung kommt. Das muss sie selbst schaffen. Du kannst zuhören, ehrlich sein und sie von irgendwelchem Unsinn abhalten … wie zum Beispiel, bei ihrem Exfreund anzurufen.

2. Es ist okay, Grenzen zu setzen. Auch du hast ein Leben und willst nicht ausgenutzt werden. Wenn du nur eine Stunde am Tag für ein Telefonat erübrigen kannst, ist das eine prima Sache. Wenn du bei der Arbeit nicht reden kannst – wunderbar. Sag ihr, wann du zur Verfügung stehst und wie sie sich im Notfall verhalten soll.

3. Bring ein bisschen Spaß ins Spiel. Es ist okay, wenn sie dir eine Zeit lang den Pulli nass weint, aber irgendwann solltest du einen Kinobesuch, ein Konzert oder einen gemeinsamen Spaziergang vorschlagen. Sag einfach: »Lass uns beim Gehen weiterreden.« Versuch zu verhindern, dass sie in Lethargie versinkt. Deine Aufgabe und ihre Rückkehr ins Leben lassen sich viel leichter bewältigen, wenn man unterwegs ist und mitbekommt, dass selbst jemand mit dem schlimmsten Liebeskummer aller Zeiten durch süße Hunde, attraktive Fußgänger oder tolle Schaufensterauslagen auf andere Gedanken kommen kann.

4. Geduld, Geduld, Geduld. Es kann eine Weile dauern, bis dein Schützling sein neues Leben als Single in den Griff bekommt. Das ist völlig in Ordnung. Solange sie es in deiner, liebe Trennungsfreundin, sicheren Gesellschaft tut, nicht in der ihres Ex.

5. Lass sie teilhaben. Deine Erfahrung, deine Stärke und Hoffnung werden ihr aus dem dunklen Tunnel heraushelfen. Vielleicht hast du ja etwas Ähnliches durchgemacht, also erzähl von deiner Geschichte und den Dingen, die dir geholfen haben, die Trennung zu überstehen. Es von jemand anderem zu hören, ist tröstlicher, als du dir vorstellen kannst.

6. Dass du dich für diese Aufgabe zur Verfügung stellst, macht dich zu einer wirklich guten Freundin.

Und du dachtest, deine Trennung sei schlimm!

Mein Vater vertrat stets strikt die Meinung, eine Frau sollte vor der Hochzeit nicht mit einem Mann zusammenleben. Deshalb flippte er auch aus, als ich entgegen seinen Wünschen mit meinem Freund zusammenzog, mit dem ich über ein Jahr zusammen war. Mein Freund hatte einige Jahre zuvor Privatkonkurs angemeldet, deshalb mussten das Apartment und sämtliche Rechnungen auf meinen Namen laufen. Außerdem war seine Bonität so miserabel, dass er weder eine Kreditkarte noch einen Überziehungskredit für einen neuen Wagen bekam, obwohl er einen festen Job hatte. Also ließ ich ihn als zweiten Inhaber für mein Konto und meine Kreditkarten eintragen und überredete sogar meinen Vater (der immer noch nicht begeistert war, dass seine Tochter in Sünde lebte), ihm einen alten Wagen zu überlassen, den er nicht mehr fuhr. Anfangs strengte sich mein Freund auch an, belastete mein Konto nur, wenn es wirklich nötig war, zahlte jeden Monat seinen Anteil an den Kosten und überwies pünktlich die Raten für den Wagen an meinen Vater. Alles lief prima, und mein Vater fing an, ihn zu mögen.

Tja, aber dann begann mein Freund, eine Menge Marihuana zu rauchen und gelegentlich auch irgendwelche anderen Drogen (ich glaube, es war Kokain) zu konsumieren, worauf er sogar seinen Job verlor. Statt sich etwas anderes zu suchen oder seinen Konsum einzuschränken, beschloss er, sein Glück als Talentmanager zu versuchen. Er kaufte ganze Wagenladungen Büroausstattung und Audio- und Videoequipment mit meiner Kreditkarte und legte sich neue Klamotten zu. Monatelang warf er mit dem Geld nur so um sich und strapazierte mein Konto, ohne auch nur einen Penny zurückzuzahlen, so dass ich allein auf der Miete und den

Raten an meinen Vater sitzen blieb. Ich versuchte, ihn zwar zu unterstützen, aber nicht zuzulassen, dass er mich finanziell in den Ruin trieb. Am Ende verlangte ich die Kreditkarten von ihm zurück. Seine Reaktion bestand darin, dass er mich mit einer Flut an Schimpfworten überschüttete. Ich verbrachte die Nacht bei meiner Schwester, und als ich am nächsten Morgen nach Hause kam, stellte ich fest, dass er verschwunden war und alles mitgenommen hatte.

Ich sperrte sofort meine Kreditkarten, trotzdem blieb ich auf einem Schuldenberg von rund 10.000 Dollar sitzen. Ich war fassungslos, wie ich mich in diesem Mann so hatte täuschen können, und schämte mich zutiefst, unter diesen Umständen meiner Familie unter die Augen zu treten. Trotzdem rief ich meine Schwester an. Sie machte mir Mut und half mir, mit der Trennung und dem Verschwinden meines Exfreunds fertig zu werden und zu überlegen, wie ich meine Schulden zurückzahlen konnte. Dank ihrer Hilfe gelang es mir, mein Leben wieder in den Griff zu bekommen und alles zu tun, um finanziell und persönlich wieder auf die Beine zu kommen. Am Ende zog ich nach Hause zurück und bestand darauf, meinem Vater die Raten für den Wagen bis auf den letzten Penny zurückzuzahlen. Es dauerte sechs Jahre, sämtliche Schulden abzuzahlen, die mir dieses Arschloch hinterlassen hatte, aber es war die Sache wert, weil ich es geschafft habe (obwohl es echt übel war). Viel wichtiger ist, dass ich gelernt habe (wenn auch auf die harte Tour), dass Liebe nicht davon abhängen sollte, was man für einen anderen Menschen tun kann. Heute habe ich einen tollen Job, tolle Freunde, einen liebevollen, nicht nachtragenden Vater und sogar ein paar Ersparnisse. Wie ich höre, arbeitet mein Ex inzwischen bei Banana Republic in Connecticut.

Gabby
Seattle, Washington

Drittes Gebot
(Oder: Was du ernsthaft in Betracht ziehen
solltest)

Weg mit seinen Sachen und allem anderen, was dich an ihn erinnert

»Aber mit diesen Sachen sind doch auch so viele schöne Erinnerungen verbunden.« Toll, in diesem Fall wirst du dich noch viel mehr darüber freuen, wenn du in fünf Jahren darauf stößt. Jetzt, in diesem Augenblick, liegt die Priorität darauf, aus deinem Zuhause eine Oase der Erholung statt eine »Aber er hatte doch so schöne Augen«-Folterkammer zu machen. Es geht darum, über ihn hinwegzukommen, und alles, was dich an die Vergangenheit erinnert – Fotos, Kleider, diese selbst gebrannte Kitsch-CD von ihm –, sind Dinge, die diesen Prozess nur unnötig in die Länge ziehen. Dafür hast du keine Zeit! Du musst dich von jedem Erinnerungsstück an die Beziehung trennen. Mach dir bewusst, dass es lediglich materielle Dinge sind, und verbanne sie für eine Weile aus deinem Leben.

Die erste Zeit nach einer Trennung wird von einem Gefühl tiefer Einsamkeit, der Leere und der Inhaltslosigkeit dominiert. Es ist, als würde man ins eiskalte Wasser geschubst. Du wirst mit dem Kopf untergetaucht und damit erbarmungslos diesem Schockgefühl ausgesetzt, von dem du dich kaum befreien kannst. Unserer Meinung nach kann man gleiches nur mit gleichem bekämpfen oder, besser gesagt, ein Gefühl mit einem anderen Gefühl. Deshalb werden wir Empfindungen wie »einsam« mit »anders« bekämpfen, indem wir dafür sorgen, dass deine Umgebung sich nicht einsam, sondern einfach nur anders anfühlt. Mit diesem Ziel stellen wir jetzt mit dir die Bude auf den Kopf.

Als Erstes brauchst du eine Schachtel, in die du jetzt gleich all seine Sachen packst, gemeinsam mit allem, was dich zu sehr an ihn erinnert. Geh bei der Auswahl streng, aber vernünftig vor. Du brauchst nicht gleich sämtliche Gläser einzupacken, nur weil er gern Orangensaft getrunken hat, aber die gerahmten Fotos von euch beiden, seine Zahnbürste, Toilettenartikel und seine CDs müssen weg, besonders die von *Puddle of Mudd*. Wenn du den Souvenirladen eurer Beziehung verpackt hast, schaff ihn aus dem Haus. Du kennst das Sprichwort »Aus den Augen, aus dem Sinn«. Indem du alles wegschaffst, was dich an ihn erinnert, machst du buchstäblich Platz für alles wunderbare Neue, was kommen mag.

Teil zwei deines Plans, in deinem Zuhause eine Atmosphäre von »anders« statt »einsam« zu schaffen, besteht darin, umzustellen und umzudekorieren. Das bedeutet nicht, dass du losziehen und dir für viel Geld eine komplett neue Einrichtung zulegen sollst. Stell einfach die Möbel, die du hast, ein wenig anders hin. Vielleicht streichst du ein, zwei Wände frisch, rückst deine Couch auf die andere Seite des Zimmers, so dass sich ein neues Raumbild ergibt, oder hängst deine Bilder um. Vertausche die Vorhänge im Schlaf- und Wohnzimmer. (Aber nicht die Fenster mit schwarzer Folie zukleben – das ist der falsche Ansatz.) Kauf dir neue Bettwäsche, stell das Bett an die andere Wand und schlaf ab sofort auf der anderen Seite. Räum all deine Schränke und Schubladen aus und sortiere sie anders wieder ein. Mach einfach ein paar Dinge ANDERS.

Wenn du mitten in der Nacht aufwachst, weil du zur Toilette musst, solltest du dir das Schienbein anstoßen, weil sich die Wohnung so radikal verändert hat. Was sich toll anfühlt, wenn der blaue Fleck erst einmal abgeklungen ist und du nicht länger fluchst, überhaupt damit angefangen zu haben. Indem du deine unmittelbare Umgebung veränderst, verschaffst du dir neue äußere Schlüsselreize, die veränderte Gefühle in dir hervorrufen sollten. Alles, was sich in irgendeiner Weise anders als nach Einsamkeit oder Liebeskummer anfühlt, ist ein riesiger Schritt in die richtige Richtung. Es ist eine andere Art, sein Verhalten über das Gefühl zu stellen, wie wir bereits in Kapitel 3 erwähnt haben. Indem du das Andere annimmst, führst du dich selbst aus dem Zustand des Schmerzes heraus. Selbst wenn das bedeutet, dass du dir dabei blaue Flecke an den Schienbeinen holst.

Wie um alles in der Welt soll ich das anstellen?

Erstens rufst du deine Trennungsfreundin zur großen Umräumaktion an. Mach eine Flasche Wein auf oder spendier einen Sechserpack Pepsi Light, lass eine Pizza kommen, leg ein paar tolle Platten auf und mach eine Party daraus. Besorg dir verschiedene Schachteln. Eine für Wertgegenstände, die er zurückbekommen sollte (Kleidung, elektronische Geräte, etc.), eine zweite für Fotos, Geschenke und Erinnerungsstücke an eure gemeinsame Zeit, und eine für Krempel, der in den Müll geworfen werden kann (wie sein Nagelklipser. Igitt!!). Wirf seine Sachen nicht weg, denn so sauer du im Moment auf ihn sein magst, ist es doch besser, sich anständig zu verhalten. Langfristig wirst du froh darüber sein.

Deine Trennungsfreundin sollte diejenige sein, die ihm die Schachtel mit seinen Sachen überbringt, denn du bist immer noch in der Sechzig-Tage-Er-giftungsphase. Die Schachtel ist keine AUSREDE, sich mit ihm zu treffen – es ist nur eine Schachtel. Der Karton mit der Aufschrift »Abfall« wandert auf direktem Weg in die Mülltonne. Zur Schachtel mit den Erinnerungen: Kleb sie zu und gib sie deiner Trennungsfreundin, damit sie sie für dich aufbewahrt. Deine Freundin wird sich darum kümmern, während du daran arbeitest, deinen Kummer zu überwinden, und auch entscheiden, wann der richtige Zeitpunkt ist, sie dir zurückzugeben. Vergiss nicht, deine Trennungsfreundin liebt dich. Und wir tun das auch. Und jetzt gib ihr die Schachtel! Wenn du im Moment keine Trennungsfreundin hast, bring die Schachtel zu deinen Eltern. Wenn sie nicht in derselben Stadt wohnen wie du, schick sie ihnen mit FedEx. Oder stell sie in die Garage oder in ein anderes Zimmer im Haus, das du nicht häufig betrittst. Verdammt, du kannst sogar einen Lagerraum dafür mieten oder sie im Garten verbuddeln. Sorg einfach dafür, dass sie weg ist.

Trennungsarbeitsbuch für Spitzenfrauen

Sobald du all die vertrackten Erinnerungsstücke an ihn verbannt und die Wohnung umgeräumt hast, nimm dir einen Augenblick Zeit. Setz dich mit deinem Notizbuch hin und lass deine neue Umgebung auf dich wirken. Halte deine ersten Eindrücke fest. Wie sieht deine neue Umgebung aus?

Welches Gefühl gibt sie dir? Tut dein Schienbein noch von deiner nächtlichen Wanderung auf die Toilette weh? Spürst du so etwas wie Zufriedenheit, weil du dich überwunden und dir selbst etwas Gutes getan hast? Das solltest du nämlich! Schreib auf, wie sich dein neues Leben künftig entwickeln sollte. Aber der springende Punkt ist: Deine Umgebung sollte dir verraten, dass dein neues und anderes Leben bereits begonnen hat.

Hey, ich weiß, was du denkst
von Greg

Nach meiner Trennung saß ich mit einigen meiner neuen Freunde beim Kaffee. Thema der Unterhaltung war: »Welches völlig idiotische Klischee trifft auf dich zu?« Bei mir war es die abgewandelte Variante von »Ohne Fleiß kein Preis« namens »Ohne Schmerz kein Preis«, denn ich steckte noch mitten im Prozess, mit den Überresten meines Liebeskummers fertig zu werden. Doch dann sagte Doug, Exfootballspieler, Gelegenheitsschauspieler und Vollzeit-Barkeeper: »Chaos im Bett, Chaos im Kopf.« Ehrlich? Gibt es so was? Ist das von Dr. Seuss? Alle lachten, aber ob ihr es glaubt oder nicht – am nächsten Tag betrachtete ich den Futon, auf dem ich meine Nächte zubrachte, und dachte »Chaos im Bett, Chaos im Kopf«. Es traf mich wie ein Keulenschlag. Das Chaos meines ungemachten Bettes, meines Schlafzimmers, der ganzen Wohnung, wo wir schon dabei sind, stand in unmittelbarem Zusammenhang mit dem Chaos, das in meinem Kopf herrschte. Es war, als stünde ich inmitten meines unaufgeräumten Kopfes. All die unbezahlten Rechnungen, die schmutzige Wäsche, der Kram, den ich von einer Wohnung in die nächste mitschleppte. Kleider, die ich nie im Leben anziehen würde. Und all ihre Sachen. Ich hatte tonnenweise Sachen von ihr. Wenn ich wirklich auf eine Frau stehe, umgebe ich mich gern mit Dingen, die mich an sie erinnern, besonders da ich häufig unterwegs bin und mit Begeisterung Fotos oder Ähnliches bei mir habe. Aber nach der Trennung weiterhin von all ihren Sachen umgeben zu sein, war alles andere als tröstlich. Es schmerzte. Selbst meine Pullover, die sie häufig getragen hatte… es war alles zu viel.

Dann tat ich etwas wirklich Heftiges. Ich schmiss alles auf den Boden. Höchste Zeit, sich mit all dem Plunder auseinanderzusetzen. Ich leerte sämtliche Schubladen und Schachteln, nahm Dinge von den Regalen und aus den Schränken. Schätzungsweise dachte ich, wenn es schon mal auf dem Boden liegt, müsste ich mich auch darum kümmern.

Eine Dreiviertelstunde später lag alles, was ich besaß, auf dem Boden meines Apartments verstreut. ALLES. Dann ging ich los und besorgte mir ein paar Kartons und Müllsäcke. Ihr könnt euch bestimmt vorstellen, was als Nächstes kam. »Hast du die Kartons hintereinander gestellt und Zug fahren gespielt?« Nein. Ich machte Ernst. Ich fing an, alles auszusortieren, all die Dinge loszuwerden, die ich nicht benutzte. Ich warf Kleider weg, von denen ich immer behauptet hatte, ich würde sie eines Tages anziehen, ohne es jemals getan zu haben. Ich entsorgte Zeitschriften, die ich wegen eines Fotos von Gwen Stefani oder aus irgendeinem anderen Grund behalten hatte, an den ich mich nicht mehr erinnern konnte. Ich wollte Klarheit. Ich stieß auf unzählige Dinge, von denen ich nicht einmal gewusst hatte, dass ich sie besaß – sprich, ich würde sie auch nicht vermissen, wenn sie nicht mehr da waren. Die Sachen, die ich nicht wegwarf, sortierte ich. Ich stellte eine Kiste mit Erinnerungsstücken an unsere Beziehung zusammen und eine mit ihren Sachen, die ich ihr zurückgeben würde. Dann sah ich mir meine eigenen Sachen genau an, warf einiges weg, das ich nicht mehr gebrauchen konnte, und behielt, was noch wichtig war. Doch das Allerwichtigste war: Ich schuf Platz für neue, tolle Dinge, die kommen würden – darunter eine Karriere, eine neue Freundin und ein paar wirklich schöne neue Hemden.

Besondere Umstände

»Aber was ist, wenn wir zusammenleben?« Tja, in diesem Fall schlägst du zwei Fliegen mit einer Klappe. Unsere Philosophie bei der Aufteilung eines gemeinsamen Hausstands lautet so: »Nimm, was du brauchst, und lass den Rest dort.« Wir wissen, dass man sich aus Rache am liebsten alles unter den Nagel reißen würde, um dem Menschen wehzutun, der einem das Herz gebrochen hat. Dieser Gedanke kommt einem zwangsläufig irgendwann einmal in den Sinn, weil es einem als wunderbare Möglichkeit erscheint, dem anderen »Ich sch … auf dich« zu sagen. Aber wenn du alles mitnimmst, bist du auch weiterhin nur von Dingen umgeben, die dich an ihn und dein altes Leben erinnern. Es ist, als würdest du dich selbst zu einem mentalen Gefängnisaufenthalt verurteilen. Im ersten Augenblick mag es dir nicht so vorkommen, aber glaub uns – es ist befreiender, mit so wenig Ballast wie möglich zu gehen und ganz von vorn anzufangen. Lass ihm doch all den Plunder da!

Der Tag der Wahrheit

Es ist allein deine Entscheidung, was geht und was bleibt, aber es kann nur gut für dich sein, dir ehrlich einzugestehen, welche Erinnerungsstücke nur unschöne Gefühle in dir auslösen. Hier ist eine Liste, die dir hilft, loszulegen.

Zurück an Absender (Sein Karton)

1. Seine CDs. Wie oft wirst du dir schon *Staind* anhören?

2. Sein iPod, sein Laptop, seine Digitalkamera und alle anderen Wertgegenstände, es sei denn, er schuldet dir noch Geld. In diesem Fall ist eBay eine wunderbare Alternative.

3. Alle seine Kleider, auch sein »Rage Against The Machine«-Tour-Shirt, das du so gern im Bett angehabt hast.

4. Das Babyfoto, das dir seine Mom gegeben hat, beziehungsweise jede andere Leihgabe seiner Familie.

5. Der Verlobungsring.

Um Himmels willen aufbewahren (Deine Schachtel)

1. Fotos, Liebesbriefe und Geburtstagskarten. Es ist immer toll, Erinnerungen an schöne Zeiten zu haben. Wir gehen davon aus, dass es die gab, da Menschen sich nur selten bei Auseinandersetzungen fotografieren. Es

kann lustig sein, die Briefe und Karten später einmal zu lesen, also binde sie zusammen und leg einen Zettel dazu, auf dem steht »Erst lesen, wenn ich mindestens 15 Jahre verheiratet bin«.

2. Alle anderen Schmuckstücke und Geschenke. Du hast den Verlobungsring zurückgegeben, damit hast du ein Recht auf alle anderen angenehmen Begleiterscheinungen dieser Beziehung.

3. Die Videokassette, auf der ihr beide zusammen im Bett zu sehen seid. Du willst doch nicht, dass die Aufnahme im Internet landet oder als Halbzeit-Unterhaltungsprogramm bei der nächsten Super-Bowl-Party mit seinen Freunden dient.

4. Jedes andere Material mit Erpressungspotenzial, nur für den Fall, dass er doch nicht so ein Gentleman ist. Beispiel: ein Foto, das ihn zeigt, wie er beim Junggesellenabschied seines Bruders die Brüste einer Stripperin betatscht.

5. Alles, was er nur für dich gebastelt hat. Immerhin hat er sich angestrengt und nur für dich dieses Malen-nach-Zahlen-Bild gepinselt.

Ab in den Müll (Tschüs und Sayonara)

1. Seine Zahnbürste, sein Rasierer, seine Zahnspange und sein Haarwuchsmittel. Jedes Beweisstück, dass er bei dir übernachtet hat.

2. Seine Pornos.

3. Seine Unterwäsche und Socken. Sie zählen für unsere Begriffe nicht als Wertgegenstände. Außerdem kann er froh sein, dass er all die anderen Sachen zurückbekommt.

4. Seine Freihanteln, das Proteinpulver, die Nahrungsergänzungsmittel zum Muskelaufbau und der Stapel *Men's Health* von seinem zweiwöchigen Fitnesswahn.

5. Sein PalmPilot oder Adressbuch. Hoppla. Sorry!

Laut unserer Statistik ...

»Alles erinnert mich an ihn. Jeder Song im Radio, jede Sendung im Fernsehen, jeder Laib Brot, jeder Geldautomat, alles, wohin ich auch gehe ...« Wir können euch gar nicht sagen, wie oft wir das in den Trennungsberichten gelesen haben. Könnten wir euch in den Arm nehmen, euch den Rücken tätscheln und liebevoll »Ich weiß« sagen, würden wir es tun, denn es stimmt. Irgendwann einmal ging es uns genauso wie dir jetzt. Wenn alles an ihn erinnert, ist es das Beste, für eine andere Umgebung zu sorgen, wenn man dem entgehen will. Wenn sich deine Umgebung ändert, wirst du dich auch anders fühlen. Und das ist gut so.

Gib es zu: Wann immer du dir dieses Foto von ihm und dir ansiehst, ist es, als würde dir jemand einen Elektroschock verpassen. Also hör mit diesem Masochismus auf! Leb nach dem Motto »Kein unnötiger Schmerz!« und schaff eine Umgebung, in der du dich gut fühlst.

Und du dachtest, deine Trennung sei schlimm!

Ein paar Jahre nach dem College lernte ich einen wahnsinnig tollen Fotografen aus Europa kennen, in den ich mich bis über beide Ohren verliebte. Wir bereisten die ganze Welt, verlobten uns innerhalb kürzester Zeit und beschlossen, zwischen seinem Zuhause in Italien und den Staaten zu pendeln. Wir heirateten in Italien und verbrachten die ersten sechs Monate unserer Ehe dort. Dann fanden wir ein tolles Apartment im Village in New York. Unser Leben war der reinste Traum. Er arbeitete an einem Buch und musste viel reisen, so dass er manchmal mehrere Monate am Stück unterwegs war, während ich mich um meine eigene Karriere kümmerte. Aufgrund unserer Lebenssituation konnte ich keinen festen Job annehmen, was mich aber nicht weiter störte. Wir hatten ohnehin vor, bald eine Familie zu gründen, außerdem wollte er, dass ich ihn häufiger auf seinen Reisen begleitete, was mit einem normalen Job unmöglich wäre. Nach den Ereignissen des 11. September und als unser erster Hochzeitstag herannahte, schlug er vor, nach Los Angeles zu ziehen. Während er also für ein paar Monate nach Italien zurückging, machte ich mich in L.A. auf die Suche nach einem Haus. Wir verbrachten unseren ersten Hochzeitstag nicht zusammen, ebenso wenig wie meinen Geburtstag zwei Monate später. Als ich wegen einer Notoperation ins Krankenhaus eingeliefert wurde, war nicht mein Ehemann an meiner Seite, sondern mein Vater. Ich sah über sein Nichterscheinen hinweg, da der Abgabetermin seines Buches bevorstand und er so weit weg war. Aber allmählich beschlich mich der Verdacht, dass er seine Pläne, zu mir nach Los Angeles zu kommen, immer weiter hinauszögerte.

Schließlich hatten wir uns vier Monate nicht gesehen. Ich sagte zu ihm, er solle endlich kommen, sonst würde ich zu ihm fliegen, da ich mir mein Leben als frisch Verheiratete so nicht vorgestellt hätte. Er war einverstanden und machte sich ein paar Tage später auf den Weg. Wir vereinbarten Besichtigungstermine für ein Dutzend in Frage kommender Häuser und machten uns auf die Suche nach einem Wagen. Bald entschieden wir uns für ein Haus und fanden einen passenden Wagen. Dann sagte er mir, er wolle eigentlich gar nicht verheiratet sein. Er habe auch kein Interesse daran, zu einer Eheberatung zu gehen oder abzuwarten, ob unsere Ehe besser laufe, wenn wir wieder im selben Land lebten. Er habe herausgefunden, dass er gern allein lebe. Ich wäre ihm sehr dankbar gewesen, wenn er sich mit dieser Frage beschäftigt hätte, bevor wir vor den Altar getreten waren und ich ihm einige kostbare Jahre meines Lebens geschenkt hatte. Die Scheidung ging schnell über die Bühne, auch wenn die ganze Situation reichlich bizarr war. Seltsamerweise fing ich mich einigermaßen schnell wieder – wahrscheinlich weil wir bereits seit vier Monaten getrennt waren, was das Ganze weniger traumatisch machte. Ich nahm mein Leben wieder in die Hand, machte das Beste aus meinem Abschluss an einem erstklassigen College und fand einen spannenden Job. Ich fing an, wieder auszugehen, und wer stand wohl im darauf folgenden Jahr zu meinem Geburtstag vor meiner Haustür und meinte, er wolle es noch mal versuchen? Ich sagte zu ihm, er solle schon mal den Kofferraum aufmachen, während ich ein paar Sachen holte. Dann nahm ich die Kartons mit seinen Sachen aus dem Schrank, lud alles in seinen Kofferraum und sagte zu ihm, er solle die Kurve kratzen. Er war völlig verdattert, und ich hatte noch einen tollen Geburtstag!

Nina
Los Angeles, Kalifornien

Viertes Gebot
(Oder: Ein ernst gemeinter Rat von zwei Besserwissern)

Beweg deinen Hintern – jeden Tag

»Wieso fangt ihr jetzt auch noch mit meinem Hintern an?« Weil es Zeit ist, denselben in Gang zu bringen. Sehen wir den Tatsachen ins Auge – eine der Begleiterscheinungen einer Trennung ist ein Übermaß an neu gewonnener Freizeit, die dir, wenn sie nicht sinnvoll genutzt wird, zum Verhängnis werden könnte. Du brauchst ein Minimum an Schwung, um diese Trennung zu überstehen, und die einzige Möglichkeit, in Bewegung zu bleiben, besteht darin, überhaupt erst in Bewegung zu *kommen*. Deshalb schlagen wir dir vor, als ersten Schritt jeden Tag das Haus zu verlassen. Geh spazieren oder ins Kino oder steig in den Wagen und fahr eine Weile durch die Gegend. Bleib einfach in Bewegung. Wenn man auf einen Schlag mit all den leeren Stunden konfrontiert ist, die früher vom Beziehungsleben erfüllt waren, ist es meist einfacher, lustlos herumzuhängen, als sich von den zahlreichen neuen Möglichkeiten inspirieren zu lassen, die da draußen auf einen warten. Menschen neigen dazu, sich zurückzuziehen, wenn sie verletzt wurden, und die natürliche Reaktion ist, sich in seiner Höhle zu vergraben und in Selbstmitleid zu versinken. Aber der Schlüssel, aus einer Trennung einen Neuanfang zu machen, liegt darin, seine Trägheit zu überwinden, indem man das Gegenteil von dem tut, was man am liebsten tun würde.

Wenn du das Bedürfnis verspürst, dich im Bett zu verkriechen, solltest du stattdessen eine Freundin anrufen und dir etwas überlegen, das dich zwingt, das Haus zu verlassen. Statt herumzusitzen und Trübsal zu blasen, solltest du etwas tun, das dir das Gefühl gibt, wieder stark und agil zu sein. Genau hier kommt körperliche Betätigung ins Spiel.

Wir wollen, dass du eine Trennungskriegerin wirst. Weshalb also nicht einmal etwas ausprobieren, bei dem du dich tough fühlst, wie zum Beispiel Kampfsport oder Kickboxen? Hast du dich je in der verspiegelten Wand beobachtet, wie du Kicks machst oder ein paar anständige Fausthiebe austeilst? So viel zum Thema POWER. Oder wie wäre es mit Yoga? Auf den ersten Blick mag es nach Entspannung aussehen, aber bring erst mal die Hälfte einer Stunde hinter dich, und du hast das Gefühl, als wärst du den Marines beigetreten. Es fühlt sich toll an, sich einer Herausforderung zu stellen, wenn man den vorhergehenden Tag damit zugebracht hat, unter der Bettdecke zu liegen und in die Glotze zu starren. Du musst wieder in Aktion kommen – im eigentlichen und im übertragenen Wortsinn. Ein Energiekick durch Sport ist genau das Richtige, um damit anzufangen.

Jeder Tag, an dem du dir selbst etwas Gutes tust, ist ein kleiner Sieg, und darauf kommt es uns an. Keine Lust auf Yoga oder Kickboxen? Kein Problem. Wir raten dir nicht, mit Yoga anzufangen, weil alle hingehen, sondern weil du dich in letzter Zeit mies gefühlt hast und wir wollen, dass du etwas machst, das dir gut tut. Hey, hass diese Stunde von mir aus, drück dich davor, oder was auch immer – geh hin und schwänz am Ende, wenn du dich dadurch besser fühlst. Allein die Tatsache, einen Ort zu haben, an den man gehen kann, sich etwas vorzunehmen und hinzugehen, wird sich positiv auf deine Entschlossenheit auswirken.

Deine Zeit nach der Trennung muss nicht unbedingt körperliche Betätigung umfassen, aber wir können dir versichern,
dass es eines der besten Mittel ist, um deinen Genesungs-
prozess enorm anzukurbeln. Wenn man Sport treibt, fühlt
man sich nicht nur stark und widerstandsfähig, sondern es
lässt auch die Gedanken klarer und freier werden. Konzentriert man sich darauf, die nächsten Kilometer auf dem Fahr-
rad hinter sich zu bringen, gelingt es einem leichter, diese
ewige »Warum, warum, warum?«-Gedankenschleife zu durch-
brechen. Auf diese Weise befreit man sich von der körperlichen Anspannung und dem Stress, die einen so sehr im Würgegriff hatten. Sport vermittelt einem wie kaum etwas anderes
im Leben das Gefühl des Wiederaufbaus – vom besseren Aussehen einmal ganz abgesehen. Der Sauerstoff reinigt die Po-
ren, das Blut wird durch die Venen gepumpt, und vielleicht
hilft er auch dabei, den einen oder anderen Zentimeter Kum-
merspeck loszuwerden. Kommt ein Fitnessclub für dich nicht
in Frage, ist das auch in Ordnung. Such dir stattdessen eine
andere Betätigung außerhalb der eigenen vier Wände (wie zum
Beispiel ein hübsches Sonnenbad – immerhin gehst du so für
eine Weile ins Freie), und wie gesagt… beweg deinen Hintern. Los, raus mit dir, auf geht's!

Wie um alles in der Welt soll ich das anstellen?

Setz dir keine zu großen Ziele, die dich überfordern, sondern
sieh zu, dass sie realistisch bleiben. Wir wollen nicht behaupten, dass du dich vom ersten Moment an gut fühlen wirst,

denn nach einer Phase der Reglosigkeit in Schwung zu kommen, erfordert Zeit und ein wenig Mühe. Schließ einen Pakt mit dir selbst, unterschreib einen Vertrag in einem Fitnessclub oder leg zumindest dieses Buch beiseite, geh die Straße hinunter und hol dir einen Kaffee. Beschließe, jeden Tag etwas zu tun, das dir hilft, dich stärker und besser zu fühlen, und das dich zwingt, das Haus zu verlassen. Schreib alles auf, was du unternehmen willst – Kunstausstellungen (könnte doch sein), Rockkonzerte und Filme, die interessant klingen, geh tanzen oder beleg einen Koch-, Strick- oder Taekwondo-Kurs. Dann nimm dir jeden Tag aufs Neue vor, dein Vorhaben in die Tat umzusetzen. Vergiss nicht, es ist deine Zeit und du hast es in der Hand, sie nach deinen Vorstellungen zu gestalten, also sei kreativ. Folge deinen Eingebungen und deinem Instinkt – solange sie dich nicht auf die Couch zurückführen. Nimm dir einen Moment Zeit, um dir Gedanken darüber zu machen, wie deine nächste Beziehung aussehen sollte. Idealerweise sollte sie ausgewogen sein, viele Aktivitäten bieten, die dir Spaß machen, und dir Erlebnisse schenken, die dich bereichern und zu einem besseren Menschen werden lassen. Jetzt gehst du diese Beziehung mit dir selbst ein, Spitzenfrau. Außerdem brauchst du ein eigenes Leben. Schließlich willst du nicht »Mit meinem Exfreund« antworten, wenn dich irgendwann ein Mann fragt, womit du dir die Zeit vertreibst.

Trennungsarbeitsbuch für Spitzenfrauen

Hol dein Notizbuch heraus (stöhn!) und mach eine ehrliche Bestandsaufnahme von all den Dingen, die du im Lauf deiner Beziehung hast schleifen lassen. Alle Aktivitäten, die du abgesagt, aus Zeitgründen nicht geschafft hast oder nicht wahrnehmen konntest, weil dein Exfreund es nicht wollte. Sortier sie nach der Wichtigkeit, mit der sie erledigt werden sollten … und dann stürze dich auf diejenigen, die dir am meisten Spaß machen.

Hey, ich weiß, was du denkst
von Greg

Ich konnte nicht einmal zwei Kilometer laufen. Kein Witz. Als ich schließlich beschloss, dieses jämmerliche, armselige Desaster, das sich mein Leben nannte, auf Vordermann zu bringen und wieder glücklich zu werden, wog ich über 100 Kilo. Ich war fett, müde und völlig außer Form. Mein Ziel: endlich wieder meine Hose zubekommen, damit ich nicht länger das Hemd darüber tragen musste. Ich strebte keine Form à la Brad Pitt in *Fight Club* an, sondern wollte nur wieder Luft bekommen, wenn ich die Treppe in meine Wohnung hinaufging. Nachdem ich monatelang darüber nachgedacht hatte, schlüpfte ich eines Tages in meine Jogginghose und ging zur Tür hinaus. »Ein paar Kilometer sollten eigentlich reichen«, sagte ich mir. »Heute werde ich zum Läufer.« Tja, nach anderthalb Blocks musste ich mich an der nächstbesten Hauswand abstützen. Es war eine Katastrophe. Meine Lungen fühlten sich an, als bluteten sie aus, vor meinen Augen tanzten Punkte, und ich hatte das Gefühl, als schieße reine Milchsäure durch meine Muskeln. Ich wäre am liebsten in Tränen ausgebrochen. Ich war 33 Jahre alt und schaffte nicht mal 100 Meter. Doch in diesem Moment passierte etwas wirklich Seltsames. Ich ging einfach weiter. Ich ging und ging und ging. Am nächsten Tag, tat ich dasselbe noch mal. Und dann noch mal. Und noch mal. Kurz darauf fing ich an, abwechselnd zu gehen und zu laufen. Wieder eine Weile später trabte ich locker dahin, und irgendwann lief ich. Ich hatte nie einen festen Plan im Kopf, wenn ich mich auf den Weg machte, keine bestimmte Strecke oder eine Zeitvorstellung. Mein einziges Ziel war, das Haus in Jogginghosen zu verlassen und irgendwann wieder zurückzukommen. Ich schätze, auch das war ein Ziel.

Besondere Umstände

»Ich arbeite sehr viel und habe deshalb kaum Zeit für sonstige Aktivitäten. Zählt zur Arbeit zu gehen nicht auch als ›in Bewegung kommen‹?« Kommt darauf an. Bereichert dieser Job dein Leben? Fühlst du dich stärker und besser, wenn du ihn jeden Tag erledigst? Arbeitest du dich aktiv durch den Trennungsschmerz oder benutzt du deine Arbeitsbelastung nur, um den Zeitpunkt hinauszuzögern, dich damit auseinanderzusetzen? Wenn du nicht jeden Tag ein Minimum an Zeit für körperliche Aktivitäten erübrigen kannst, weil es dein Terminplan nicht gestattet, solltest du dir Ziele setzen, die leichter erreichbar sind. Wie sieht es an den Wochenenden aus? Kannst du an den Samstagen ein wenig Zeit erübrigen? Abends? An den Feiertagen? Es geht darum, dich zu zwingen, dass du dir Zeit für DICH SELBST gönnst. Je mehr Zeit du darauf verwendest, umso mehr profitierst du davon. Natürlich ist die Arbeit wichtig, aber im Augenblick hat dein Wohlergehen Priorität, also nimm dir Zeit, wann immer du kannst.

Laut unserer Statistik...

Sorg dafür, dass du immer beschäftigt bleibst! Dieses Prinzip hat allen geholfen, ihr persönliches Vietnam zu überstehen. Natürlich gab eine überwältigende Zahl der Befragten »Trost-Trinken« als eine der wichtigsten Aktivitäten an. Wir haben nichts gegen den einen oder anderen Drink einzuwenden, sind aber der Meinung, dass es bessere Methoden gibt, um die für einen Neuanfang wichtige Perspektive zu erlangen und in Bewegung zu kommen. Wie bereits beschrieben, ist die durch Tequila erlangte Perspektive häufig ein wenig verschoben und trägt nicht unbedingt zum Wohlbefinden am nächsten Morgen bei. Aber Sport landete dicht dahinter auf Platz 2 und belohnt doppelt, indem man sich gut fühlt und er darüber hinaus zu einem tollen Aussehen verhilft. Klingt schon besser, was, Ladys? Viele haben ihre Trennung auch zum Anlass genommen, ihr Leben neu zu sortieren, und haben am Ende eine beeindruckende Karriere hingelegt. Andere haben neue Hobbys und Freizeitbeschäftigungen für sich entdeckt, wie Surfen, die vegane Küche oder Landschaftsgärtnerei. Eine ganz besonders geschäftstüchtige Frau hat sogar eine Scrapbook-Firma gegründet. Zwei andere, die wir gut kennen, haben ihre Erfahrung, ihre Stärke und Hoffnungen genutzt und in dieses kleine Buch gesteckt. (Wir.)

Und du dachtest, deine Trennung sei schlimm!

Nachdem wir etwa ein halbes Jahr zusammen waren, schlug mein Freund einen gemeinsamen Urlaub vor. Es lief toll zwischen uns, und dieser Vorschlag erschien mir wie ein großer Schritt, deshalb war ich begeistert. Wir überlegten uns ein Tropenparadies, gingen in diverse Reisebüros und entschieden uns am Ende für Cancún als unser erstes gemeinsames Urlaubsziel. Wir planten die Reise mehrere Monate im Voraus, und als sie näher rückte, sagte er die magischen Worte: »Ich liebe dich und möchte den Rest meines Lebens mit dir verbringen.« Seine Freunde, die immer behauptet hatten, er sei nicht der Heiratstyp, hatten das Nachsehen und gratulierten mir dazu, den ewigen Junggesellen in die Knie gezwungen zu haben. Ich war bis über beide Ohren verliebt und konnte es kaum erwarten, mit meinem künftigen Ehemann in den Urlaub zu fliegen.

In der Woche vor der geplanten Abreise lief ich seiner Exfreundin über den Weg, der ich bereits mehrmals begegnet war, da die beiden nach wie vor Freunde waren. »Über den Weg laufen«, trifft es nicht ganz, da sie eindeutig bei mir im Büro angerufen und gefragt hatte, wo ich meine Mittagspause verbrachte. Sie kam auf mich zu und reichte mir einen Umschlag mit den Worten »Tja, ich schätze, ich habe gewonnen«. Ich hatte keine Ahnung, wovon sie redete, machte aber den Umschlag auf und zog Flugtickets für sie und meinen Freund plus Gutscheine für einen all-inclusive-Aufenthalt in genau demselben Hotel heraus, in dem wir unseren Urlaub verbringen wollten. Ruhig erklärte sie mir, er habe versucht, sich für eine von uns zu entscheiden und für beide genau denselben Urlaub geplant. Ich war sprachlos, sie hingegen schien nicht nur von Anfang an Bescheid gewusst zu haben, sondern auch sicher gewesen zu sein, dass sie sich mit ihm versöhnen und die Reise antreten würde. Ich rief meinen Freund an und konfrontierte ihn mit dem, was ich erfahren hatte. Er kam mit der typischen Ausrede an, er sei »durcheinander« gewesen. Er beschwatzte mich, es sei nur ein kurzer Aussetzer gewesen, und ich sei die Richtige. Er sei es nicht gewöhnt, so viel Glück im Leben zu haben, und neige dazu, seine Beziehungen zu sabotieren. In meiner grenzenlosen Dämlichkeit verzieh ich ihm und flog eine Woche später mit ihm in den Urlaub.

Wir hatten eine tolle Zeit und schafften es, unsere Beziehung wieder zu kitten. Monate später machte er mir einen offiziellen Heiratsantrag, den ich annahm. Wir hatten noch nicht mit der Hochzeitsplanung begonnen, da erschien seine Exfreundin auf der Bildfläche und erzählte mir, sie hätten wieder angefangen, sich regelmäßig zu sehen und miteinander zu schlafen! Ich war am Boden zerstört, diesmal aber auch stocksauer! Ich sagte zu ihr, sie könne gern zu mir kommen und den Verlobungsring abholen, denn sie sei nicht nur eher geeignet, ihn zu tragen und sich mit seiner miesen Tour herumzuschlagen, sondern scheine ihn ja unbedingt haben zu wollen. Wisst ihr was? Sie kam tatsächlich vorbei und holte den Ring ab. Ich weiß nicht, ob sie danach wieder offiziell zusammengekommen sind, ich jedenfalls habe die Beine in die Hand genommen und zugesehen, dass ich aus dieser schrägen Dreiecksgeschichte herauskomme. Ich habe mir Freizeitbeschäftigungen gesucht, die ich vorher nie ausprobiert hatte. Einige davon waren wirklich riesig, wie zum Beispiel Klettern, von anderen, wie dem Tanzen, habe ich mich bald wieder verabschiedet. Die beste Idee war jedoch, mich beim CVJM als freiwillige Helferin zu melden. Außerdem habe ich einen Seelenverwandten kennen gelernt, der ehrlich, loyal und monogam ist. Inzwischen führen wir ein wunderbares Leben mit zwei tollen Kindern. Manchmal kann ich kaum fassen, worauf ich mich um ein Haar eingelassen hätte!

Lydia
Nashville, Tennessee

Fünftes Gebot
(Oder: Gedankenfutter)

Trag deine Trennung nicht in die Welt hinaus

»Aber was soll ich denn sonst tragen?« Mit einem Shirt, einer Hose oder einem hübschen Rock bist du immer auf der richtigen Seite. Oder wie wäre es mit ein bisschen Selbstvertrauen? Selbstvertrauen passt zu allem. Wir finden, wenn du in die Welt hinausgehst, ist die Art, wie du dich präsentierst, eine Projektion dessen, wie es in deinem Leben aussieht – wie es in deinem Kopf aussieht. Ist dein Leben ein einziger Trümmerhaufen und du selbst versinkst in tiefster Depression, ist es völlig normal, keinen Wert auf sein Äußeres zu legen. Wieso auch? Das Leben ist zu einer alles umfassenden Blase der Traurigkeit geworden, stimmt's? Falsch. Hör auf, dich wie ein Opfer zu fühlen. Dein Ziel muss sein, eine Superheldin an der Trennungsfront zu werden, die im Begriff steht, einen Neuanfang zu schaffen. In dieser Zeit der Krise und des Schmerzes willst du auf eine Zukunft als glücklicher Mensch zusteuern, der erfolgreich eine Trennung bewältigt hat – und cooler ist, als jeder (einschließlich dir selbst) es sich je hätte vorstellen können.

Deine Trennung nicht in die Welt hinauszutragen bedeutet: keine öffentlichen Zusammenbrüche oder Wutanfälle. Keine Schluchzarien am Schreibtisch, keine Schreiorgien am Handy, keine lautstarken Streitereien mit deinem Ex im Restaurant, wenn ihr eure Verbindung endgültig begrabt. Trag dein Leben nicht wie eine Fahne öffentlich durch die Stadt. Selbstmitleids-bäder in der Öffentlichkeit sorgen nur für Unbehagen bei den Menschen um dich herum und lassen dich psychisch labil wir-ken. Beschränke also deinen Kummer auf dich und deine engs-ten Freunde und auf den Feierabend. Schließ einen Pakt mit dir selbst und nimm dir vor, die Version deines Lebens anzu-streben, die du dir wünschst. Wann immer du das Haus ver-lässt, solltest du dich bemühen, wie der Mensch zu wirken, der du gerade zu werden versuchst, nicht wie die lädierte Hülle der Frau, die er in die Wüste geschickt hat. Streif die Hülle ab und zeig, was für eine tolle Frau sich darunter verbirgt!

Unsere Faustregel lautet, niemals das Haus zu verlassen, ohne etwas zu tragen, worin du jederzeit deinem Ex über den Weg laufen könntest. Das gilt auch für Joggingklamot-ten und Outfits, in denen du mit dem Hund Gassi gehst. Wir wollen damit nicht sagen, dass du zu jeder Tages- und Nachtzeit durchgestylt sein und ein perfektes Make-up haben musst, sondern nur, dass dein Äußeres die Metamorphose in deinem Inneren widerspiegeln soll. Außerdem gibt es neuer-dings wirklich coole Jogginghosen und supersüße Gassi-Out-fits (deshalb sind die Designer von Juicy Couture auch Mil-liardäre). Welche bessere Ausrede gibt es denn noch, um dir endlich deinen Kleiderschrank vorzuknöpfen und alles aus-zusortieren, was du nicht mehr anziehst, was dir nicht mehr passt oder sowieso nie wieder modern wird? Denk daran, bei einem »Neuanfang« geht es darum, so viel Selbstsicherheit wie möglich aufzubauen. Wieso solltest du also etwas anzie-hen, worin du dich nicht auch so fühlst?

Wenn du Leute siehst, die besonders geschmackvoll oder auffallend modisch oder cool gekleidet sind, fragst du dich nicht auch, wie deren Leben wohl aussieht? Ihr Zuhause? Ihr Wagen? Ihre Freunde? Wenn du geschmackvoll gekleidet bist, verströmst du die Aura eines aktiven, präsenten Menschen, was du ja bist. Mit Kleidung, in der du dich wirklich attraktiv fühlst, vermittelst du das Selbstvertrauen, das du gerade anstrebst. Diese Trennungs- und Wiederaufbauphase ist eine kurze Schwächeperiode, kein bewusst gewählter Lebensstil, und genau so sollte sie auch behandelt werden. Versinke nicht noch tiefer im Jammertal, indem du dich wie ein abservierter Trauerkloß anziehst (es sei denn, du hast vor, eine Boutique für ausgebeulte, unvorteilhafte Kleidung zu eröffnen). Tatsache ist, wenn du gut aussiehst, ist es umso wahrscheinlicher, dass du dich auch so fühlst. Also, zieh dich wie eine Siegerin an! Hau die Leute vom Sessel, indem du ihnen zeigst, wie toll du in dieser Phase der Veränderung aussiehst. Mag sein, dass du das jetzt nicht glaubst, aber diese Trennung ist das Beste, was dir jemals passiert ist, denn er war nun mal nicht »der Richtige« für dich. Wieso sich also nicht dem Anlass entsprechend kleiden? Denn sehen wir den Tatsachen ins Auge: Rache genießt man am besten HEISS! Und die wirksamste Rache ist, sein Leben zu genießen, sich wohl in seiner Haut zu fühlen und all diese Gefühle auch nach außen, in die Welt hinauszutransportieren.

Wie um alles in der Welt soll ich das anstellen?

Möglicherweise ist dies das Trennungsgebot, das sich am einfachsten in dein tagtägliches Leben integrieren lässt. Eigentlich ist gar nicht so viel Selbstbeherrschung notwendig, seinen Kummer in Grenzen zu halten und sich zu sagen »Ich werde mich heute nicht in aller Öffentlichkeit gehen lassen. Ich werde etwas anziehen, worin ich gut aussehe.«Wenn man bedenkt, dass wir auf den vorhergehenden Seiten von dir verlangt haben, viel höhere Hürden zu überwinden, sollte das hier doch ein Kinderspiel sein. Du hast einen Schrank, in dem viele tolle Outfits hängen, die nicht nach Trübsinn und Depression aussehen, also such dir eines aus!

Du fragst dich immer noch, wie du Zuversicht und Selbstvertrauen ausstrahlen sollst, wo deine Welt gerade in sich zusammenbricht? Gegenfrage: Wieso solltest du das nicht tun? Du hast alles, was du dafür brauchst, also leg los! Selbst wenn du dich für Jeans, T-Shirt und ein Paar Flip-Flops entscheidest, mach sie zu deiner Lieblingsjeans, in denen dein Hintern knackig aussieht, und such dein witzigstes T-Shirt aus, das deine Augenfarbe so gut zur Geltung bringt. Leg dir eine neue Frisur zu, lass dir eine Verschönerungspackung verpassen und kauf dir einen neuen Lipgloss. Lass deine Augen mit Laser behandeln oder Kontaktlinsen verpassen, schaff dir eine neue Sonnenbrille an und zauber ein Lächeln auf dein Gesicht, denn du bist eine Trennungsheldin, die jeden um sich herum umhaut. Wie gesagt: Zieh dich wie eine Siegerin an! Behalte das »Nachher«-Foto deines Neuanfangs nach der Trennung im Gedächtnis und sei die Frau, bei deren Anblick andere sagen: »Sieht so aus, als wäre die Trennung von diesem Typen das Beste, was ihr passieren konnte!«

Trennungsarbeitsbuch für Spitzenfrauen

Nimm dein Notizbuch, eine Schere, Klebstoff und sämtliche Zeitschriften zur Hand, die du auf dem Couchtisch und sonst im Haus findest. Schneide Fotos von Gegenständen, Menschen oder irgendwelcher Mode aus, die dich inspirieren, und kleb sie in das Buch. Vielleicht schreibst du auch noch neben jedes, was du so interessant daran findest. »Toll, soll ich als Nächstes einen Bilderrahmen basteln oder mir einen Smiley auf die Hand malen?« Nur wenn du Lust dazu hast. Sinn dieser Übung ist, dass du jeden Morgen beim Aufschlagen des Notizbuchs daran erinnert wirst, was für eine supercoole, heiße Lady du werden willst. Vielleicht inspiriert dich die Tatsache, ständig diese Fotos vor Augen zu haben, ja auch, Entscheidungen zu treffen und Dinge in Angriff zu nehmen, die dich diesem Ziel näher bringen.

Hey, ich weiß, was du denkst
von Greg

Ich fand Stil immer schon toll, hatte aber nie wirklich welchen, wahrscheinlich weil ich all mein übriges Geld für andere Aktivitäten oder für sie ausgab. Außerdem fiel meine Trennung in die Ära des »Grunge«, so dass es völlig okay war, wie ein Mitglied von *Alice In Chains* herumzulaufen. Aber mir wurde recht schnell klar, dass es höchste Zeit für eine Veränderung war, besonders wenn ich irgendwann eine andere Frau kennen lernen wollte. Es dauert eine Weile, sein äußeres Erscheinungsbild zu verändern – vergesst nicht, ich bastelte damals gerade an meiner Läuferkarriere –, aber neue Klamotten kann man sich jederzeit zulegen. Also ging ich einkaufen. Ich hatte nicht besonders viel Geld, also hielt ich mich an Billigläden und Ausverkäufe. Das Ganze erwies sich als reichlich schwierig, weil ich all diese »Geht« und »Geht nicht«-Vorgaben im Hinblick auf meine Klamotten im Kopf hatte. Ich bildete mir ein, genau zu wissen, worin ich gut aussehe und worin nicht, so dass sich die Auswahl im Grunde auf Jeans, ein schwarzes T-Shirt und Motorradstiefel beschränkte. Ich habe keine Ahnung, was ich gegen Hemden mit langen Ärmeln einzuwenden hatte, da sie mir nie etwas getan hatten. Aber wieder wurde mir klar, dass ich mit meiner alten Herangehensweise nicht weit kommen würde. Also kaufte ich ein paar Langarmhemden (ja, ich weiß schon, was ihr jetzt denkt – »Wow, was für eine Risikobereitschaft!«). Ich lüge nicht, wenn ich behaupte, dass allein die Tatsache, ein Hemd mit langen Ärmeln zu tragen, ausreichte, dass andere auf mich aufmerksam wurden. »Hey, du siehst super aus«, sagte ein alter Freund. »Offenbar fühlst du dich besser.« Ich wollte gerade antworten: »Nein, ich trage nur ein Hemd mit langen Ärmeln«, als mir aufging, dass ich mich *tatsächlich* besser fühlte. Allein dass jemand der Meinung war, ich sähe besser aus, half mir, mich auch besser zu fühlen. Ich erinnere mich so genau an diesen Moment, weil es das erste Mal seit der Trennung war, dass ich mich wirklich wohl in meiner Haut fühlte. Endlich schlug ich einen anderen Weg ein, einen, der mich vom Schmerz wegführte. »Ja, ich fühle mich super«, erwiderte ich also. Und wisst ihr was? Ich habe das Hemd heute noch. Ich wasche es sogar gelegentlich. Tatsache ist: Es ist eines der Lieblingshemden meiner Frau an mir, also muss es cool sein.

Besondere Umstände

»Was ist, wenn ich sowieso immer cool angezogen bin?« – »Was, wenn ich ein paar Pfund zugenommen habe und mir nichts von meinen Lieblingssachen mehr passt?« – »Was, wenn ich einen zu kurzen Oberkörper habe?«Tja, in diesem Fall musst du eben anders an die Sache herangehen. Wenn du ohnehin bereits alle Register ziehst, leg die Latte etwas höher. Hol deinen Schmuck aus der Schatulle und trag jeden Tag etwas anderes, leg dir eine neue Frisur zu oder lass dir Strähnchen machen – nimm irgendeine kleine Veränderung vor, die dir hilft, dich besser zu fühlen und besser auszusehen. Wenn du gerade nicht in deine alten Sachen passt, kauf dir ein paar hübsche Sportklamotten und schwing deinen Hintern in den Fitnessclub. Wenn du süß aussehen kannst, während du dich auf Vordermann bringst, fühlst du dich später sogar noch besser. Wenn du uns nicht glaubst, zieh deine Schlabberklamotten an, schmier dir Pickelcreme ins Gesicht und fahr in den nächsten Supermarkt. Willst du uns allen Ernstes erzählen, es würde keinen Unterschied machen? Vergrab dich nicht den ganzen Tag in deiner Bude. Außerdem weiß man nie, wann der neue Mr Right zufällig um die Ecke kommt…

Laut unserer Statistik…

Es gibt zwei Methoden, den Schmerz einer Trennung zu überwinden – aussitzen oder überstehen. Aussitzen bedeutet genau das, was es heißt. Man lässt sich buchstäblich in den Schmerz hineinfallen, manchmal sogar jahrelang, bis er endlich nachlässt (es gibt nichts Tolleres, als sich im Selbstmitleid zu suhlen). Überstehen ist genau das Gegenteil davon. Überstehen heißt, man schlüpft in den Neoprenanzug, steigt aufs Brett und wirft sich in die Fluten. Im Zuge unserer Recherchen hat sich herausgestellt, dass sich all diejenigen, die sich gezwungen haben, durch die rauen Gewässer der bewussten Trennungsbewältigung zu navigieren, am Ende stärker fühlten und sich ihrer Fähigkeit, künftig eine erfolgreiche Partnerschaft zu führen, sicherer waren. Dagegen kochten jene, die die Trennung passiv aussaßen, innerlich vor Wut, weil sie all die kostbaren Lebensjahre vergeudet hatten, während sie noch immer mit ihrer Verwirrung rangen. Ich weiß, es ist trotz allem eine schwierige Entscheidung – innerlich kochen oder zuversichtlich sein, kochen oder Zuversicht. Sich in Schale zu werfen ist der sichtbare Beweis dafür, den Schmerz aktiv überstehen zu wollen. Es ist mühsam, aber wenigstens seht ihr dabei super aus.

Und du dachtest, deine Trennung sei schlimm!

Mein Verlobter und ich waren schon auf der Highschool ein Paar und mehr als zwölf Jahre zusammen. Seine Lippen waren die einzigen, die ich je geküsst habe, deshalb könnt ihr euch bestimmt vorstellen, dass er auch der einzige war, mit dem ich ... Wir sind praktisch zusammen aufgewachsen und führten eine Bilderbuchbeziehung. Er gehörte zu meiner Familie, ich zu seiner, und unsere Familien waren regelrecht zusammengewachsen, da wir so lange zusammen waren und in derselben Stadt lebten. Wir hatten eine ziemlich große Hochzeit (150 Gäste) und einen Empfang in einem Raum wenige Gehminuten von der Kirche entfernt geplant, so dass wir direkt nach der Zeremonie hinübergehen konnten. Alles war perfekt, und mein Verlobter und ich konnten es kaum erwarten, Mann und Frau zu werden.

In der Woche vor der Hochzeit fing er plötzlich an, sich seltsam zu benehmen. Er wollte wissen, ob wir ernsthaft all diese Formalitäten bräuchten, da es sich für ihn ohnehin anfühle, als wären wir verheiratet. Ich dachte, er sei nur ein wenig nervös, und machte mir keine weiteren Gedanken darüber. In dieser Woche standen etliche Abendessen und sonstige Zusammenkünfte auf dem Programm, da Gäste von außerhalb eintrafen und ich seine entfernte Verwandtschaft (angeheiratete Cousins und Cousinen vierten oder fünften Grades usw.) kennen lernte. Eine Cousine flirtete ganz besonders heftig mit ihm und er mit ihr. Es lag auf der Hand, dass die beiden in ihrer Kindheit füreinander geschwärmt hatten, und auch wenn die Woche vor unserer Hochzeit vielleicht nicht der ideale Zeitpunkt war, um all das wieder aufleben zu lassen, saßen sie da, sahen einander in die Augen, tauschten Blicke und stießen sich gegenseitig wie Kinder unter dem Tisch an. Von mir aus, dachte ich, sie gehört schließlich zur Familie.

Unsere Generalprobe in der Kirche ging reibungslos über die Bühne. Danach brachen er und seine Trauzeugen zum großen Essen vor der Hochzeit auf, während ich beschloss, mit meinen Brautjungfern zum Empfangssaal zu gehen, um zu sehen, wie weit die Vorbereitungen gediehen waren und ob ich am großen Tag bequeme Ersatzschuhe für den Weg dorthin brauchen würde. Meine Schwester, meine beste Freundin und ich gingen also Arm in Arm die Straße entlang und sinnierten, dass ich nicht einmal 24 Stunden später verheiratet wäre. Als wir zu dem Raum kamen, musste ich zur Toilette, weil wir unterwegs ein bisschen Champagner getrunken hatten. Also machten wir uns auf den Weg zu den Waschräumen, die wir auch fanden ... ebenso wie meinen Verlobten, der mit seiner Cousine fünften Grades Sex hatte! Unnötig zu erwähnen, dass unsere Familien seitdem nicht mehr so eng verbunden sind ...

Alle in der Stadt erfuhren, dass unsere Hochzeit geplatzt war – die nächsten Monate war es Gesprächsthema Nummer 1 im Ort –, so dass ich bis auf die Knochen blamiert war. Anfangs verließ ich nicht einmal das Haus, denn wo immer ich hinging, klatschten die Leute, starrten mich an und bemitleideten mich. Doch dann passierte irgendetwas in meinem Innern. Ich habe keine Ahnung, was es war, jedenfalls konnte ich die Situation plötzlich aus der Perspektive all der anderen betrachten. Ich wollte nicht diejenige sein, die bemitleidet wird, sondern die Frau, die die Leute bewundern, weil sie sich nicht unterkriegen lässt. Als ich mit ein wenig Distanz meine Situation betrachtete, wurde mir klar, dass es beinahe lustig war, welche verrückte Wendung mein Leben genommen hatte. Es war zum Totlachen, und genau das tat ich auch – ich lachte mich halb tot. Statt zu heulen, lachte ich aus vollem Halse. Wenn ich Leuten begegnete, die über mich redeten oder ihr Mitgefühl zum Ausdruck brachten, tat ich es mit einem lachenden »Besser, es jetzt herauszufinden, als beim nächsten Familientref-

fen« ab. Ich fühlte mich toll, denn so witzig dieser Satz auch sein mag – genauso empfinde ich es in Wahrheit und werde es auch weiter tun.

Tabitha
Ontario, Kanada

Nicht rückfällig werden

Neu anzufangen, ist wirklich schwer. *Noch einmal* neu anzufangen, ist noch schwerer. Deshalb kannst du dir bestimmt
vorstellen, wie schwer es ist, wieder und wieder und wieder
neu anzufangen. Aus diesem Grund sagen wir: »Nicht rückfällig werden!« Sobald du das tust, unterbrichst du deine
Weiterentwicklung abrupt und wirst in diese Hölle des
Schmerzes katapultiert, aus der du dich gerade mühsam her-
ausgearbeitet hast. Es ist, als reiße man eine Wunde auf, die
gerade erst zu heilen begonnen hat.

Was gilt als rückfällig werden? Es kann eine Kleinigkeit sein,
wie ein Anruf, um zu hören, wie es ihm geht (und um ihm
zu sagen, wie sehr du ihn vermisst), bis hin zum ganz großen
Ausrutscher – Trennungssex – und alles, was dazwischen liegt.
Im Grunde fällt alles außerhalb der Parameter der Sechzig-
Tage-»Er-giftungskur« darunter. Es mag nicht das Ende der
Welt sein, aber es wird all deine Arbeit und deine Fortschritte
im Handumdrehen zunichtemachen. Am Ende – auch wenn
es sich in den ersten Sekunden gut anfühlen mag, mit ihm zu
reden, ihn zu sehen, seine Hose aufzuknöpfen – sorgt es nur
für zusätzliches Durcheinander, mit dem Ergebnis, dass du
dich mies fühlst.

Es ist immer für beide Seiten verlockend, zum Tatort zu-
rückzukehren, besonders in den Wirren des ersten Monats
nach der Trennung. Du vermisst ihn, sehnst dich nach ihm
und würdest alles tun, um in seiner Nähe zu sein. Vielleicht

vermisst er dich auch, obwohl er nicht die Absicht hat, dass ihr wieder zusammenkommt. Ehe du dich versiehst, hast du dir irgendeine lahme Ausrede einfallen lassen, um bei ihm vorbeizufahren. Zum Beispiel, du müsstest ihm seinen Dosenöffner bringen (er kann sich einen neuen kaufen, meinst du nicht auch?), und endest nackt auf seinem Küchentisch. Genau dafür hast du deine Trennungsfreundin – um diesem überwältigenden Bedürfnis zu widerstehen. Sie muss zur Stelle sein, um dich durch deine Momente der Schwäche zu bugsieren und dich davon abzuhalten, noch größeren Schaden anzurichten.

Wenn du rückfällig wirst, entfernst du dich von deinen Zielen eines Neubeginns, die bewirken sollten, dass du dich wieder stark, gut und bereit fühlst, dich voller Optimismus auf dein neues Leben zu stürzen. Rückfällig zu werden ist nicht nur wie ein Auffrischungskurs deines Liebeskummers, sondern sorgt auch für unnötige Verwirrung. Und soll ich dir etwas sagen? An diesem Punkt ist alles glasklar: Ihr seid trotzdem nicht zusammen, du bist trotzdem getrennt von ihm, und er lebt sein Leben trotzdem ohne dich. Wir können es gar nicht oft genug sagen – ES IST DIE SACHE NICHT WERT! Versuch also um jeden Preis, dich von diesem dünnen Eis fernzuhalten.

»Aber was ist, wenn ich bereits rückfällig geworden bin?« Dann steig wieder aufs Pferd, Cowgirl. Du hast nicht gegen das Gesetz verstoßen oder ein Hundebaby getreten. Stattdessen hast du etwas getan, womit du dir selbst schadest: Du hast dich im Stich gelassen. Das kannst du besser, und jetzt weißt du, wie sich rückfällig werden anfühlt – ziemlich eklig, was? Also, kein Problem, aber sieh zu, dass es nicht noch einmal passiert. Fang wieder bei Tag 1 deines Sechzig-Tage-Abstinenzprogramms an. Mal sehen, ob es diesmal nicht besser klappt.

Wie um alles in der Welt soll ich das anstellen?

Immer ein Tag nach dem anderen, Lady. Indem du einen Fuß vor den anderen setzt. Die Versuchung, dich bei deinem Ex zu melden, mit ihm Kaffee trinken zu gehen, ihm zufällig in die Arme zu laufen oder sich zu einem nächtlichen Anruf mit eindeutigem Sex-Angebot hinreißen zu lassen, weil ihr euch beide einsam fühlt, wird dich jeden Tag aufs Neue heimsuchen. Aber dieser Drang ist lediglich ein Gespenst aus eurer Beziehung – schlechte Vorschläge der Stimme in deinem Kopf, die der Vergangenheit nachhängt. Vertrau uns, wenn wir sagen, dass rückfällig zu werden ein Fehler ist, der dich weiter zurückwirft, als du dir vorstellen kannst. Sobald du diesem Drang nachgibst, findest du dich in der übelsten Beziehungshölle wieder – dem Zustand der Degradierung –, denn im Grunde sagst du damit, dass dein Ex nach wie vor Zugriff auf dich hat, und zwar OHNE JEDE emotionale Verpflichtung. Rückfällig zu werden bedeutet nicht, dass ihr wieder zusammen seid, sondern nur, dass du deine Messlatte tiefer gelegt hast und eine Degradierung deiner Person hinnimmst – von der Exfreundin mit Selbstwertgefühl zur Exfreundin, die er jederzeit aktivieren kann, wenn ihm der Sinn danach steht. Rückfällig zu werden, sagt klipp und klar: »Ich bin Wachs in deinen Händen.« Es sagt: »Es ist völlig in Ordnung, wenn du nicht mehr mein fester Freund sein willst. Ich begnüge mich mit den Krumen, die du mir hinwirfst.« Das klingt doch nicht nach dir, oder? Wir finden das jedenfalls nicht. Aber wie zum Teufel sollst du es schaffen, es nicht so weit kommen zu lassen? Du musst es tun. Punkt. Genau aus diesem Grund ist die Sechzig-Tage-Kontaktsperre so wichtig.

Trennungsarbeitsbuch für Spitzenfrauen

Geh mit diesem Buch zum nächsten Kopierer, vergrößere den Kalender, der am Ende dieses Kapitels steht, auf 300 Prozent und mach ein paar Kopien davon. Schreib das Datum hinein und versieh jeden Tag, den du geschafft hast, ohne rückfällig zu werden, mit einem Kreuz. Am Ende der sechzig Tage belohnst du dich mit einer Wellness-Behandlung oder etwas anderem Tollen. Dann machst du an jedem Tag ein Kreuz, an dem dir beim Ausfüllen des Kalenders NICHT das Wort »rückfällig« in den Sinn gekommen ist. Nach dreißig Tagen kaufst du dir etwas Schönes! Du bist eine echte Trennungsheldin!

Hey, ich weiß, was du denkst
von Greg

Wie kann etwas, das sich so gut anfühlt, so schrecklich schlimm sein? Tja, trifft das nicht auf alle Sünden zu? »Aber, Greg, es wäre so schön, ihn jetzt anrufen zu können.« Genau so lange, bis du auflegst und merkst, dass trotz eures liebevollen Geplänkels immer noch Schluss zwischen euch ist. Ich weiß ja, wie schwer das ist, wo du ihn vor wenigen Tagen noch berühren, deine Geheimnisse mit ihm teilen, mit ihm lachen, ihn nackt sehen durftest, und jetzt ist auf einmal alles vorbei. Aber diese Dinge jetzt zu tun, wo ihr nicht mehr zusammen seid, ist noch viel, viel schlimmer. Also sorg dafür, dass du ihn nicht siehst. Es ist unerträglich, wenn er dir im Café gegenübersitzt und von seinem Leben erzählt, zu dem du nicht mehr gehörst. Jedes Wort, jeder Blick, jede Geste erinnern dich nur daran, dass er nicht mehr dir gehört. Es ist eine Qual, wie sie schlimmer nicht sein könnte. Glaub mir, ich weiß, wovon ich rede. Ich habe mich immer wieder mit Ex-freundinnen getroffen, in der Hoffnung, wir würden uns versöhnen, und am Ende habe ich mich jedes Mal hundsmiserabel gefühlt. Ich hatte Trennungssex, in der Hoffnung, wir würden wieder zusammenkommen, und das Einzige, was dabei herauskam, war noch mehr Verwirrung und noch schmerzhafterer Liebeskummer. Das Wort allein sagt es ja bereits: Rückfällig zu werden bedeutet, rückwärts zu gehen. Wenn du dich also nach Gesellschaft sehnst, ruf deine Trennungsfreundin an. Wenn du Lust auf Sex hast … tja, lass dir etwas einfallen. Ruf nur deinen Ex nicht an!

Besondere Umstände

Hast du nicht gehört, was wir sagen? Es gibt keine Schlupf-löcher, also such erst gar nicht danach. Ihr könnt in derselben Firma arbeiten, im selben Apartmentkomplex wohnen, derselben Rockband von Stadt zu Stadt nachreisen oder derselben Genossenschaft angehören, ohne euch auf romantischer oder gesellschaftlicher Ebene näher kommen zu müssen. Es sei denn, ihr arbeitet beide in der Erwachsenenfilm-Branche … dann habt ihr ein echtes Problem.

Laut unserer Statistik...

Diese Neuigkeit wird dich jetzt umhauen, aber in fast allen Trennungsberichten, die wir im Zuge unserer Recherche gelesen haben, stand, dass die Betroffenen es für die beste Strategie hielten, ihrem Ex *nicht* über den Weg zu laufen oder mit ihm zu schlafen! Niemand vertrat die Meinung, rückfällig zu werden habe geholfen, über die Trennung hinwegzukommen. Selbst wenn es jemanden gegeben hätte, der so etwas behauptet, hätten wir es dir nicht verraten. Also tu's nicht, Schatz!

Montag	Dienstag	Mittwoch	Donnerstag	Freitag	Samstag	Sonntag

Und du dachtest, deine Trennung sei schlimm!

Mein Freund und ich waren zweieinhalb Jahre lang ein tolles Paar. Es war Liebe auf den ersten Blick, und unsere Beziehung war nicht nur die beste, die ich je gehabt hatte, sondern brachte uns auch den Neid all unserer Freunde ein. Aber dann setzte ich ihn unter Druck, sich einen Termin für die Hochzeit zu überlegen. Anfangs war es kein großes Problem, dann fiel mir auf, dass es ihm ausgesprochen schwer zu fallen schien, ein konkretes Datum festzulegen. Also sagte ich nach einigen Drinks zu viel auf der Hochzeit eines Freundes zu ihm, er solle entweder auf der Stelle einen Termin nennen, oder ich sei nicht länger seine Freundin. Er meinte, ich würde nur bluffen, also riss ich mir den Verlobungsring vom Finger und rammte ihn in den Guss der Hochzeitstorte, in der Hoffnung, er lasse sich von dieser dramatischen Geste beeindrucken. Tja, das tat er auch, denn er weigerte sich nach diesem Abend, mir den Ring zurückzugeben und bezeichnete sich nicht länger als mein Verlobter. Als ich zu ihm sagte, ich würde mich nicht von der Verlobten zur Freundin degradieren lassen, machte er mit mir Schluss. Ich war am Boden zerstört und dachte, ich hätte es mir mit dem besten Mann aller Zeiten vermasselt.

Doch statt es dabei bewenden zu lassen, ließ ich mich dazu hinreißen, ihn anzubetteln, dass er mich wieder zurücknahm. Ich rief ihn pausenlos an, schickte ihm Mails, tauchte unangekündigt bei ihm zu Hause auf, lief ihm mit Absicht über den Weg und schlief häufig mit ihm, weil ich hoffte, ihn so zurückzugewinnen und ihm vor Augen zu führen, was wir geteilt hatten. Aber auch wenn er mich mit größtem Vergnügen neben sich im Bett hatte, war er nicht bereit, mich wieder als seine feste Freundin zu bezeichnen, vom Status der Verlobten ganz zu schweigen. Also war ich von der

Verlobten zu einer Frau geworden, die er jederzeit anrufen und mit nächtlichen Sex-Angeboten traktieren konnte. Und ich musste mir auch noch vorwerfen, diesen Albtraum ausgelöst zu haben. Um das Ganze auf die Spitze zu treiben, fand ich irgendwann heraus, dass er auch mit anderen Frauen ausging, sich durch die Betten schlief und seine Freiheit in vollen Zügen genoss, während ich alles daransetzte, mich jede Woche aufs Neue zu demütigen. Ich war völlig fertig und hatte mich noch nie so mies gefühlt. Ich schämte mich sogar zu sehr, um ihm Vorhaltungen wegen seines Verhaltens zu machen.

Schließlich bedrängte mich meine beste Freundin, ihn nicht mehr wiederzusehen. Sie hatte schon eine ganze Weile versucht, mich daran zu hindern, aber irgendwann sagte sie etwas, das Wirkung zeigte – wenn er die Liebe meines Lebens oder der Mann sei, der es verdiente, mein Ehemann zu werden, würde er NIEMALS zulassen, dass ich mich zu dem jämmerlichen Sexspielzeug reduzierte, das ich geworden war.

Anfangs war ich sauer und verletzt, aber tief in meinem Innern wusste ich, dass sie Recht hat. Ich weinte wochenlang. Weinte um den Verlust meines Verlobten, weinte um den Verlust meiner vermeintlichen Zukunft mit ihm.

Am meisten aber weinte ich vor Entsetzen vor dem, was aus mir geworden war – eine verzweifelte Frau, die sich einem Mann an den Hals warf, den sie eindeutig falsch eingeschätzt hatte. Als ich meine Trauer endlich überwunden hatte, lud ich meine Freundin in ein Day Spa ein und dankte ihr von ganzem Herzen für ihr Eingreifen. Ich setzte mich auf kalten Entzug von meinem Ex, und jetzt, anderthalb Jahre später, geht es mir besser als je zuvor.

Ich habe gehört, er sei verlobt. Offenbar hat er dieser Frau bereits nach der fünften Verabredung einen Antrag gemacht, was ich als Zeichen werte, dass er für jemand anderen bestimmt war. Ich habe daraus gelernt, dass niemand es wert ist, seine Würde für ihn auf-

zugeben. Mittlerweile habe ich einen tollen Mann kennen gelernt, der mich dazu inspiriert, ein besserer Mensch zu sein, und der mich am meisten liebt, wenn ich in Hochform und nicht an einem Tief-punkt bin!

Rochelle
Neuseeland

Es wird nicht funktionieren, solange du nicht die Nummer eins bist

Du bist der Hauptgewinn, die Sonne, der Mond und die Sterne. Nicht er oder sonst jemand. Du kannst deine Freunde lieben, deine Familie und jeden umherstreunenden Hund, der dir über den Weg läuft. ABER du musst lernen, dich selbst zu lieben, zu mögen und an die erste Stelle zu setzen, wenn du die dauerhafte, gesunde und richtige Beziehung finden willst, die du suchst. Nummer eins zu sein bedeutet, du kannst auf dich aufpassen, wenn es niemand anderes tut, denn es gibt Zeiten im Leben, in denen wir niemanden haben außer uns selbst. Die Gewissheit, dass wir solche Phasen überstehen können, ist nicht nur beruhigend, sondern unserer Meinung nach auch eine durchaus anziehende Eigenschaft. Menschen helfen einander zwar gern, aber niemand hat die Zeit, dich durch dein Leben zu tragen. Und du willst auch gar nicht getragen werden. Wenn du irgendetwas aus diesem Buch mitnimmst, sollte es die Erkenntnis sein, dass du dich dadurch definierst, wie du selbst dein Leben lebst, nicht durch den Menschen an deiner Seite und schon gar nicht durch das, was du für diesen Menschen aufzugeben bereit bist.

Was bedeutet es also, sich selbst zu lieben? In allererster Linie bedeutet es, sich vollständig zu fühlen, obwohl man allein ist. Das ist nicht nur ein höchst beruhigendes Gefühl für einen selbst, sondern auch eine attraktive Eigenschaft im Hinblick auf künftige Partnerschaften. Die Leute wollen nicht das Gefühl haben, für dein Leben die Verantwortung tragen zu müssen, denn das ist allein deine Aufgabe. Auf diese Weise erzeugst du bei anderen Menschen keinen Druck, sondern wirst deine nächste Beziehung als einer von zwei gleichberechtigten Partnern führen können, die das Beste am anderen zu Tage fördern wollen und auch können. »Das wollen Männer also. Eine Frau, die sich selbst liebt?«, fragst du jetzt. Wen interessiert das? Es ist an der Zeit herauszufinden, was *du* willst. Bei dem Vorhaben, sich selbst zu lieben und sich als vollständiger Mensch zu fühlen, geht es nicht darum, einen Mann für sich zu gewinnen – das ist eine angenehme Begleiterscheinung, die später ins Spiel kommt. Dein emotionales Wachstum und Wohlbefinden sollten bei dir anfangen, nicht bei jemand anderem, und vor allem sollte es *für* dich sein und nicht für einen anderen Menschen.

Wenn du dich mit Amiira und mir an einen Tisch setzen würdest, würden wir dir erzählen, dass einer der Gründe, weshalb wir zusammengefunden haben, der ist, dass wir so viel aus unseren Trennungen und früheren Beziehungen gelernt haben. Wir mussten so viel einstecken, dass wir zu dem Entschluss gelangt waren, allein zu sein sei besser als schale Kompromisse einzugehen. Und wir haben beide hart an uns gearbeitet. Nicht nur à la »Sieh mal, ich habe abgenommen und passe wieder in meine Hose«, sondern viel mehr im Sinne von »Wieso lande ich eigentlich ständig in beschissenen Beziehungen?« Die Art Arbeit, bei der man versucht, seine Probleme objektiv zu durchleuchten und herauszufinden, welche Rolle man selbst dabei gespielt hat, selbst wenn sie nur darin bestand, sich wie üblich an eine ungesunde Beziehung geklammert zu haben. Das Coole an dieser Art der Betrachtung ist, dass sie einen davor bewahrt, in die Opferrolle zu schlüpfen. Opfer machen andere für ihr Schicksal verantwortlich. Aber wenn man sich die Rolle vor Augen hält, die man beim Scheitern einer Beziehung gespielt hat, kann man sich in Zukunft so verhalten, dass man nicht wieder in diese Situation gerät. Oder es gelingt einem zumindest, sie als das zu betrachten, was sie ist, bevor es zu spät ist. Also ist es jetzt an der Zeit, dass du dir deine Situation genauer ansiehst und Verantwortung übernimmst. Nicht nur für die Dinge, die du vielleicht falsch gemacht hast, sondern auch die, die du schon so lange richtig machst, aber nicht genügend würdigst. Oder er. Eine der größten Freuden im Leben ist der Augenblick, wenn man feststellt, dass man sich selbst mag. Nicht das Bild des Menschen, für den man sich hält oder der man gern wäre, sondern das mit Makeln und Fehlern behaftete und wunderbare Lebewesen, das diese Worte gerade liest. Die einzige Möglichkeit, so etwas zu erleben, ist, sich selbst zu entdecken. Ich weiß, dass das dämlich und ein bisschen versaut klingt, aber es ist als Inspiration gemeint.

Wie um alles in der Welt soll ich das anstellen?

Du tust es doch schon. Du setzt es in die Tat um, indem du in diesem Moment dieses Buch liest. Das heißt, dass du die Dinge in die Hand nimmst, nach Antworten suchst, versuchst, den Schmerz zu überwinden und eine andere Richtung einzuschlagen. Du suchst. Du hast etwas, was viele nicht haben – die Bereitschaft, hinzusehen, hinzuhören, und die Bereitschaft zu lernen. Das ist schon die halbe Miete, Süße. Also, halt einen Moment inne und spende dir selbst Beifall, wenn wir schon nicht da sein und dir die stehenden Ovationen geben können, die du verdienst. Es sei denn, du stehst gerade mitten in der Buchhandlung, was ein bisschen peinlich sein könnte. Wo wir gerade dabei sind... wieso hast du dieses Buch nicht gekauft? Wenn du schon so weit gekommen bist (und selbst wenn du nur einen Teil dessen umgesetzt hast, was wir geraten haben), heißt das, du ergreifst die Initiative und wirst dich hoffentlich bald besser fühlen und dich selbst, deine Trennung und deine Zukunft positiver betrachten. Große Dinge zu erreichen erfordert Zeit, ist die Mühe aber grundsätzlich wert. Einen Weg zu finden, dich selbst zu lieben, ist nicht über Nacht möglich, aber halte dir eines vor Augen: Der Teil von dir, der dich bewogen hat, dieses Buch zu lesen, ist genau der Teil, der dich liebt, also weißt du, dass er existiert. Hör auf diese Stimme in deinem Innern, denn sie will, dass du gewinnst.

Wenn du bereits all unsere Ratschläge befolgt hast, wie zum Beispiel jeden Kontakt abzubrechen oder seine Sachen wegzupacken, und dich tagtäglich bemühst, Dinge zu tun, die dir ein Gefühl von Stärke und Erfolg geben, bist du wahrscheinlich auf dem Weg zur vollständigen Genesung und wirst eines Tages selbst eine hervorragende Trennungsfreundin abgeben. Bravo, Super-Trennungsheldin! Weiter so!

Trennungsarbeitsbuch für Spitzenfrauen

Hol es her. Los, du hast genau verstanden, was wir sagen. Schlag das Buch auf, in das du die ganze Zeit geschrieben, gekritzelt und deine Collagen eingeklebt hast. Schlag eine neue Seite auf und kleb das heißeste Foto, das du von dir hast, in die Mitte. Jetzt nimm ein paar Stifte in deinen Lieblingsfarben und mal dein Super-Trennungsheldin-Wappen. Zeichne auf, was dich ausmacht und was du dir vom Leben wünschst. Kleb Fotos aus deinem Leben, aus Zeitschriften oder was auch immer hinein. Mach ein buntes, fröhliches, flippiges, lässiges, cooles und tolles Emblem daraus. »Okay, das war's. Jetzt reicht's. Ihr beide habt doch den Verstand verloren! Soll ich mir jetzt auch noch ein Cape umlegen, durch die Gegend rennen und ›Hey, ich bin Superwoman und habe gerade meine Trennung überstanden‹ rufen?« Hey, gar keine schlechte Idee. Komm schon, jetzt hast du es schon so weit geschafft. Wir bitten dich ja nicht darum, dein Kunstwerk im Büro herumzuzeigen, also frag dich selbst: Wieso hast du Angst davor? Wer könnte cooler sein als du? Niemand. Und weißt du auch, wieso? Weil es dich nicht kümmert, was andere denken, und weil du diesen Tribut an dich selbst verdient hast. (Außerdem ist im Moment niemand sonst da, der ihn dir zollen könnte.)

Auf die nächste Seite schreibst du folgende Aussage: »Das sind die tollen Dinge, die ich bereits über mich weiß: Ich bin stärker, als ich dachte. In Zeiten emotionaler Not bin ich belastbar und lasse mich nicht unterkriegen. Ich schaffe es immer wieder, nach oben zu kommen. An oberster Stelle steht, mich um mein eigenes Wohlergehen zu kümmern. Ich fühle mich jeden Tag wohl in meiner Haut.« Schreib so viele Dinge auf, wie dir einfallen, und ende mit den Worten »Sehen wir der Wahrheit ins Auge: Ich bin absolut cool!«

Jetzt mach eine Liste der Dinge, die du dir wünschst – nicht nur von einem Mann, sondern für dich selbst im Leben. Sie sollte so detailliert wie möglich sein. Und jetzt leg dir eine Hand aufs Herz und sprich nach:

Ich gelobe, eisern nach den Prinzipien meiner Liste zu leben, je-
den Tag, in jeder Beziehung, in all meinen Freundschaften, meinem
Job und allen Erfahrungen, die ich in Zukunft mache. Von jetzt
an bis in alle Ewigkeit – und drei Wochen darüber hinaus.

Hey, ich weiß, was du denkst
von Greg

Eines Tages schlug ich mein Notizbuch auf und hatte keine
Ahnung, was ich schreiben sollte. Totaler Blackout. Ich fühlte
mich nicht schlecht, sondern sogar ganz prima, und wollte
dieses Gefühl nicht mit irgendwelchen albernen Kommen-
taren in meinem dämlichen Buch trivialisieren. (Das sage ich
jetzt, weil ich mein eigener Kritiker bin, aber in Wahrheit ist
das natürlich nicht Sinn und Zweck eines Tagebuchs.) Trotzdem wollte ich etwas kommunizieren, also begann ich etwas
zu zeichnen, das sich am Ende als Wappen herausstellte.
Es war ein Schild mit einem Herzen, zwei im Totenkopf-und-
Knochen-Stil gekreuzten Gitarren und einer Krone oben-
auf. Ziemlich albern. Absolutes Highschool-Niveau, trotzdem
spiegelte es exakt mein Gefühl wider. Als Nächstes pinselte
ich eine Flagge und schrieb die Worte »Ehre, Würde und Anstand« darum herum. Völlig belämmert, oder? Das dachte
ich auch. Bis ich feststellte, dass ich mir das Ding ansah,
wann immer ich in der Klemme steckte. Es war, als hätte ich
mich selbst diesen Schlagworten verpflichtet. Ich baute sogar mein Leben auf der Basis der Worte auf, an die ich glaubte,
denn eines kann ich euch sagen: Bis dahin hatte ich mein
Leben weiß Gott nicht mit Ehre, Würde und Anstand geführt.
Nun waren sie mit einem Mal zu den Säulen meiner Überzeugung geworden. Ob das auch bei dir funktioniert? Ich würde

mich darüber freuen. Aber wichtiger als ein Wappen zu malen oder ein paar Fotos auszuschneiden, ist die Entdeckung, dass du mit neuen Ideen und Zielen aus dieser verrückten, chaotischen Zeit hervorgegangen bist, nach denen du ab sofort leben wirst. Und dass du hoffentlich alles Notwendige tun wirst, um dich jeden Tag daran zu erinnern.

Besondere Umstände

Oh, nein, auf keinen Fall! In diesem Punkt gibt es keine besonderen Umstände, Schatz. Es gibt keine Situation, in der es nicht besser ist, sich vor Augen zu führen, dass du die Allerbeste bist. Verstanden?

Laut unserer Statistik ...

Das Beeindruckendste an unseren Trennungsberichten war, über die Menschen zu lesen, die aus ihren hässlichen Trennungen nicht nur gelernt, sondern auch die Gelegenheit und Notwendigkeit einer Veränderung darin erkannt haben. Eine Spitzenfrau aus Kansas meinte, ihre Trennung habe sie dazu inspiriert, sämtliche Beziehungen ihres bisherigen Lebens unter die Lupe zu nehmen. Sie fand heraus, dass sie bei der Wahl ihrer Freunde häufig denselben Fehler beging, und beschloss, dass es an der Zeit war, sich nicht länger mit Menschen zu umgeben, die ihre Anwesenheit als selbstverständlich betrachteten. Eine andere Trennungsheldin schrieb uns, sie hätte nach ihrer Trennung einen »geistigen Rundumschlag« veranstaltet und festgestellt, dass sie sich nicht nur an eine unbefriedigende Beziehung, sondern auch an einige Freundschaften geklammert hatte, denen sie längst entwachsen gewesen sei. Ebenso wie an einen Job, der sie seit langer Zeit weder fordere noch Spaß mache. Sie befreite sich von all diesen Altlasten – den Freunden, die zu kompliziert waren, und ihrem Job, der nicht länger eine Zukunft bot – und entschied sich stattdessen für Dinge und Menschen, die ihrer wert waren. Eine besonders kluge Frau entdeckte, welches Beispiel sie mit ihrer Beziehung und der nachfolgenden Trennung für ihre Tochter darstellte. »Wie soll ich davon ausgehen, dass sie eine normale, gesunde Beziehung führen kann, wenn in meinem Leben Untreue und Respektlosigkeit an der Tagesordnung sind und ich mich wie eine unzurechnungsfähige Irre aufführe?« Diese Erkenntnis veranlasste sie, ihr Leben vollständig umzukrempeln.

Und du dachtest, deine Trennung sei schlimm!

Ich war einige Jahre mit einem Mann verheiratet, von dem ich glaubte, er sei »der Richtige«, obwohl er mir unablässig zeigte, dass er nicht auf mich stand, auch wenn er mein Ehemann war. Nachdem ich mich jahrelang mit dieser Tatsache herumgeschlagen hatte, akzeptierte ich endlich, dass es Zeit war, mein Leben allein weiterzuleben. Eine Scheidung war in meinem Lebenskonzept nicht vorgesehen, und obwohl sie einvernehmlich über die Bühne ging, hatte ich entsetzlichen Liebeskummer. Ich nahm zwar mein Leben in die Hand und stürzte mich innerhalb eines Jahres in die nächste Beziehung, trotzdem dauerte es Jahre, bis ich endgültig über meinen Exmann hinweg war – und noch länger, bis ich jeden Gedanken an ihn verbannt hatte. Leider lebte ich damals auch weiter in Beziehungen, die meine emotionalen Fähigkeiten überstiegen. Ich hatte es nicht nur versäumt, aus meinen vergangenen Beziehungen zu lernen, sondern es schien, als erprobte ich ihre Gültigkeit, indem ich die gleichen Fehler immer wieder beging. Ob für zwei Verabredungen, für zwei Monate oder zwei Jahre – ich blieb grundsätzlich beim selben Typ Mann hängen.

Irgendwann beschloss ich, mich statt eines festen Freundes, der nicht zu mir passte, nur ganz locker mit Männern einzulassen. Diese Idee erschien mir damals geradezu revolutionär. Also ging ich »völlig unverbindlich« mit ein paar Typen aus, die sich nicht nur durch einige besonders fragwürdige Qualitäten auszeichneten, sondern deren Verhalten auch sonst sämtliche Alarmglocken schrillen ließ. Zum Beispiel gab es diesen einen Kerl, der behauptete, er hätte eine feste Freundin, die er zwar nicht liebe, von der er sich aber auch nicht trennen könne. Deshalb wollte er, dass wir uns außer Haus trafen, damit das Ganze rein technisch nicht den Charakter eines Rendezvous hatte. Was für ein Fang! Und dann dieser

*Typ, der mich toll zum Essen ausführte und mich dann mit irgend-
welchen Geschichten über seine Drogenvergangenheit und seine
promiskuitive Ader verblüffte. Er erzählte, er habe mit hunder-
ten Frauen geschlafen, einschließlich der besten Freundin und der
Schwester seiner Ex. Unfassbar! Trotzdem brachte ich es fertig,
noch ein halbes Dutzend Male mit ihm auszugehen. Bei anderen
hatte ich Mühe, auch nur die erste Verabredung durchzustehen.
Erstaunlich war aber, dass ich die Alarmzeichen nicht nur vom ersten Moment an erkannte, sondern auch nicht darüber hinwegsah
oder sie durch andere, bessere Eigenschaften ausblendete. Ob ihr es
glaubt oder nicht, das war ein ENORMER Schritt für mich.*

*Eines Tages wurde mir bewusst, dass ein wunderbarer Mann in
mein Leben getreten war. (Noch ein ENORMER Schritt!) Zum
ersten Mal hauten mich die positiven Eigenschaften eines Mannes um, statt wie bisher nur die bedenklichen. Als wir anfingen,
uns regelmäßig zu sehen, schien alles so mühelos von der Hand zu
gehen. Unsere Beziehung war spannend und inspirierte uns, ein
besserer Mensch zu werden. Hinter mir lag ein langer Weg, aber
endlich hatte ich den »Richtigen« gefunden und führe seither ein
wunderbares Leben. Ich bin mit einem Mann verheiratet, der mich
jeden Tag lauthals lachen lässt und kein besserer Ehemann sein
könnte. Wir haben zwei wunderbare Töchter, die die perfektesten
Geschöpfe (ohne dass ich jemanden kränken will) sind, die ich je
kennen lernen durfte. Und ich durfte das Buch schreiben, das du
gerade in der Hand hältst. Ich wünsche dir dasselbe Wunder.*

*Amiira
Burbank, Kalifornien*

Ein paar Worte an die künftigen Spitzenfrauen

Am Ende kannst nur du selbst dafür sorgen, dass du glücklich bist. »Ach so? Wieso habt ihr das nicht gleich am Anfang geschrieben?« Weil es kein »Ein-Satz-Heilmittel« für eine gewöhnliche oder ungewöhnliche Trennung gibt, selbst wenn der Satz noch so gut ist. Wir können nur eines mit Bestimmtheit sagen: Dieses unerfreuliche Erlebnis kann dein Leben verändern. So war es zumindest bei uns. Wir hoffen, du blickst eines Tages auf diese Trennung zurück und bist dankbar dafür, wenn du ein supercooles Leben mit dem richtigen Partner führst, der dich zu einem noch größeren Superstar macht, als du es bereits bist.

Die Vorschläge in diesem Buch sind, was sie sind: Vorschläge. (Wir finden, dass es tolle Vorschläge sind. Deshalb haben wir sie dir auch gemacht.) Wir sind weder Ärzte noch Therapeuten, sondern nur Menschen, die ihre Trennungserfahrungen teilen möchten. Nur eines wollen wir dir ganz besonders ans Herz legen: Setz dich nicht zu sehr unter Druck. Sagen wir, du hast mit dem Sechzig-Tage-Programm angefangen. Nach zwei Wochen hast du einen Ausrutscher und triffst dich mit ihm. Na und? Was ist schon dabei? Fang eben noch einmal an. Du willst kein Tagebuch schreiben? Dann lass es. Wenn du allerdings nach einer Weile merkst, dass es dir nicht besser geht, versuch es wenigstens. Was hast du schon zu verlieren? Und wenn dir alles zu viel wird, such dir professionelle Hilfe. Wir wissen, wie das ist, und es ist uns nicht wichtig, *wie* du es schaffst, diese Trennung zu überwinden – nur *dass* du es schaffst. Die Spitzenfrau, die in dir schlummert, wird eines Tages zum Vorschein kommen. Sie ist nur unter all dem Schutt verborgen, von dem du dich befreien musst.

Das große Ziel dieses Buches ist, dir dabei zu helfen, dein Leben und dich selbst zu verändern, so dass du bereit und offen für die RICHTIGE BEZIEHUNG bist. Eines wissen wir genau: Jede Beziehung, die du führst, wird scheitern … bis du diejenige findest, die hält. Wenn du »den Richtigen« findest, wird der Unterschied zu allen anderen, die du hattest, unfassbar groß sein. Viel Glück und pass auf dich auf.

Deine Trennungsfreunde
Greg und Amiira

Weg von ihrem Vorgarten, Kumpel
(Der Trennungsfreund für toughe Jungs)

Man hat uns gesagt, Männer würden diese Art Buch nicht kaufen. Männer verarbeiten Trennungen vielleicht anders. Sie betrinken sich, stellen sich in ihren Vorgarten, schreien irgendwelche Footballspieler im Fernsehen an oder gründen möglicherweise sogar eine Band. Trotzdem wäre ich wirklich froh über ein Buch wie dieses gewesen, als ich unter Liebeskummer litt, um mir den völligen Zusammenbruch zu ersparen. Tja, wenn du ein Mann bist und dieses Buch gerade liest, muss es dir wirklich dreckig gehen, denn DAS HIER IST EIN BUCH FÜR MÄDELS. Ha, ha, war nur ein Scherz. Eigentlich haben wir es für Frauen geschrieben, aber unsere Empfehlungen für die einzelnen Trennungsschritte sind genau dieselben. Ich weiß, wie das ist, Kumpel, deshalb kann ich auch darüber schreiben. Aber nur für den Fall, dass du nicht in den Laden gehen und dir dieses Buch kaufen willst, geben wir dir hier ein paar grundsätzliche Tipps und hoffen, dass sie dir weiterhelfen.

Regel Nummer 1:
Sie kommt nicht zurück!

Das musst du im Hinterkopf behalten, sonst überstehst du diese Trennung nicht. »Was ist, wenn ich in ihrem Vorgarten kampiere, wie die Typen im Film es immer machen?« Das klingt echt klasse, mein Freund, aber wie wir den Ladys bereits gesagt haben: Im wahren Leben wird der Typ, der sein Zelt in deinem Vorgarten aufschlägt, verhaftet. Das solltest du dir lieber gleich merken. Es gibt nur einen Ausweg aus dieser Lage: kalter Entzug für zwei Monate! Das bedeutet, du siehst sie nicht, sprichst nicht mir ihr und schläfst auch nicht mit ihr. Ernsthaft? Ja, denn seltsamerweise scheint es den Schmerz nur hinauszuzögern, wenn man mit seiner Ex ins Bett steigt. Komisch, was?

Regel Nummer 2:
Stell die Bierpulle weg

Mir brauchst du nicht zu erzählen, wie klasse es ist, sich zuzuknallen, um diesen widerlichen Trennungsschmerz zu betäuben. Die ersten Tequilas tun genau das, was sie sollen… bis du vor ihrem Fenster stehst und zusehen darfst, wie sie mit ihrem neuen Freund rummacht. Okay, wir alle lieben Trostfutter, ob als Whiskey, als Eis (ja, auch Männer tun so etwas) oder in Form gepflegter Erwachsenenunterhaltung (was natürlich nichts mit Nahrungsaufnahme zu tun hat). Aber jeder exzessive Gebrauch dieser Dinge hält dich davon ab, den Schmerz zu bewältigen. Klar, Kumpel, es tut weh. Stell dich dem Schmerz. Heiße ihn willkommen. Sag »Hallo, Schmerz. Ich weiß, dass wir beide eine Rechnung offen haben, aber richte dich hier nicht zu häuslich ein, denn du wirst nicht lange bleiben.« Versuch, dich in dieser Zeit gut zu behandeln. Die Faustregel lautet: Halt von deinem Körper fern, was dich zu einem fetten Trauerkloß macht oder dich zu einem Faustkampf mit einem Baum verleitet. Der Baum gewinnt immer.

Regel Nummer 3:
Such dir einen Trennungsfreund

»Wie bitte? Ist das dein Ernst? Einen anderen Mann anrufen und ihn bitten, bei mir zu bleiben, während ich total am Ende bin? Spinnst du?« Spinnen? Nein. Ob es mein Ernst ist? Klar. Immer noch besser, als verhaftet zu werden, weil du in ihre Wohnung eingebrochen bist und ihre Unterwäscheschublade durchwühlt hast. Genau für diese Fälle braucht man einen Trennungsfreund. Jemanden, der dafür sorgt, dass du nicht vollends vor die Hunde gehst, und dem du deine Handynummer gibst, wenn du dir einen Ausrutscher erlaubst und dich volllaufen lässt. Jemanden, der ihre Sachen zurückbringt oder deine abholt, so dass du es nicht selbst tun musst, und der dich daran erinnert, dass auch diese Zeit irgendwann vorüber sein wird.

Regel Nummer 4:
Lauf dir den Frust von der Seele, Freund

Eine Trennung ist eine ideale Gelegenheit, um… es wie ein Mann zu nehmen, Supertyp. Ich wünschte, ich hätte mir diese Worte selbst gesagt. Es gibt nur wenige Dinge in meinem Leben, die ich bereue, aber, Mann, ich wünschte, ich hätte in den finstersten Tagen meiner Trennung zumindest ein Minimum an Würde besessen. Ich weiß, es ist hart. Es gibt kaum etwas Schlimmeres als das Gefühl, dass jemand nicht auf dich steht. Besonders, wenn früher einmal das Gegenteil der Fall war. Es fühlt sich an wie ein Schlag in die Magengrube, und es ist schwer, sich zu irgendeiner anderen Aktivität aufzuraffen. Vergeude deine Zeit nicht mit einer Tüte Chips vor der PlayStation. Wenn du am liebsten im Bett bleiben und nicht zur Arbeit gehen würdest, tu das Gegenteil. Steh früh auf, mach einen Spaziergang oder geh joggen, iss etwas Gesundes zum Frühstück und mach dich auf den Weg zur Arbeit. Du verstehst, was ich meine. Du musst in Bewegung kommen. Sport ist das A und O. Ich weiß nicht, wieso es manchmal so schwer fällt, aber sobald ich mich dazu durchgerungen habe, fühle ich mich fantastisch! Jedes Mal! Es muss kein Riesenprogramm sein, eine Runde um den Block genügt schon, aber tu etwas. Jeden Tag. Du wirst dich von dieser Situation nicht unterkriegen lassen.

Das Gute an all dem Übel …

Ich kann nur eines sagen: Dass mir eine Frau das Herz gebrochen hat, die einfach nicht auf mich stand, war vielleicht die Erfahrung, die mir das Leben gerettet hat. Wie erwähnt, hatte ich den Tequila zu meinem besten Freund gemacht und steuerte in seiner Begleitung mit Vollgas auf den absoluten Tiefpunkt zu. Es sah so aus, als würde ich zulassen, dass mich meine entsetzliche Traurigkeit umbrachte, als ich eines Morgens aufwachte und mir ein Gedanke kam. »Hey, ich kann noch mal von vorn anfangen. Es ist mein Leben, und ich will

verdammt sein, wenn ich mich von einer Trennung ruinie-
ren lasse.« Kennst du den Spruch »Was dich nicht umbringt,
macht dich stärker«? Es stimmt. *Ich habe die Trennung umge-
krempelt und ausgelöscht.* Du kannst das auch. Vergiss nicht,
alles braucht seine Zeit, aber du wirst es überstehen. Tu es mit
Würde, mein Freund.

Lass es dir von einer Frau sagen, die sich damit auskennt
von Amiira

In punkto Trennungs-Superbowl habe ich schon in beiden
Teams gespielt. Diejenigen, die ihren Partner verlassen, stehen natürlich immer auf der Gewinnerseite. Saison für Saison
pflügen sie übers Spielfeld und wischen mit ihren Opfern den
Boden auf. Aber hat sich der Staub erst einmal gelegt und die
Gegner reichen sich die Hände, ist auf einmal keiner mehr in
Siegerlaune. Selbst wenn du also im Moment Liebeskummer
hast, sollte es dich trösten, dass sie sich auch nicht besonders gut dabei fühlt. Du kannst noch einmal zum ersten Teil
dieses Buches zurückgehen, um eine Vorstellung davon zu
bekommen, wie ich mit meinem Liebeskummer umgegangen
bin. Wenn ich diejenige war, die den Stecker gezogen hat?
Das ist eine andere Geschichte.

Wenn man derjenige ist, der eine Beziehung beendet,
schwingt stets ein Gefühl der Erleichterung mit, dass man
endlich den Mut aufgebracht hat, es zu tun. Aber dann passiert eins von diesen beiden Dingen: Entweder der Kerl findet sich damit ab und verzieht sich, worauf man sich fragt,
wie es ihm wohl gehen mag und die Geschichte der Trennung im Geiste neu schreibt – jene Version, in der er ein ver-

dammt toller Typ ist, den man wirklich vermissen wird. Man ertappt sich dabei, dass man liebevoll auf die gemeinsame Zeit zurückblickt. Läuft man ihm Monate später über den Weg, fühlt man sich auf seltsame Weise zu ihm hingezogen.

Oder du hast es mit dem Typ Mann zu tun, der eine Trennung einfach nicht akzeptiert. Er spielt heiße Kartoffel damit, wirft sie dir ständig in den Schoß zurück und weigert sich, die Kurve zu kratzen. Er ist der, den deine Freunde hassen und der als »dein durchgeknallter Exfreund« in die Geschichte eingeht. Wenn du ihm – Jahre nach Zustellung der einstweiligen Verfügung – begegnest, übt sein Anblick keinerlei Anziehungskraft auf dich aus, sondern beschwört lediglich die Erinnerung an sein schlechtes Benehmen herauf.

Ich kenne beide Trennungsarten und bitte dich inbrünstig: Wenn es irgendwie geht, sei der Mann, der es mit Fassung trägt. Selbst wenn du einen Monat lang jeden Abend in dein Kissen weinst und jeden Teller in deinem Haushalt zertrümmerst, tu es allein oder in Gesellschaft deines Trennungsfreundes. Auf lange Sicht wirst du froh darüber sein.

Ich hatte einen Freund der Sorte »bester Kumpel, bei dem die Grenze irgendwann verschwimmt und er auf einmal der Mann an deiner Seite ist«. Er hatte viele wunderbare Eigenschaften, und wir waren wirklich gute Freunde, quälten uns jedoch durch eine Romanze. Wir passten nicht zusammen, aber statt seine Gefühle zu verletzen und ihn zu verlassen, paddelte ich so lange rückwärts, bis er mit mir Schluss machte. Ich schaffte es, mir diese Beziehung vom Hals zu schaffen, aber es war SEINE Idee gewesen – auf dieses Resultat hatte ich passiv-aggressiv zugesteuert und war heilfroh darüber (einer dieser klassischen, miesen Trennungsschachzüge). Jedenfalls kam er mir auf die Schliche, und obwohl er mit mir Schluss gemacht hatte, verhielt er sich nicht so. Fast ein halbes Jahr lang tauchte er regelmäßig in meinem Vorgarten auf, drohte, all meine Wagenfenster einzuschlagen, wenn ich ihn nicht ins Haus ließe, knackte meinen Anrufbeantworter und änderte mein Passwort, so dass er meine Nachrichten anhören konnte. Er ging sogar so weit, mich von meiner Auffahrt aus anzurufen und mich zu löchern, wer bei mir sei, da er eine Männerstimme gehört habe (es war der Fernseher, aber er ließ sich nicht überzeugen, auch nachdem er sämtliche Zimmer meines winzigen Hauses und den Hinterhof abgesucht hatte). Es war verrückt, beängstigend und traurig, denn er war jemand, den ich sehr gern hatte. In meinen Augen war er witzig, klug, beeindruckend und alles andere, was man an seinem besten Freund oder Partner sonst noch schätzt. Doch nun hatte er völlig die Kontrolle über sich verloren, und nichts, was seine Freunde oder ich ihm sagten, konnte daran etwas ändern. Selbst als er bereits mit einer anderen Frau zusammen war, tauchte er jede Nacht um 2 Uhr vor meinem Haus auf, mit dem Argument »Wenn ich nicht schlafen kann, sollst du es auch nicht können«. Was für ein wunderbarer Spruch. Könnte auf einer Hallmark-Glückwunschkarte stehen. In dieser ganzen Phase erzählte ich nicht vielen Leuten, welcher Irrsinn sich da abspielte. Ich weiß nicht, ob ich ihn beschützen wollte oder ob es mir peinlich war, dass ich diesen Mann so falsch eingeschätzt hatte, und es nicht zugeben wollte. Nach viel zu langer Zeit wurde mir klar, dass es mein Leben kaputt machte, jeden Abend wie eine Geisel in meinem Haus gefangen zu sein, und dass kein Ende abzusehen war. Ich musste also zu rigorosen Maßnahmen im Sinne von »Wenn du dich hier jemals wieder blicken lässt, rufe ich die Polizei« greifen. Danach ließ er sich nicht mehr sehen.

All das liegt viele Jahre zurück, und anfangs legten er und

seine Freunde einen theatralischen Abgang hin, wenn wir uns irgendwo begegneten. Seit einigen Jahren unterhalten wir uns jedoch sogar wieder, wenn wir uns sehen, und ich erkenne diesen witzigen und reizenden Mann in ihm wieder. Trotzdem verrät mir sein Gesicht, wie peinlich es ihm ist, was damals vorgefallen ist. Wenigstens können ihn seine Freunde mittlerweile damit aufziehen, und seine Distanz dazu ist groß genug, um zu erkennen, wie idiotisch sein Verhalten war. Das Schrägste an dieser Geschichte ist: Irgendwann endeten Greg und ich unerwartet beim Abendessen mit ihm in einer großen Gruppe, und Greg mochte ihn wirklich gern. Statt meines »durchgeknallten Exfreunds« ist er also inzwischen der »echt nette Kerl, der eine Zeit lang ziemlich von der Rolle war« geworden. Aber ich gehe jede Wette ein, dass er gern »ein toller Kerl, mit dem ich mal zusammen war« wäre.

Anhang
(oder: Noch ein paar Worte zum Schluss)

Du hast dich also bis zu dem Ende des Buches vorgearbeitet und denkst jetzt: »Was könnten sie noch zu sagen haben?« Nur das: Auch wenn du im Moment an gebrochenem Herzen leidest, wirst du eines Tages auf der anderen Seite stehen. Genau. Eines Tages wirst du mit jemandem Schluss machen. Wenn es so weit ist, servierst du den Kerl hoffentlich mit der Rücksicht und Würde ab, die du dir im Zuge der Lektüre dieses Buches angeeignet hast. Tragen wir alle unseren Teil dazu bei, die Beziehungswelt ein wenig schöner und Liebeskummer erträglicher zu machen. Vor diesem Hintergedanken kommen wir jetzt zu unserem Kapitel »Trennungsetikette«, das dich endgültig zu einer Spitzenfrau macht – in deinen eigenen Augen und vor dem Rest der Welt:

1. Zöger es nicht hinaus. Bring es am besten hinter dich, wenn du das Gefühl hast, es ist Zeit dafür, und nicht erst in drei Monaten oder drei Jahren. Vergeude seine Zeit nicht, während du versuchst, dir über dein eigenes Leben klar zu werden. Sei nicht egoistisch. Oh, und warte nicht, bis er mit dir Schluss macht – so etwas ist grausam.

2. Sei konsequent. Es geht hier um Gefühle, also vertrau auf sie. Sie stehen nicht zur Diskussion, deshalb solltest du dir deinen Entschluss nicht ausreden lassen. Eine Frau schrieb uns: »Wieso hat er zugelassen, dass ich ihm die Trennung ausrede? Ich wünschte, er wäre hart geblieben.« Überleg dir, wie seltsam es wäre, »in gewisser Weise« aus seinem Job gefeuert zu werden. Also, bleib am Ball. Etwa so: »Ich wünschte, ich würde

anders empfinden, aber ich möchte diese Beziehung nicht fort-
führen« oder »ich habe das Gefühl, als wäre diese Beziehung
nicht das Richtige für mich.« Oder eine andere Formulierung,
die zu deiner Ausdrucksweise passt. Sag, was du zu sagen hast,
und mach ihm klar, dass dich deine Gefühle und nicht ein
Defizit an ihm zu diesem Schritt bewogen haben.

**3. Sag nichts, was ihm Hoffnung auf eine weitere Zu-
kunft mit dir macht, wenn es keine gibt**. Dies ist eine weit
verbreitete Vorgehensweise, die die Leute anwenden, um ihr
schlechtes Gewissen zu beruhigen, wenn sie mit dem Partner
Schluss machen. Ein tolles Beispiel hierfür ist der berühmte
Satz »… ich hoffe, wir können trotzdem Freunde bleiben«.
Natürlich hoffst du das. Wir alle wollen Freunde bleiben, aber
wenn du dem Menschen, den du verlässt, ein guter Freund
sein möchtest, lass keinen Zweifel an deinem Entschluss auf-
kommen, damit der andere beginnen kann, mit der Trennung
fertig zu werden. Mit jemandem Schluss zu machen, ist eine
üble Angelegenheit. Noch übler ist es, abserviert zu werden.
Wenn du ein Freund sein willst, denk daran.

4. Sei ehrlich, aber trotzdem anständig. Ein Trennungsgespräch sollte nicht als Gelegenheit genutzt werden, all die
Punkte anzuführen, die dir an ihm und eurer Beziehung nicht
gepasst haben. Gesteh ihm ein Mindestmaß an Würde zu.

5. Wenn du es hinter dich gebracht hast, halte dich fern.
Erkundige dich nicht, wie es ihm geht, nur um dein schlechtes
Gewissen zu beruhigen. Es verwirrt ihn nur. Ja, du fühlst dich
mies. Ja, du vermisst ihn. Aber du wolltest diese Beziehung
beenden, also lass dich nicht dazu verleiten, nach ihm zu sehen, nur damit dein momentaner Schmerz nachlässt. Gib ihm
den Raum, den er braucht, um dich aus tiefster Seele hassen
zu können und über dich hinwegzukommen, damit ihr eines
Tages vielleicht Freunde sein könnt.

Worte des Dankes

Trennungen sind übel, und sie erneut zu durchleben, ist entweder höchst unerfreulich oder rasend komisch. Deshalb danken wir allen, die sich um dieses Buches willen aufgerafft haben und uns an der Geschichte ihrer Trennung teilhaben ließen. Die Großzügigkeit der Menschen, die an unserer Recherche zum Thema Trennung teilgenommen haben, war zutiefst beeindruckend. Eure Geschichten haben uns geholfen, dieses Buch zu dem zu machen, was es geworden ist – genau das war wahrscheinlich eure Hoffnung, als ihr euch durch die Umfragen gearbeitet habt, oder? Nichts von all dem wäre ohne die harte Arbeit und Begeisterung von Julie James, Jon Thoday, Isaac Horne, Carmen Stockton, Andrea Barzvi, Greg Gavic und Tom Rowan möglich gewesen. Ihr seid spitze! Ein riesiges Dankeschön geht an Ann Campbell, die klügste, intuitivste und schärfste Lektorin, die man sich wünschen kann – dein Wissen und Enthusiasmus waren von unschätzbarem Wert. Danke auch an Julia Coblentz, Rex Bonomelli, David Drake, Ursula Cary und alle bei Broadway Books – wir sind so froh, bei euch gelandet zu sein. Das Behrendt-Team dankt auch Kristen Behrendt, deren harte Arbeit im Außen- und im Innendienst uns erst ermöglicht hat, dieses Buch zu Papier zu bringen. Liz Tuccillo und Michael Patrick King: Wir könnten euch nicht mehr lieben … es sei denn, ihr bestündet aus Karamell. Dank auch an Dave »Butterpants« Anthony und Dr. Alex Barzvi, deren Input dieses Buch noch besser gemacht hat. Wir danken auch all den Damen und Herren, die uns das Herz gebrochen und uns damit zu dem Wissen verholfen haben, das für einen solchen Wälzer notwendig ist. Ein ganz besonderer Dank gilt Oprah Winfrey, die … nun ja, einfach Oprah ist, wofür wir ihr danken wollen.

Allen voran danken wir unseren Freunden und Familien, die während all der Trennungen hinter uns standen und uns ermutigt haben, auf das Licht zuzugehen und auf eine bessere, gesündere Beziehung.